정보 & 컴퓨터시스템응용기술사

Information Management
Computer System Application

vol.**3** | **네트워크**

권영식, 김상진 지음

BM (주)도서출판 **성안당**

■ 도서 A/S 안내

저자 문의 e-mail : simon_kwon@naver.com(권영식)

본서 기획자 e-mail : coh@cyber.co.kr(최옥현)

홈페이지 : http://www.cyber.co.kr   전화 : 031) 950-6300

머리말

필자는 기업에 입사 후 학습량이 절대적으로 부족한 상태에서 여러 번 응시한 적이 있었고, 그때마다 답안 작성을 위해 참고할 만한 서적이 있었으면 하는 생각이 간절했었습니다. 1.6mm 볼펜으로 400분 동안 자신이 알고 있는 내용을 요약해서 해당 교시별로 14 페이지에 논리적으로 기술하기란 쉬운 일이 아닙니다. 심지어 알고 있는 내용일지라도 답안에 기술하기란 또한 쉽지 않습니다.

이 책은 이런 어려움을 극복하기 위한 차원에서 학원 수강을 통해 습득한 내용과 멘토링을 진행하면서 스스로 학습한 내용을 바탕으로 답안 형태로 작성하였고, IT 분야 기술사인 정보관리기술사와 컴퓨터시스템응용기술사 자격을 취득하기 위해 학습하고 있거나 학습하고자 하는 분들을 위해 만들었습니다.

기술이란 과거 기술의 연장선으로 성능을 향상하였거나 보안 요소 그리고 저전력, 사용자 편의성을 지향하는 방향으로 발전되고 있습니다. 해당 기술은 어떤 필요성에 의해 탄생되었을까? 그리고 어떤 기술 요소를 가지고 있고 다른 기술과의 관계는 어떻게 형성되는지? 그리고 향후에는 어떻게 발전할 것인가? 이렇게 기술에 대해 여러 관점으로 분류하고 요약하는 습관을 지니면 신속히 기술을 습득할 수 있습니다. 답안에는 이러한 기술의 변화를 고려하여 현업 (실무자 차원)에서 경험한 문제와 해결 방법, 타 기술과 연계, 발전 방향 등을 답안에 기술하였습니다.

답안은 외워서 작성하는 것보다 실무 경험에서 쌓은 노하우를 논리적으로 기술하는 방법이 제일 좋습니다. 특히 IT 분야는 매우 다양하기 때문에 현업을 수행하면서 주위의 동료나 다른 부서의 팀원과의 교류를 통해 간접적인 경험을 축적해 보는 것이 학습에 많은 도움이 되며, 직접 경험하지 못한 분야에 대해서는 간접적인 경험을 통해 습득하는 것도 좋은 방법입니다.

네트워크의 학습 방법을 예로 들자면, 아래와 같이 전반적인 구성 과정을 미리 이해해 두는 것이 좋습니다. 예를 들어 OSI 7 Layer의 구성을 보면

	계층	특징	데이터	주소	장비	Protocol
7	응용 Application	Software에 API 제공	Message	Special Address- User-friendly addresses	L5~L7 스위치, Gateway, IP+TCP/ UDP Port+패킷	FTP, HTTP, DNS, SMTP, HCP, SNMP 등
6	표현 Presentation	NW 보안(번역기 역할), 암호화, 압축, 변환수행				MPEG, JPG, AVI, MIME, XDR 등
5	세션 Session	Socket 프로그램, 동기 화-통신 구축 및 유지, 세션 연결/관리/종료				전이중통신, 병렬, 직 렬, 동기, 비동기, RTP, SSL/TLS, SOCKS
4	전송 Transport	데이터 전송 보장 흐름 제어(슬라이딩윈도우), QoS(Quality of Service)	Segment	Port Address -실행 중인 Process 에서 할당	L4 스위치, Load Balancing, QoS	TCP, UDP, SCTP, SPX, DCP
3	네트워크 Network	통신경로 설정(Routing), 중계 기능 담당(교환), 라우팅, 혼잡제어, Data- gram, 가상회선방식	Packet	IP Address -논리적 주소 IPv4, IPv6	L3 스위치, IP 주소 참치, Router	IP, ARP, RARP, IPSec, ICMP, IPX, AppleTalk 교환방식(회선, 패킷)
2	데이터 링크 Data Link	오류제어, Frame 생성, 매체제어(MAC), 에러검 출 및 정정, 흐름제어, Frame 형식 정의	Frame	MAC Address -물리적 주소 * MAC -48Bit -6Byte구성 제조자 코드, 일렬번호 각각 3 Bytes	L2 스위치, MAC 주소 참조, Bridge(Segment), Switch(Frame)	FEC, BEC, ARQ, H- ARG ,해밍코드, LLC, L2TP, PPTP, HDLC
1	물리 Physical	물리적 연결 설정 및 해제, 데이터 코딩, 변 조방식, (AM, FM, PM), 데이터 부호화 방식(ASK, FSK, PSK), 멀티 플렉 싱(TDM, FDM), 데이터 속도(BPS, baud)	Bit Stream		Repeater, Hub	전기적 신호 전달, 절 차적 규격, Bit 전송, 맨체스터 코드, RS- 232-C, I2C, IEEE802.3, USB IEEE802.11

네트워크 과목의 학습은 OSI 7계층을 기준으로 각 계층별 기능 및 관련 프로토콜의 역할에 대해서 이해하는 것이 중요합니다. 예를 들어, 물리계층에서는 전송매체를 통해 비트 단위의 데이터를 전송하기 위해 변조, 확산 및 다중화 기능을 수행하고, 데이터링크계층에서는 하나의 링크 상에 전송되는 데이터의 오류제어 및 다중접속 제어를 처리하고, 네트워크계층에서는 수신자에게 전달되는 데이터의 최적 경로 설정을 위해 IP주소(IPv4/IPv6)가 사용되고 효율적인 데이터 전송을 위해 멀티캐스트 기법이 사용될 수도 있으며, 전송계층에서는 송신자와 수신자 간의 신뢰성 있는 데이터 전송을 제공하기 위해 오류제어, 흐름제어 및 혼잡제어 기능을 수행하며 대표적인 프로토콜로 TCP, UDP가 있습니다. 세션계층에서는 가상의 경로 설립 및 해제를 수행하며, 표현계층에서는 전송되는 데이터의 형식을 유지하기 위해 암복호화, 압축 및 해제의 동작을 수행하며, 마지막으로 응용계층은 사용자에게 서비스를 제공해 주기 위해 FTP는 파일 전송을, HTTP는 HTML 파일 전송을, DHCP는 사용자에게 동적인 IP주소를 할당해 주며, RTP는 실시간 데이터 전송을 제공합니다. 위와 같이 OSI 7계층의 계층별로 내용을 이해한다면 지식의 폭을 늘리기에 수월합니다.

본 교재는 발전 동향, 배경 그리고 유사 기술과의 비교, 다양한 도식화 등 25년간의 실무 개발자 경험을 토대로 작성한 내용으로 풍부한 경험적인 요소가 내재하여 있는 장점이 있습니다. 다시 한번 더 학습자 여러분의 답안 작성 방법에 많은 도움이 되었으면 하는 바람입니다.

교재 구입 후 추가로 궁금한 내용이나 문의 사항에 대해서는 운영 중인 카페 http://cafe.naver.com/96starpe에서 질문 답변을 통해 언제든지 성심성의껏 답변드릴 것을 약속드리며, 본 교재 내의 내용도 지속적으로 보완하여 학습자에게 도움을 드리고자 합니다.

총 9권의 도서가 집필되는 동안 옆에서 묵묵히 내조해 준 사랑하는 아내와 딸 지혜, 아들 대호에게 고맙고, 또한 출판을 위해 여러모로 도움을 주신 성안당 관계자분들께 감사드립니다.

저자 권영식

직업에 대한 개념이 평생직장에서 평생직업으로 바뀌면서 끊임없이 자기 계발을 통하여 자신의 몸값을 올리는 자만이 치열한 경쟁에서 생존할 수 있으리라 봅니다. 이러한 대안의 하나가 IT 분야 최고의 국가공인자격인 기술사 자격취득이라 할 수 있으며, 이러한 취지에 맞추어 좀 더 쉽게 정보처리 분야 기술사 자격을 취득할 수 있도록 이 책을 발간하게 되었습니다.

본서의 구성 및 특징은 다음과 같습니다.

1. 정보관리기술사와 컴퓨터시스템응용기술사 시험에서 요구하는 네트워크 과목의 중요 내용을 효율적으로 학습할 수 있도록 핵심 주제만 엄선하여 논리적으로 정리하였습니다.

2. 네트워크의 기초 지식 및 이해력이 부족한 수험생들을 위해 관련 전문지식 및 용어를 알기 쉽게 풀어서 정리하였습니다.

3. 실제 답안 형태로 토픽의 내용을 기술하여 답안 작성 방법에 대한 숙지가 가능합니다.

필자는 다음과 같은 공부 방법으로 단기간에 컴퓨터시스템응용기술사와 정보통신기술사 자격을 취득할 수 있었습니다.

1. 전 과목의 고른 학습이 필요하다.

기술사 시험에 합격하기 위해서는 전 과목의 고른 학습이 필요합니다. 그동안의 경험에 미루어보면 매회 출제위원의 구성이 다르고 출제위원의 구성에 따라 출제 도메인의 비율이 확연히 다릅니다. 다만, 네트워크는 매회 고르게 출제되고 있는 과목 중 하나이므로 정보처리 분야 기술사에 응시하는 수험생들은 반드시 학습이 필요합니다.

2. 기술사 시험은 쓰기 시험이다.

매 교시 100분 동안 14페이지 분량의 답안에 본인이 가지고 있는 기술적 지식을 논리적으로 기술해야 합니다. 필력 및 답안구성 능력은 단기간에 향상되지 않으므로 다음 회차에 합격을 희망하는 수험생은 매일 1교시형 1문제, 2교시형 1문제를 제한시간에 맞추어 직접 작성해 보길 추천합니다. 이를 위해 본서는 답안 형태로 내용이 기술되어 있어서 수험생들의 답안 작성 능력에 도움을 주리라 생각합니다.

3. 기출문제 및 출제예상문제는 반드시 정리해라.

매회 기출문제가 반복 또는 변형되어 출제되고 있습니다. 그리고 출제 예상 문제 및 학원 모의고사 문제 중 일부는 반드시 출제되고 있습니다. 기출문제 및 출제 예상 문제는 반드시 답안형태로 정리하여 실제 출제되었을 때 시험장에서 신속, 정확하게 작성할 수 있는 훈련이 필요합니다. 본서에서 다루고 있는 토픽은 모두 기출 또는 출제 예상 문제이므로 수험생들에게 큰 도움이 되리라 생각합니다.

필자의 일천한 지식으로 여러 곳에 미비한 점이 있으리라 생각되며, 이 부분은 추후 개정판에서 가다듬도록 노력하겠습니다.

끝으로 수험생 여러분들의 건승을 기원하며 공동 저자인 권영식 기술사님과 한울타리 기술사님들께 감사드리고 좋은 책이 만들어지도록 도와주신 성안당 임직원 여러분께 진심으로 감사드립니다.

저자 김상진

차 례

　　〈전송 조건〉

조건	값
전송 데이터	1010001101
디바이더(Divider)	110101

← ───── Network ID ───── →			← Host ID →
192	192	9	0
1 1 0 0 0 0 0 0	1 1 0 0 0 0 0 0	0 0 0 0 1 0 0 1	0 0 0 0 0 0 0 0

PART 2 무선통신

PART 3 이동통신

PART 4 정보통신망

PART 5 응용서비스

PART 1

데이터통신

네트워크의 기본이 되는 내용들로 구성되었고 출제 빈도도 매우 높은 파트입니다. 네트워크 기본 이론인 OSI 7계층과 TCP/IP 모델에 대해서 학습하고 TCP/IP 모델의 각 계층인 물리계층, 데이터링크계층, 네트워크계층, 전송계층, 응용계층의 기능과 계층별 주요 프로토콜, 스위치, 성능 산출 방법, 소스코딩, 채널코딩, 라인코딩, 다중화 기법, CRC, 오류정정 코드, IPv4/IPv6, 라우팅 방법, 슬라이딩 윈도우, 혼잡제어, Supernet/Subnet, 소켓(Socket) 통신 등에 대해서 학습합니다.

[관련 토픽 – 103개]

문 1) 통신 5대 구성요소와 Casting mode

답)

1. 정보전달, 통신 5대 구성요소

① 송신자	메시지(정보) 송신자	
② 수신자	메시지(정보) 수신자	
③ 채널	무선(WiFi 등), 유선	
④ 메시지	전송 Data, 정보	
⑤ 프로토콜	송신자와 수신자간 규약	

- 통신은 송신자, 수신자, 채널, 메시지, protocol로 구성되어 통신

2. 캐스팅 모드(Casting Mode)의 개요

가. Casting Mode의 정의 - 송/수신자간의 Data 전송,
통신(Communication)에 참여하는 송신자와 수신자의 숫자.

나. Casting Mode의 발전

Unicast	→	BroadCast	→	Multicast	→	Anycast
1:1		1:다(모두)		1:다(일부)		1:다(일부) IPv6

3. Casting Mode의 유형, 도식, 설명(사례)

유형	도식	설명	사례
Unicast		- 1:1 통신 유형 - 정해진 Node 끼리	TCP/IP 전송
Broad-Cast		- 동일 N/W 구간내 모든 Node로 전송 - 1:M	ARP/ RARP 통신 유형

| | | Multi-Cast |
1:다 | - 하나 이상의 Node 에 Data 전송
- N/W 효율 가장 높음 | - 동영상 다운로드서
- 수신 Node 지정 |
| | | Any-Cast (IPv6) |
1:다 | - Any Cast 주소를 가지는 Node로 전송
- 성능개선 부하분산 | - IPv6 N/W 상에서 효율적 정보 전송 |

- Casting Mode는 통신시 전송방식이며 목적에 따라 잘리 사용(적용)가능

"끝"

- ARP(Address Resolution Protocol) : 주소확인 프로토콜
- RARP(Reverse ARP) : 역방향 주소확인 프로토콜
- Broad Cast : 불특정다수, (단점) 받고 싶지않는데 받는 방식
- Multi-Cast : 수신을 원하는 사용자 Group을 만드는 사전 작업필요

문 2) 캐스팅모드(Casting Mode)

답)

1. Casting Mode의 개요

가. 송·수신자간의 Data 전송. Casting Mode의 정의

Communication(통신)에 참여하는 송신자와 수신자의 수자

나. Casting mode의 발전

Unicast	→	Broad Cast	→	Multicast	→	Anycast
1:1		1:다(모두)		1:다(일부)		1:다(일부),주,IPv6

- Unicast의 1:1통신부터 Anycast 1:다 형태로 발전

2. Casting Mode의 유형및 설명

가. Unicast와 BroadCast

구분	형태	설명
Uni-Cast	1:1 송신자 수신자	정보 송수신시 송신 노드 (Node)와 수신노드가 각각 하나
Broad-Cast	1:모두	송신노드가 N/W에 연결된 모든 수신 가능한 Node에 Data전송(일반공중파 방송)

나. Multicast와 Anycast

Multi-Cast	1:다	하나의 송신노드가 N/W에 연결된 하나 이상의 수신노드에 Data 전송(N/W효율 가장높음)

		Any-Cast (IPv6)	송신 수신 1 : 다	Anycast 주소를 가지는 Node 중에서 가장 가까운 Node로 패킷 전송 (응답시간 개선, 부하분산 효과)

3. Casting Mode의 특징

Broad cast	불특정다수에게 전송, 받고싶지않는데 받는방식
Multi cast	원하는사용자, 수신 Group 만드는 사전 작업필요
Any cast	IPv6 주소체계에서 사용

"끝"

문 3) 통신 방향에는 단방향, 반이중, 전이중 통신으로 분류
된다. 이 3가지 방식의 동작과 실제 사용되는 사례를
설명하시오.

답)

1. Transmission (전송) 방향의 개요

가. 송수신의 효율적 전송, 통신의 분류 방법

- 통신 Channel (채널)에 따른 송/수신간의 방향 결정

나. 전송 모드(Mode)의 종류 및 발전

단방향통신	→	반이중 통신	→	전이중 통신
Simplex		Half-Duplex		Full-Duplex

2. 각 Transmisson Mode의 종류와 동작설명

분류	구성 (2링)	동작 설명
Simplex	송신 →[채널]→ 수신 단방향	통신 채널을 통해 한쪽 방향으로만 Data 전송
Half-Duplex	송신및수신 ⇄[채널]⇄ 송신및수신 반이중	한 번에 한쪽 방향으로만 송신, 즉 한쪽이 송신하는 경우에는 상대편은 수신만 가능 (반 이중 통신)
Full-Duplex	송신 →[채널1]→ 수신 / 수신 ←[채널2]← 송신 전이중	동시 전송(송신/수신) 가능 / 송수신 통신 채널 분리 / 동시에 양방향 전송이 가능한 통신 (전이중통신)

3.   각 Transmission의 적용예

분류	적용예
단방향 통신	TV, 라디오
반이중 통신	무전기, SATA, USB2.0
전이중 통신	USB3.0, Smart TV

"끝"

문 4) Data 교환방식에서 Packet 교환방식에는 가상회선 교환과 데이터그램 방식이 있다. 비교 설명하고 전송방식에 대해 그림으로 표현하시오.

답)

1. 흐름/혼잡제어, 고착상태예방, Packet 교환방식의 개요

   가. 고신뢰성, 트래픽제어가능한 Packet 교환방식의 정의
   - 작은 블럭의 패킷 (Packet)으로 데이터를 전송하며 데이터를 전송하는 동안만 네트워크 자원을 사용하도록 하는 방법

   나. 교환(Switching) 방식의 기술발전

회선교환방식	→	메세지교환	→	가상회선교환	→	데이터그램

   Static → Dynamic, H/W → S/W 제어, 고속, 신뢰성

2. 가상회선교환과 Datagram 방식의 전송동작및 설명

   가. 가상회선교환방식의 전송방식(동작) 및 설명

   동작 : A는 B로 ① 송신
   C는 D로 ②③ 송신

설명 (특징)	전송경로 : Node 1/2/3 순으로 Packet 전달 즉, 하나의 경로사용, Packet의 도착순서고정

4. 데이터그램(Datagram) 방식의 전송동작및 설명

전송 동작 (방식)	
	동작 : 송신측에서 패킷 ① ② ③을 Node 1과 Node 2를 사용하여 수신측에 전달
설명 (특징)	패킷(Packet) 송신시 여러 경로의 Node를 통해 전송함. 수신측에서는 packet 순서가 변동되었을 경우는 재 정렬(Sorting)필요, 트래픽제어에 유리

3. 가상회선교환과 Datagram 전송방식의 비교

구분	가상회선교환	Datagram
데이터전송	Packet 전송(X.21)	Packet 전송(X.21)
전송경로	비점유, 하나의 경로	비점유, 여러 경로가능
경로설정 과정	통신망 전체 정보 (Global Info.) 이용	교환기 주변의 지역정보 (Local Infra) 이용
전송지연	경로설정/패킷 전송지연	경로 설정지연
전송대역폭	가변적	가변적

		오버헤드	Packet별 Overhead	Packet별 Overhead
		패킷도착순서	고정적	가변적(순서재조정필요)
		응용	고신뢰성(장애시우회전송), 흐름/혼잡/고착상태제어	

"끝"

문 5) 정보통신 용어 및 교환방식에 대하여 다음을 설명하시오.

가. 두 사람이 대화를 할 때 나타나는 문제점이다. 각 경우에 대해서 보기와 같이 문제점을 해결하는 방향으로서 통신 용어로 설명하시오.

> (보기) 서로 다른 언어를 사용하면 서로를 이해할 수 없다
> → 표준 프로토콜을 사용해야 한다
> - 말하는 사람이 작은 소리로 이야기하면 의사소통을 할 수 없다 →
> - 빠른 속도로 이야기하면 듣는 사람이 이해할 수 없다 →
> - 동시에 두 사람이 이야기를 하면 대화를 이해할 수 없다 →
> - 물속에서 이야기를 하면 소리가 전달되지 않는다 →

나. 회선교환(Circuit Switching) 방식과 패킷교환 (Packet Switching) 방식의 차이점

답)

1. 정보통신 용어 교환, 통신(Communication)의 개요

가. 정보의 전송수단, 통신의 정의

- 둘 이상의 사람, 사물, 기기 등의 실체 간의 일련의 정보 교환 행위 소리의 증폭, 전송 Speed 제어, 통신 채널, 통신 매체, 잡음 제거, 부호화 등 다양한 통신 문제 포함

전송신호 제어 : 증폭, 속도(흐름제어)
Full-duplex(전이중)
디지털 신호(라인코딩)

- 전송매체는 유선과 무선으로 구분.

라 통신 5대 구성요소에 따른 통신용어

① ~ ⑤ 통신 5대 구성요소, 필요시 신호증폭(Repeater 사용, 1계층), 전송속도 제어(규약) 동시에 송수신 가능여부(Full duplex) 규정, 부호화, 잡음(Noise)제거

2. 주어진 문제에서의 두사람 대화시 문제점과 해결방안

가. 두사람 대화시의 문제점 설명

상황	문제점
말하는 사람이 작은소리로 이야기 하면 의사소통을 할수없다	수신측에 이해 가능 큰소리 (큰신호레벨)로 전달필요
빠른속도로 이야기하면 듣는 사람이 이해 할수없다	이해 가능한 대화의 속도 (전송속도)로 전달 필요
동시에 두사람이 이야기를 하면 대화를 이해할 수없다	이해 가능한 대화의 채널(channel) 필요
물속에서 이야기를 하면 소리가 전달되지 않는다	상호 통신시 전송 매체(광통신, Air등) 규약 필요

나. 두사람 대화시의 문제점에 대한 해결 방안 설명

문 제 점	해결방안
수신측에서 이해 가능한 큰소리로 전달 필요	송신: Hub, 리피터(1계층) 이용해 작은 소리신호를 증폭하여 해결 수신: 나이퀴스트 샘플링이용해서 증폭
이해 가능한 대화의 속도로 전달 필요	송신전달: 슬라이딩 윈도우, 흐름제어기법, 채널용량 확보 이용하여 해결 수신손실: Queuing을 통해 Buffer(수신 버퍼)에 전달속도 조절 통한 해결
이해가능한 대화의 채널 필요	단방향: CSMA/CA, CSMA/CD, Half-duplex 이용 양방향: Full-duplex, TDMA, FDMA 이용 해결
소리가 전달 가능한 상황 (전송매체) 필요	환경개선: 라인코딩(의미있는 디지털 신호 전환) 등으로 물리적 환경 전환 기타: 소리전달 전송매체 환경고려 필요

3. 회선교환 방식과 패킷교환 방식의 상세 설명

가. 회선교환 방식과 패킷교환 방식의 Scope

교환방식
├ 회선교환
└ 축적후교환
　├ 패킷교환
　└ 메시지교환
패킷교환
├ 데이터그램방식
└ 가상회선 방식

- 패킷교환방식은 데이터그램과 가상회선 방식으로 분류됨

교환

	4	회선방식과 패킷교환방식의 상세설명		

구분	설명	상세설명
회선 교환	방식설명	연결회는 전체 기간동안 회선이 고정 할당되어 회선자체가 점유되는 교환방식 Circuit Switching System
	-전용회선사용	-설정된 통신로는 한 트랜잭션의 정보
	-전송제어절차	전달목점, 전용회선으로 사용가능
	제약없음	- N/w 망에 대한 정보 간섭, 정보형태,
	-밀도높은데이터전	부호, 전송제어절차 제약없음
	-시간지연처리없음	-대량정보전송 통신밀도 높은송수신에적합
패킷 교환	방식설명	축적교환방식의 일종, 모든 전문을 패킷 단위로 분할하여 이단위마다 수신안의 주소와 제어정보를 부가하여 전송하는 방식
	-즉시성과부호	-패킷 단위로 데이터 전송, N/w상태에
	-전송속도의	따라 다른 전송경로로 전송가능
	투명성 확보	-데이터그램/가상회선방식이 존재

-주요 데이터교환 방식으로 회선교환 방식과 패킷교환

방식을 이용하여 데이터를 교환

	4	회선 교환 방식과 패킷 교환 방식의 차이점		

구분	회선교환	패킷교환
독점	독점 (N/w선로)	비독점

목적	송수신 단말사이에 통신경로를 설정, 데이터를 전송교환	일정한 데이터 패킷을 적정한 통신경로를 이용하여 전송교환
특징	회선의 설정, 데이터의 이동, 회선의 단절	경로제어, 트래픽 제어, 에러(Error) 제어 가능
경로설정	고정경로	가변경로
사례	전화망	인터넷

"끝"

문 6) OSI 7 Layer

답)

1. 이기종 Network간의 연결위한 표준 OSI 7 Layer 개요

정의	특징
N/w통신에서 생기는 여러 충돌문제를 완화하기위해 국제표준기구(ISO)에서 제시한 N/w구조의 기본 모델	- 계층간 독립성, 개념모델 - 계층간 이동시 Header, Trailer등 캡슐화

각 계층별로 별도 protocol, 장비를 가지고 독립된 기능수행

2. OSI 7 Layer 개념도 & Layer별 기능/전송단위/프로토콜/장비

가. OSI 7 Layer 개념도

캡슐화	송신	각 계층별 protocol	수신	
	7 Application	← →	7 응용	
	6 Presentation	← →	6 표현	
	5 Session	← →	5 세션	
	4 Transport	← →	4 전송	
	3 Network	← →	3 네트워크	
	2 Data Link	← →	2 데이터링크	
↓	1 Physical	← →	1 물리	↑

전송매체

전송 Data는 송신측의 상위계층에서 하위계층으로 전달되어 물리계층(physical Layer)에서 전송매체를 통해 전달

4. Layer별 기능/전송단위/protocol/장비

	계층	기능/역할	전송단위	Protocol	장비
	응용	사용자 서비스 제공 사용자 인터페이스 역할	Data	HTTP, SMTP, FTP, Telnet	Gateway L7 switch
	표현	데이터 Format 결정 변환, 압축, 암/복호화 수행		JPEG, MPEG, SMB	
	세션	세션연결, 관리, 해제 데이터 동기화, 오류검사		TLS, SSH, ISO8327	
	전송	정보분할, 재구성 전송방식 결정	Segment	TCP, UDP, RTP, SCTP	L4 Switch
	네트워크	논리주소(IP, IPX) 할당 패킷 이동경로 결정	Packet	IP, ICMP, ARP, RARP	Router L3 Switch
	데이터 링크	데이터 전송 신뢰성 제공 오류제어, 흐름제어 등	Frame	Ethernet, ATM, HDLC	Bridge L2 switch
	물리	물리 매체 이용, 매체 간 전기 신호 전송	Bit(0,1)	RS-232C, RS449/423, X21	Repeater Hub

– OSI 7 Layer는 기본모델로 실질적인 통신서 활용모델은 TCP/IP임

	구분	OSI 7 Layer	TCP/IP
3. OSI 7 Layer 와 TCP/IP 비교	목적	N/W 통신모델 표준제시	NW 통신 구현
	계층성	7계층 표준 참조모델	4계층, 프로토콜 구약
	특성	정형성, 규칙성	유연성(연결/비연결)
	활용	N/W 이해를 위한 참조모델	실제 구현 모델

"끝"

문 7) OSI(Open System Interconnection) 7 Layer의 각 Layer의 특징, Data Type, 장비 및 Protocol를 제시하시오

답)

1. 국제표준기구(ISO) 표준사양 OSI 7 Layer의 개요

가. OSI(Open System Interconnection) 7 Layer의 정의
- N/W 통신선상에서 발생되는 여러가지 충돌문제(Noise)를 완화하기위해 ISO에서 표준화된 N/W 구조로 제시한 기본모델

나. OSI 7 Layer 형태 통신 필요성

N/W상 Noise제거	장비간 호환성	장비측 효율성	모듈화	장비 표준화	SPEC. 표준	Layer별 통신	분할과 정복

2. OSI 7 Layer의 계층, 특징, Data Type, 장비, Protocol 제시

계층(Layer)		특징	Data Type	장비	프로토콜
7	응용	Application Software 에 API 제공	메세지 (Message)	L7 스위치	DNS SNMP
6	표현	N/W보안(번역기 역할 수행) 암호화, 압축, 변환수행		Gateway (IP+TCP /UDP 포트 +packet)	MPEG, JPG
5	세션	Socket 프로그램 동기화 - 통신선로 구축 및 유지 - 세션연결/관리/종료			전송모드 결정(반이중, 전이중) 직렬/병렬 동기/비동기 RTP
4	전송	데이터 전송보장 흐름 제어(정지재기, 슬라이드윈도우), QoS	세그먼트 (Segment)	-L4스위치 -IP+TCP/ UDP port 참조 -Load Balancing	TCP, UDP

	3	네트워크	통신 경로설정 (Routing) (중계 기능 담당 교환) 라우팅, 혼잡제어 Datagram, 가상회선 방식, -IPv4 & IPv6	패킷 (Packet)	L3스위치 IP주소참조 Router (유선, 무선)	IP, ARP, RARP 교환방식 (회선, 패킷)
	2	데이터 링크	오류제어, Frame생성 MAC제어 : 매체 제어 에러 검출/정정, 흐름제어 Frame 형식 정의	프레임 (Frame)	L2스위치 MAC주소 참조 Bridge Switch	FEC, ARQ H-ARQ, 해밍코드 CSMA /CA&CD
	1	물리	물리적 연결 설정, 해제 Data코딩, 변조방식 (AM, FM, PM) Data 부호화 방식 (ASK, FSK, PSK) 멀티플렉싱 (다중화) (TDM, FDM) 전송속도 (bps, Baud)	Bit Stream	Hub/ Repeater	전기적 신호전달, 절차적 규격, 맨체스터 Code

3   OSI 7 Layer 형태의 적용 Protocol 예시

- SATA, USB, PCI-E, Thunderbolt, Zigbee,

6LowWPAN, Bluetooth 등이 있음

"끝"

문 8) OSI 7 Layer와 TCP/IP

답)

1. OSI(Open System Interconnection) 7 Layer의 개요

가. | OSI 7 Layer의 정의 | 국제표준기구(OSI)에서 제정한 Network 통신 규격 표준화를 위한 규격, 개방형 시스템의 상호접속위한 참조모델로 이기종 System간 연결 및 정보교환을 위한 표준화된 절차

나. OSI 7 Layer(계층)의 특징

포괄적 모델	표준들을 하나의 모델로 포괄, N/W 구현시 참조모델
개념적 모델	계층(Layer)구조의 정의 및 설명
계층화	N/W통신을 Layer로 나눔으로써 계층간 무영향
캡슐화/역캡슐화	상→하위계층 전송시 캡슐화, 하→상위 역캡슐화
분할과 정복	목적 달성위한 계층별로 분할하여 분업 가능

2. OSI 7 Layer 계층 구성과 설명

가. OSI 7 Layer 계층구조

7	- - - - -	7 ↑ 통신순서	7. 응용(Application)
6	- - - - -	6	6. 표현(Presentation)
5	- - - - -	5	5. Session
4	———	4 (Segment)	4. 전송(Transport)
3 Router	·····	3 (Packet)	3. Network
2 Bridge	···	2 (Frame)	2. Data Link
1 Repeater	···	1 (Bits)	1. Physical

4		OSI 7 Layer 의 기능
	7	통신망에 연결된 응용 프로세스들의 정보 교환이 되는 계층
	6	서로다른 정보의 형식과 설정, 암호등 해독 → 상호연결
	5	두 프로세스간 데이터 전송위한 가상경로확립 & 해제수행
	4	Link 종점간의 정확한 Data 전송을 제공
	3	Data 전송위한 최적의 통신경로 선택 제공
	2	데이터블럭의 전송에러 검출 & 에러 제어관리 & 규정
	1	장치간의 물리적 접속을 제어하기위한 기능 제공
3		OSI 7 모델과 TCP/IP의 비교

Layer

	OSI Model		TCP/IP Model	
7	Application			
6	Presentation		Application	4
5	Session			
4	Transport		Transport	3
3	Network		Internet	2
2	Data Link		Network	1
1	Physical		Interface	

유사점	차이점
- 계층구조, 응용계층존재	표현/세션계층 → 응용계층으로 처리
- 전송계층과 네트워크계층존재	데이터링크와 물리계층 → 하나로취급
- 회선교환이 아닌 패킷교환방식	De-facto 표준으로 사용

"끝"

문 9)		통신망(Communication Network) 장치들의 물리적 구성 형태 및 각각의 특징에 대하여 설명하시오.
답)		
1.		Data의 전달, 정보송수신 Infra, 통신망의 개요
	가	통신망(Communication Network)의 정의
		- 송수신자간 통신경로를 구성하기위해 단말, 회선, 전송장비, 교환기, 프로토콜등이 유기적으로 결합/구성, 통신장치들의 집합
	나	Communication Network의 유형

```
                    ┌──────────┐
                    │  통신망   │
                    └──────────┘
        ┌──────────────┼──────────────────┐
   ┌────────┐  IEEE  ┌──────┐          ┌──────┐
   │  LAN   │ 802.3  │ MAN  │          │ WAN  │
   └────────┘        └──────┘          └──────┘
   ┌──────────────────────────────────────┐
   │                          ┌─────────┐  WWAN
   │                          │  WMAN   │ (IEEE 802.20)
   │ ┌────────┐ ┌──────────┐  │ (IEEE   │
   │ │  WLAN  │ │  WPAN    │  │ 802.16) │
   │ │(IEEE   │ │ (IEEE    │  └─────────┘
   │ │802.11) │ │ 802.15)  │
   │ └────────┘ └──────────┘
   └──────────────────────────────────────┘
```

		- 통신망은 거리에 따라 LAN(근거리), MAN(지역망), WAN(광역통신망)으로 구분할수 있음
2.		통신망을 구성하는 장치
	가	OSI 7 Layer와 각 계층별 장치
		- 7 Layer : 응용, 표현, 세션, 전송, N/W, 데이터 링크, 물리계층
		- 계층별 장치 : Router, Bridge, Switch (각 계층) Hub, Repeater

계층	송신	장치	수신	
7	Application		Application	사용자 Interface 담당
6	Presentation		Presentation	데이터 표현, 암호화 담당
5	Session		Session	응용 program간의 세션을 형성 Application접근 스케줄링 담당
4	Transport		Transport	TCP와 UDP담당 Data에러 검출후, 재전송 담당
3	Network	Router	Network	경로결정에 사용, 논리적 주소제공
2	Data-Link	Bridge, Switch	Data-Link	MAC주소 사용, 매체 접근 (Device)
1	Physical	Hub, Repeater	Physical	장비들간의 Bit 이동 담당

4 계층별 장치의 특징

장치	설 명	계층
Hub	여러개의 port를 가짐. 한 port에서 수신된 신호가 모든 다른 port에 공유되도록 하는 장치	1
Repeater	데이터 (Data) 신호를 증폭시킨후, 다음 전송구간으로 재전송하는 장치	1
Bridge	두개 이상의 LAN을 연결하여 하나의 Network으로 만들어 주는 장치	2
Switch	Device 간 연결, 할당된 대역폭 극대화	2
Router	서로 다른 구조의 망을 가지는 Network 간의 통신을 위해 사용하는 장치	3

- OSI 7 Layer 기준, 장치들의 특징

| 3. | 통신망 구성장치들의 물리적 구성형태 |

가. 통신망의 물리적 구성 유형

- 사용목적에 따라 확장성, 전송효율, 경제성 등을 고려하여 결정하여야 함

나. 통신망 구성형태별 특징

구성형태	특징
성형 (Star)	- 중앙에 전송제어장치(ex. Hub)가 위치, 다른 Node연결 - 연결된 각 Node는 직접통신불가, Hub통해 통신 - 데이터 전송시 Hub로 데이터가 먼저 전송되어야 함 - 설치비용 저렴, 유지보수용이, 제어장치(Hub)문제시 전체에 영향, 통신망 많을시 전송지연
버스형 (Bus)	- 모드 Node와 일자형 케이블에 연결된 형태 - 하나의 Node가 전송하면 Broadcast되어 다른 Node 모두 데이터 수신됨 (1:N통신) 「제거 - 수신 받은 Node 주소확인 자신이면수신, 2철지않으면 - 설치 간단, 경제적, 중앙 케이블 문제시 전체영향 - Bus에 데이터 전송시 충돌발생 감지 필요 (성능저하)

		트리형 (Tree)	- Star형의 변형, 트리모양으로 전송제어장치 존재
			- 계층구조(Hierarchy) Network에 적합
			- 제어가 단순(간단), 관리/확장 쉬움
			- 중앙전송제어 장치(Root Hub) 문제시 전체 영향
		링형 (Ring)	- 모든 Node가 하나의 링(Ring)에 순차적 연결
			- 처음과 끝이 N/W망으로 서로 연결된 링과 같음
			- 구조가 단순하고 장애 발생시 복구 빠름
			- Ring을 제어하는 절차복잡, 노드추가 어려움
			- 하나의 노드에 문제 발생시 전체 N/W 사용불가,
			이문제 개선위해 이중링 & 스위처를 사용
		그물형 (Mesh)	- 모든 Node가 Point to point로 연결된 형태
			- 모든 Node가 연결되기위해 $n(n-1)/2$개 회선필요
			- 각 Node는 자신을 제외한 $n-1$개의 입출력 port
			가필요, 많은 회선필요(비용부담), 높은 신뢰성 제공
			- Data 전송보장, 1:1 통신가능(보안우수)
			- 장애 발생시 결함식별쉽고 분리용이, 비싼비용

- 실제 Network 구성시에는 목적에 따라 혼합하여 사용

4. 환경에 따른 물리적 구성 적용
- LAN & 중소 규모의 WAN을 구성 할때에는 버스형(Bus)
  이나 성형(Star)이 주로 사용
- WAN 구성시는 주로 Ring이 주로 사용됨

항목	Star형	Bus형	Tree형	Ring형	Mesh형
설치비용/ 노력	초기 비용이 큼	경제적	초기비용 큼	설치간단(제어절차복잡)	설치어려움 (회선, H/W)
재구성	용이	어려움	제어군조에 따라다름	용이(구조간단)	어려움
장비추가	용이	용이	용이	어려움(링절단)	규모에 따라 다름
케이블수/ 비용	케이블 적게 사용,중앙까지 연결필요	비교적 적게 필요 (경제적)	2~n차 제어장치에 따라다름	실형맞자저렴	많이 필요

"끝"

문	10)	인터 네트워킹 (Inter-Networking)
답	)	
1.		이기종 네트워크 연결기술, Inter-Networking 개요
	가.	N/W 상호연결, 호환성확보, 인터네트워킹의 정의
		서로 다른 Network 간에 적절한 연결장치를 사용하여 차이점 조정 및 상호연결시켜 정보교환이 가능하도록하는 통신 기술
	나.	Inter-Networking의 유형

유형	상세 설명	사례
LAN	통상 10Km 이내 지역 연결 네트워크	LAN TO LAN
MAN	대단위 도심지역 연결한 Network	LAN TO MAN
WAN	지리적으로 거리가 먼 네트워크 연결	LAN TO WAN

2.		인터네트워킹 장치의 구성및역할
	가.	Inter-Networking 장치의 구성

OSI 7 Layer	기본장치	발전된 장치
Application		
Presentation	Gateway	Gateway (게이트웨이)
Session		
Transport		
Network →	Router	Switch Hub (스위치 허브)
Data Link →	Bridge	
Physical →	Repeater	

	나.	인터네트워킹 장치의 역할

	장치	역할	특징
	Gateway	서로 다른 프로토콜을 사용하는 망 간 연결	응용계층 간의 변환, 이기종 망 연결 WAN to LAN, X.25 to LAN
	라우터	동일 프로토콜을 사용 하는 분리된 망 연결	IP주소에 의한 최적 전송경로 설정 경로설정 위한 라우팅 Table 관리
	브릿지	Network 흐름제어 & 트래픽 분리	MAC주소 기반으로 트래픽 분리 N/W오류 & 흐름(flow) 제어 수행
	리피터	물리계층의 신호 중계 & 신호 증폭	신호 증폭을 통해 거리 제한 극복 Network 규모의 확장
	스위치 허브	리피터, 브릿지 라우터 기능통합	OSI 7계층 중 2계층 이상 지원 기능 모듈(Module) 내장

3. Inter-Networking 장치의 발전동향

- 스위치와 라우터의 경계 모호, 브릿지와 리피터의 사용 감소
- ATM과 라우터를 이용한 백본(Backbone)망 구성 활발

"끝"

문	11)	통신시스템의 5대 구성요소와 OSI 7 Layer중 하위
		3개 계층(Layer)에 대해 각각 역할(3가지 이상)에
		대해 설명하시오.
답	)	
1.		정보 전달, 통신시스템의 5대 구성요소

송신자 ←→ 수신자
(무선)
유선
메세지 (Message)
protocol (Rule)　　protocol (Rule)

5대 구성요소	설 명
송신자	Message (Data, 정보) 송신
수신자	Message (Data, 정보) 수신
통신채널	무선(WiFi 등), 유선 (IEEE 802.3)
프로토콜	송신자와 수신자(Client-Server) 규약
Message	전송 Data & Information (정보)

2.		OSI 7 Layer중 Physical/Data Link Layer의 역할
	가	최 하위 Layer Physical Layer의 역할

역할	설 명
신호변환	-전기적 신호 변환　　Digital → 신호변환 → Digital　　Analog → 신호변환 → Analog
연결설정 및 해제	-물리적 연결 설정, 해제, 변조.　-변조(AM, FM, PM), 부호화(CASK, FSK), 다중화

		신호전달	-Hop to Hop 신호전달 (인접 Node로) -전기적 신호전달, Bit 전송, 맨체스터 Code ex) RS-232C, I²C, 0과 1의 조합신호

- Data 단위는 Bit Stream

4. Data Link Layer의 역할

역할	설 명
Frame 생성	-Hop to Hop protocol, Header, Data(payload) Trailer (Error Detection & Correction)
오류제어	-Retransmission (재전송) -수신측 수신도중 에러 (Error) 발생으로 인한 재전송 요구시. ex) FEC, BEC, ARQ, H-ARQ, Hamming코드(수신측정정)
CSMA/CD	-Carrier Sense Multi Access /Collision Detection : Shared (공유) Media와 Dedicated Media -충돌없이 분리
흐름제어	-Flow Control, Buffer의 크기와 속도, 전송효율 에 근거, 확률로거나 선로상 Busy 확인후 전송

- Frame 단위의 Data 구성

3. Network 계층의 역할

역할	설 명
논리(Logical) 주소 구성	Router에서 단말의 MAC (48bit)주소 (물리주소)를 논리적 주소로 변환. ARP(Address Resolution Protocol)

수신측 정정 : 수신측에서 Error정정

			경로설정	-Routing -최적의 경로(path)를 찾는 행위
				-Static/Dynamic Routing 알고리즘
			Forwarding	해당 경로(path)로 Packet Forwording
			-Packet 단위의 Data 구성	
				"끝"

문 12) OSI 7 계층 중 1계층에서 동작하는 NW 장비인 허브 (Hub)와 리피터(Repeater)에 대해 설명하시오.

답)

1. 여러대 컴퓨터들의 연결, Hub의 개요

가. 다수의 PC와 장치를 묶어 LAN 구성 가능, Hub의 정의

- UTP 랜(CLAN) 케이블을 이용하여 가까운 거리 (100m 이내)에 있는 Computer들을 연결시켜주는 Network 장비

나. Hub의 동작

Hub 구성	Hub 동작
	- Hub는 단순히 중계기 역할 - 컴퓨터 A가 D로 전송시, B,C에도 전송 - 즉, 연결된 모든 PC로 전송함 - Broadcast 전송 (B,C는 Data 폐기필요)

- Hub에 연결된 PC들은 충돌발생 (Collision Domain)
- 가정이나 소규모 기업에서 PC 연결시 주로 사용

2. Hub의 종류

구분	더미허브(Dummy Hub)	스위칭 허브(Switching Hub)
기능	컴퓨터간을 연결시켜주는 일반적인 기능을 하는 Hub	더미허브의 단점 (연결된 모든 PC로 전송) 보완
특징	허브에 전달되는 데이터를 모든 PC로 전달, 과도한 트래픽 발생 및 충돌 발생	연결된 모든 컴퓨터로 전송하지 않고 순간순간 port를 스위칭 해서 목적지에만 전달

인텔리전트(Intelligent) 허브는 더미허브에서 NMS(
네트워크 관리 시스템) 기능이 추가되어 모든 데이터를
분석및 제어 가능, 망관리 기능추가

3.	리피터 (Repeater) 기능및 역할

- 약해진 신호를 증폭하는 기능

기능	전기신호를 정형(일그러진 전기신호를 복원)하고 증폭하는 기능을 가진 Network 중계 장비
역할	통신하는 상대방이 멀리 있을때 리피터를 사이에 넣어 사용. 즉, 멀리있는 상대방과도 통신할 수 있도록 파형을 정상으로 만드는 역할 수행

"끝"

문 /3) 캡슐화(Encapsulation)와 역캡슐화(Decapsulation)

답)

1. 네트워크 독립성 확보, Encap.과 Decap.의 개요

가. 계층별 기능수행, 캡슐화(Encap)와 역캡슐화(Decap)의 정의

Encap.	상위계층으로부터 수신된 데이터에 각 계층에 필요한 헤더(Header)를 붙여서 전달
Decap.	수신된 데이터의 Header를 제거하여 사용

나. 송/수신 시의 Encap.과 Decap

송신 시	상위 프로토콜 데이터 유니트(PDU: Protocol Data Unit)를 하위 프로토콜 데이터 유니트의 데이터 필드에 포함시킴
수신 시	수신한 데이터에서 데이터의 각 Header 부분을 상위 프로토콜 계층으로 올라가며 차례로 제거하는 과정

2. Encap과 Decap 과정과 필요성

- Encap과 Decap 과정

캡슐화												역캡슐화 계층	
7. Application	DA		DA=DATA								DA		7
6. Presentation	DA	P								P	DA		6
5. Session	DA	P	S						S	P	DA		5
4. Transport	DA	P	S	T				T	S	P	DA		4
3. Network	DA	P	S	T	N		N	T	S	P	DA		3
2. Datalink	DA	P	S	T	N	D	D	N	T	S	P	DA	2
1. Physical	데이터(PDU) 전송 →												1

필요성	설 명
독립성 유지	다양한 통신 기능들을 여러개의 계층에서 나누어 실행함으로서 각 계층(Layer)간의 독립성유지, 한 모듈이 다른 모듈에 미치는 영향 최소화
계층별 기능수행	각 계층의 고유 기능들만 해당 계층에서 수행
호환성 유지	비슷한 기능들을 갖는 모듈은 동일 계층으로 분할하고 각 계층간의 독립성을 최대한 유지하여 다른 네트워크의 동일계층간 호환성 유지

3. Encap (캡슐화)와 Decap (역 캡슐화) 절차와 설명

　가. Encap와 Decap의 절차

```
  [메시지]                          [메시지]        ↑
                                                    
① ┌──┬─────────┐   ③      ②  ┌──┬─────────┐ ④
  │HD│ UDP data│ │          ↗ │HD│ UDP data│ │
  ├──┴─────────┐ │            ├──┴─────────┐ │
  │HD│  IP data│ │            │HD│  IP data│ │
  ├──┴─────────┐ │            ├──┴─────────┐ │
  │HD│Frame data│↓            │HD│Frame data│
  └──┴─────────┘              └──┴─────────┘

    Encapsulation   →    Decapsulation
```

- 캡슐화 절차는 상위계층으로부터 수신된 데이터에 각 계층에 필요한 헤더(Header)를 붙여서 전달
- 역캡슐화의 절차는 수신된 데이터의 Header를 제거

　나. Encap. 와 역캡슐화 (Decap.)의 설명　　　　　　끝

- Frame data 생성과 역캡슐화 통한 메시지 전송이 핵

			NO.	설명
			①	상위 계층의 데이터와 Header(헤더)를 모두 하위 계층의 데이터 부분에 포함시키고 해당 계층의 Header를 앞에 삽입. IP헤더와 Data는 하위 이더넷 프레임(Ethernet Frame)의 데이터 부분에 포함되고 이더넷 헤더를 붙이는 캡슐화 과정을 통해 전송 Data 반성
			②	반대로 수신측은 역캡슐화 과정을 통해 각 계층의 헤더를 제거하고 Data 부분을 상위계층으로 전달함
			③	네트워크 모델에서 송신과 수신 Host에서는 모두 여러 개의 프로세스가 동시에 동작하나 IP주소는 Host 구분에만 사용되고 프로세스를 구분못함. 프로세스를 구분하기 위해서는 추가로 포트(port) 번호가 필요. 송신 Host에서 여러 응용 process로부터 데이터를 모아 헤더를 첨가 →세그먼트 생성 후 N/W계층으로 세그먼트를 보냄. 다중화(Multiplexing)
			④	반대로 수신 Host에서 수신한 세그먼트를 해당 응용 process로 보내는 과정이 역 다중화(Demultiplexing) 임
4.			캡슐화와 역캡슐화의 비교	

구분	캡슐화	역캡슐화
개념	Payload에 Header를 추가하여 Frame data (전송데이터) 생성하는 과정	수신된 Data를 받아 Header를 제거하여 본래 payload로 복원하는 과정

동작주체	Tx (송신측)	Rx (수신측)
	- N+1(상위) → N(하위) 이동	- N(하위) → N+1(상위) 이동
동작방식	- N+1 Data에 N 자신의 헤더정보를 추가 하여 아래계층에 전달	N Data 에서 헤더를 제거 하고 N+1 계층으로 전달
동작이유	각 Network 계층별로 사용 되는 프로토콜 정보를 추가하여 전달하기 위한 준비	계층별로 전달 받은 제어여에 사용된 프로토콜 정보를 제거 하고 원래 메시지 추출위함

"끝"

문 14) 계층구조의 통신프로토콜 설계시 고려해야 할 다음 각 요소에 대해 설명하시오

가. 오류 제어

나. 흐름 제어

다. 데이터 전달 방식

답)

1. OSI 7 Layer 형태, 통신 모델 설계시 고려할 요소

계층구조 (Layer) — 설계시 고려사항 — 통신 protocol

주소표현	오류제어	흐름제어	데이터전달방식
주소체계 Host 주소 Group주소 (Board/Multi-cast)	FEC BEC	Stop-N-Wait Sliding Window	단방향 Full Duplex Half Duplex

- 모듈화된 계층구조는 구현용이성, 수정용이성 등의 장점이 있음

나 주소표현, 오류제어, 흐름제어, 데이터전달방식 등 고려필요

2. 전진오류정정(FEC)와 후진오류정정(BEC), 오류제어

가. 오류제어 개념와 우형

오류제어 정의 — 데이터 링크(Data Link), 네트워크 계층에서

신뢰성 있는 데이터 전달을 위해 데이터의 미수신&오류발생

시, 검출후 재전송하거나 정정하는 기법

나. 오류제어의 유형

```
                  오류제어(Error)
          ┌───────────┴───────────┐
   전진오류 정정(FEC)          후진오류 정정(BEC)
   ┌─────┴─────┐            ┌─────┴─────┐
 Block 코드  바블럭코드     검출방식     정정방식
 -BCH,해밍코드 -콘블루션코드  -Parity    -정지-대기ARQ
 -CRC코드     -Turbo코드    -Checksum   -Go-Back-N
 -LDPC코드                  -순환중복검사 -Selective-Repeat
                                        -적응형 ARQ
                                        -H-ARQ
```

- 무선채널 환경에서는 BEC와 FEC를 혼용한 H-ARQ 사용 특색

다. 오류 제어의 유형

구분	기법	설 명
FEC	(비)블럭코드	BlockCode: 해밍코드, BCH, CRC, LDPC코드 Non Block Code: 콘블루션, Turbo코드
	해밍코드	데이터와 Parity가 Bit 관계를 이용하여 1 Bit 수정, 2Bit 검출 가능한 기법
	콘블루션코드	과거, 현재 신호간의 상관 관계 이용. 특히, 메모리, 디코딩, 해밍거리에서 활용
	Turbo코드	Convolutional Code 중 쉽게 복호화 할수 있는 것을 조합한 기법
BEC	패리티 검사	Parity Bit 활용하여 오류 검출 기법
	Check-sum 검사	각 Data 합(SUM)을 1의 보수화 (Checksum)한 값과 Data 전송후 수신측에서 역 과정실시

| | | BEC | 순환중복검사 | CRC 연산기반으로 오류를 검출하는 기법 |
| | | | ARQ | 에러 발생시 재전송 요구를 통해 전송(해결) |

- 적절한 오류제어 방식 사용과 통신안전성 위한 흐름제어 필요

3. 전송속도 조절, 흐름제어

가. 흐름제어의 개념과 유형

개념	송신측과 수신측의 버퍼(Buffer)크기 차이로 인해 생기는 데이터 처리속도 차이를 해결하기위한 기법

유형

흐름제어(Flow)

Stop-and-Wait(ACK)	Sliding 윈도우(Buffer크기활용)
-송신 Data 전송	-수신측 Buffer 확인
-ACK시 Next 전송, NACK시 Retry	-수신 Buffer 만큼 전송

나. 흐름제어의 유형상세

구분	도식	설명
정지재개 (Stop-and wait) ARQ	송신 F1 ACK, F2, NAK, F2, ACK 수신 / 시간	송신측 Frame 전송 수신측 Ack, NAK(오류 검출되어 재전송요구), 송신측 해당 Frame 재전송하는 방법
Sliding 윈도우	송신 수신가능Buffer확인, 수신가능만큼전송, 수신 Buffer확인, 수신가능만큼전송 수신	수신측에서 설정한 윈도우(수신가능 Buffer)크기 만큼 송신 Frame(Data) 전송, 전송흐름을 동적으로 제어

4. 데이터(Data) 전달 방식

가. 데이터 전달 방식의 개념과 유형

개념	송신측과 수신측의 전송방향을 정의하는 기법

```
              ┌─────────────────┐
              │ 데이터 전달 방식 │
              └────────┬────────┘
         ┌─────────────┼─────────────┐
   ┌──────────┐  ┌──────────┐  ┌──────────┐
   │ Simplex  │  │Half Duplex│  │Full Duplex│
   │ (단방향) │  │ (반이중)  │  │ (전이중) │
   └──────────┘  └──────────┘  └──────────┘
   ├통신회선 1개  ├통신회선 1개  ├통신회선 2개
   └방향 사전정의 └동시 송수신 불가 └동시 송수신
```

나. 데이터 전달 방식 유형 상세

구분	개념도	특징
Simplex (단방향)	송신 수신 (S) → (R) Send Receiver	- 송/수신간 통신회선은 하나 - 송신측과 수신측이 미리 정해져 있어 한쪽 방향으로만 통신 가능
Half Duplex (반이중)	송신 수신 (S) ↔ (R)	- 하나의 통신선으로 송신과 수신을 해야 하므로 송신과 수신을 동시에 할수 없음 - 한쪽이 송신시 다른 쪽에서는 수신만 가능
Full Duplex (전이중)	송신 수신 (S) ⇄ (R)	- 두 디바이스간 통신선 2개(송신선, 수신선) - 송신선과 수신선이 각각 존재하므로 데이터 송신과 동시에 수신이 가능

"끝"

문 /5)	OSI 참조모델 2계층에서의 오류제어 방식에 재하여
	설명하시오
답)	
1.	Datalink계층(OSI 2계층), 오류제어의 개요
	- OSI계층은 7계층으로 각각 계층별 역할과 영역에 재해
	기술되고 상호운영성 확보, 표준화된 Interface, 모듈화된 규격
	- 2계층인 Datalink계층에서는 물리계층의 신호를 3계층인
	Network계층으로 전달하기 위해 다양한 오류제어방식사용
2.	OSI 7계층의 개념및 구조
가.	OSI 7계층(Layer)의 개념

L7	응용	A			
L6	표현	P	L4	응용	A
L5	세션	S			
L4	전송	T	L3	전송	T
L3	네트워크	N	L2	인터넷	I
L2	데이터	D	L1	네트워크	D
L1	물리계층	P		Access	
	〈OSI 7계층〉			〈TCP/IP 4계층〉	

- 개방형 System인 TCP/IP및 인터넷공간에서 통신방식,
장비별 표준화된 호환성을 갖기위한 계층별 표준화모델임
- 상호운영성, 표준화된 인터페이스, 모듈의 재사용이
가능하도록 함

4. OSI 7계층의 구조도

OSI 7계층	역할	TCP/IP계층	protocol들
세션,표현,응용	데이터표현,응용	응용	HTTP, FTP, SNMP등
전송	전송제어,신뢰성	전송	TCP, UDP
네트워크	경로제어,경로설정	인터넷	ICMP, IP, ARP등
물리/데이터링크	프레임구조,전기신호	네트워크 인터페이스	이더넷, RS-232등

3. OSI 2계층에서의 오류제어 방식

FEC(전진오류정정)	BEC(후진오류 정정)
수신단에서 오류정정	수신단 오류발생시 재전송요구
- Convolution Code	- Stop and wait, Go Back N
- 해밍 코드, LDPC Code	- Selective Repeat, 적응형 ARQ
- BCH Code	- H·ARQ, checksum, parity, CRC등

"끝"

문 16)		TCP/IP 프로토콜에 대해 설명하고 각 Layer별 Protocol의 종류를 나열하고 설명하시오
답)		
1.		TCP(Transmission Control Protocol)/IP (Internet Protocol)의 개요
	가.	TCP/IP(OSI 7 Layer의 3,4계층)의 정의 -Network를 상호연결시켜 정보를 전송할수 있도록 하는 기능을 가진 다수의 Protocol이 모여있는 집합
	나	전 세계의 유일한 주소체계(IPv4, IPv6), TCP/IP특징

독립성	H/W. OS, 물리적 N/W에 무관한 전송규약
개방성	인터넷 표준화 기구(IETF)에서 RFC문서로 개방
표준화	표준서비스유형과 다양한 Protocol 등서 허용

2.		OSI 7 Layer와 TCP/IP stack의 비교 & 프로토콜 종류
	가.	OSI 7 Layer와 TCP/IP의 관계 (TCP/IP는 4계층)

OSI 7 Layer		TCP/IP (4계층)							○ port
7	Application	응용	F T P	T E L N E T	S M T P	D N S	T F T P	S N M P	메세지 (Message)
6	Presentation								
5	Session		㉑	㉓	㉕	㉝	㉖⑨	⑯①	전송
4	Transport	전송	TCP			UDP			Segment
3	Network	네트웍	IP, ICMP, ARP, RARP						Datagram
2	Datalink	링크	Network Interface (Ethernet)						Frame.
1	Physical								Bits.

ㄴ RFC : Request For Comments

4　TCP/Ip의 각 Layer 계층의 기능및 Protocol

구분	기능	Protocol	Protocol 설명
응용계층	E-mail, FTP, Telnet 등의 인터넷 서비스제공	FTP	파일 전송 프로토콜
		NFS	SUN에서 개발한 분산형 파일 System
		SMTP	메일 서버 간의 메일 송수신
		POP3	메일 Client ↔ Server 간 송수신
		IMAP4	POP3 관점보완 (원격서버 계층 구조유지)
		HTTP	Web 서비스 protocol
		Telnet	다른 System으로 로그인 할수있는 기능
		SNMP	Dataflow 정보→N/W 및 Host 상태
		DNS	Host 이름에 대한 IP주소 통보 기능 (Domain Name Server)
		TFTP	소형 파일 전송 Protocol
전송계층	End-to-End Data 전송(OSI 전송계층)	TCP	연결 지향 프로토콜
		UDP	비연결 지향 프로토콜
		SCTP	신뢰성 제공 (UDP + TCP) - 4 Way Handshake 사용
인터넷	-OSI의 Network 계층	IP	목적지까지 패킷전달, IPv4, IPv6
		IPX	미국 노벨 社, PC용 N/W, 경로선택, Packet 처리

			Routing 정로설정 Gateway N/W간의 Data 연결	ARP	논리주소 IP → 물리주소 IP탐색(MAC)
		인터넷계층		RARP	물리주소 → 논리주소 IP
				BOOTB	Disc 없는 System 부팅시 사용
				DHCP	임시 IP 주소 할당 기술
				ICMP	IP 계층이용 메세지교환(ping)
				IGMP	인터넷 그룹관리 → Router에게 통보
	링크	표준과	Ethernet		기존의 모든 표준 protocol 과
		기술지원	토큰링, X.25		기술적 호환성 유지

"끝"

RFC : Request For Comments

문 17)	SAP , SDU , PDU

답)

1. OSI 참조 모델, 서비스 프리머티브의 개요

　가. 서비스 프리머티브(Service Primitive)의 정의

　－ OSI 참조 모델에서 서비스 이용자와 제공자 간의 상호 동작시 제공하는 계층간 서비스가 표현되는 형태

　나. 서비스 프리머티브의 구성요소

구 분	상세 설명
SAP(Service Access Point)	- 상하위 계층 간 통신경계 및 연결통로
SDU (Service Data Unit)	- 상위계층에서 하위계층으로 전달되는 데이터
PCI (Protocol Control Info)	- 수신측에 보내지는 헤더정보
PDU(Protocol Data Unit)	- SDU와 PCI의 결합체

2. SAP의 개념과 SDU와 PDU의 생성원리

　가. SAP의 개념도

　－ SAP는 N+1 계층과 N계층의 개체들간 연결통로 역할수행

　나. SDU와 PDU의 생성원리

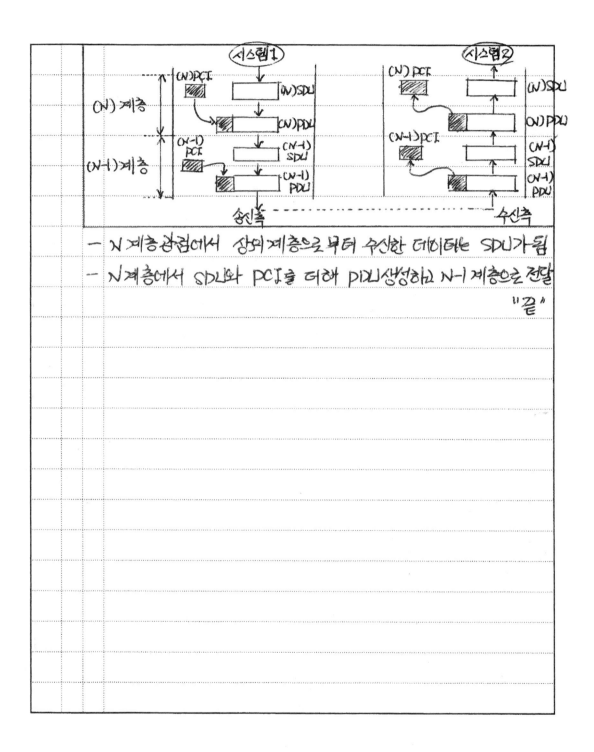

- N 계층관점에서 상위계층으로부터 수신한 데이터는 SDU가됨
- N계층에서 SDU와 PCI를 더해 PDU생성하고 N-1 계층으로 전달

"끝"

문 18) 네트워크 스위치(Network Switch)가 가져야 할 기술 요소에 대해 설명하시오.

답)

1. Network switch 의 개요

정의	데이터를 수신하고 대상 장치로 전송하기 위해 패킷스위칭을 사용 N/W상 유선 장치 연결하는 Hardware

특징

- 전송속도 개선 — Hub보다 속도개선
- 병목현상 감소 — 1:1 전송 병목현상감소
- 전이중 통신 — Full duplex 송/수신 동시

2. Network Switch의 기술요소

구분	기술요소	특징	요소기술
주요 기술	Learning	출발지 주소가 MAC Table에 없으면 MAC주소와 port 저장	MAC Table
	Flooding	출발지 주소가 MAC Table에 없으면 전체 Port에 전달	Broad-Casting
	Forwarding	출발지 주소가 MAC Table에 있으면 목적지 port로만 전달	Uni-Casting
	Filtering	출발지/목적지가 같은 Segment에 있는 경우 다른 세그먼트로 보내지 못하게	Collision-Domain
	Aging	MAC Table 정보는 시간경과 후 삭제	Aging Timer

				VLAN	스위치 일부포트 → 가상 LAN으로 묶음 불필요한 프레임 전송 방지	802.3ad
		부가 기술		Link Aggregation	포트를 두개 이상 동시에 사용하여 재역폭과 가용성 확대	802.3ad
				Spanning Tree Protocol	무한 Loop 방지위해 스위치 port간의 경로계산 (사전에 무한 Loop 방지)	802.1d
				Port Mirroring	특정 port 트래픽 분석위해 해당 port의 트래픽을 다른 포트에 복사	SPAN (Switch Port Analyzer)

- 스위치는 패킷 감청이 어려운 구조이므로 보안성이 높음

- Processor, RAM, OS를 탑재하므로 많은 부가 기능 제공가능

3. L2/L3/L4 비교

항목	L2	L3	L4
장점	설정단순, 도입용이 -저렴한 비용	고속라우팅 (라우팅 기능의 H/W화)	로드 밸런싱, Packet 내용검사
단점	MAC주소 기반으로 이해하기 힘듦	라우터 (Router) 설정 변경 힘듦	패킷내용 검사로 오버헤드(Overhead)

"끝"

문 19) L2 스위치(Layer 2 Switch)

답)

1. 2계층 Switching 장비, L2 스위치 개요

가. L2 스위치 정의 : Hub의 단점(속도느림, 충돌등)을 개선하기 위해 Frame을 목적지까지 포워딩(Forwarding) 는 OSI Layer2 MAC 주소 기반 Network 장치

나. L2 스위치의 기능

기능	설명	관련기술
Learning	출발지 주소가 MAC Table에 없으면, MAC 주소(Addr) 저장	MAC Table 제어
Flooding	목적지 주소가 MAC 테이블에 없으면, 전체 포트(port)에 전달	Broadcast
Filtering	출발지, 목적지가 동일 Network에 존재시 다른 Network로 전파 차단	Collision Domain
Aging	MAC 테이블의 주소는 일정시간후삭제	Aging Time

- 동일 Local Area Network에 있는 장치들간 통신시 사용

2. L2 스위치 전송방식 및 동작절차

가. L2 스위치 전송방식

전송방식	설명	특징
Cut-through	수신 Frame의 목적지 주소만 확인후 Forwarding	-처리속도 빠름 -에러감지어려움
Store-and-	수신 Frame 전체 수신 및	-처리속도 느림

| Forwarding | 제그후 Forwarding | -에러 감지용이 |
| Fragment Free | Frame 앞 64 byte 만 읽고 에러처리, Forwarding | -적당한 처리속도 -적당한 에러감지 |

사. L2 스위치의 동작 설명(절차)

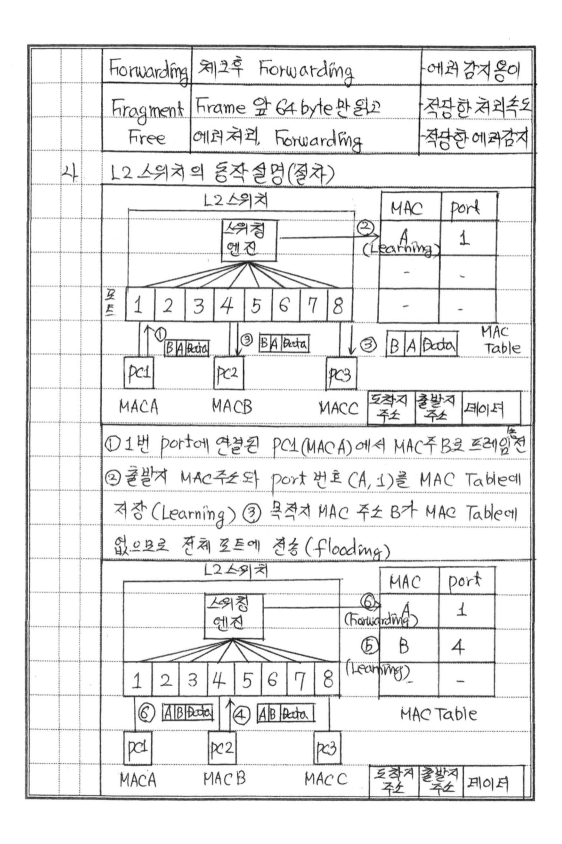

① 1번 port에 연결된 PC1(MAC A)에서 MAC주 B로 프레임전송

② 출발지 MAC주소와 port 번호 (CA, 1)를 MAC Table에 저장 (Learning) ③ 목적지 MAC 주소 B가 MAC Table에 없으므로 전체 포트에 전송 (flooding)

④ PC2 (MAC주소 B)에서 MAC주소 A로 프레임 전송

⑤ 출발지 MAC 주소와 포트 번호 (B, 4)를

　　MAC Table에 저장 (Learning)

⑥ 목적지 MAC 주소 A가 MAC Table에 있으므로

　　저장된 포트 (1번) 으로만 전달 (Forwarding)

-Learning, Flooding, Forwarding 등을 이용하여 동작

3.　L2 Switch의 부가기능

부가기능	설 명	관련기술
VLAN	가상의 VLAN 생성, VLAN간 프레임 전송	802.1q
Link Aggregation	포트를 두개이상 묶어 대역폭과 가용성증대	802.3ad
Spanning Tree Protocol	2개이상 스위치 연동시 루프구조 생성차단	802.1d
port Mirroring	특정 Traffic 분석 위해 트래픽을 다른 포트(port)로 복사	SPAN(Switch Port Analyzer)
Power over Ethernet	이더넷 Cable을 통해 데이터와 전원을 안정적으로 전송	802.3af

~ 802.1q : 가상랜(VLAN)을 지원하는 N/W 표준

"끝"

문 20)	L3 스위치 (Layer3 Switch)		
답)			
1.	Network 계층 연결, Layer3 Switch의 개요		
가.	OSI 3 계층 기반 통신, L3스위치의 정의		
	- IP나 IPX주소를 읽어 스위칭을 하며 Network상에 흘러 가는 Packet의 목적지 IP주소 파악, 해당목적지로 패킷을 전송 가능하게하는 Network 장비		
나.	L3스위치(Layer3 스위치)의 특징		
	경로제어	출발지와 목적지 IP기반 Packet의 경로제어	
	L2기능	LAN 내부 통신위한 L2스위치 기능포함	
	고속Routing	Static & Dynamic Routing(RIP, OSPF등)지원	
2.	L3 스위치의 주요기능		

항목	주요기능	설명
Layer 3 기능측면	Routing	-Static/Dynamic Routing 방식
	Protocol 관리	-RIP, IGRP, OSPF, BGP등
	Packet Transmission	-IP 기반 Next Hop 패킷 전송 -Network간 통신기능 제공
	Packet Header Management	-3계층 Packet Header 인식 -Packet Header 캡슐레이션
Layer 2 기능측면	Switching	-MAC (Media Access Control 6Byte, 48Bit)주소기반 프레임^{계층} -Ethernet, Token Ring 방식

			Node	-VRRP(표준), HSRP(CISCO)
		고가용성 측면	클러스터링	- RIP, VIP, Preempt, priority
			Link Aggregation	- IEEE 802.3ad 기반 대역폭 확대 -LACP(표준), PAgP(CISCO)
			Stacking	-복수 스위치 → 단일 스위치 구성 -Port 확장 & 스위치 이중화
		Layer 2 기능측면	Looping 방지	-IEEE 802.1d 표준 루핑 방지기능 -BPDU 기반 STP, RSTP 등
			VLAN, Trunk	-IEEE 802.1q 표준 서브넷 구성 -Tagged VLAN, Port VLAN, Trunk
			필터링	-Source Based Filtering -Destination Based Filtering
		기타 기능	Port Mirror	-Port Traffic 복제(Mirroring) -Traffic & Packet 분석시 사용
			QoS	-Port 별 대역폭 설정 (Rate-Limit) -전송 가능 Packet수 제한
			ACL	-소스/목적지 기반 Filtering -PBR(Policy Based 라우팅) 기능
3.		Router(라우터)와 L3스위치 비교		
		항목	Router	L3스위치
		목적	Network 간 패킷 전송	Network 내/외부 전송
		Layer	Network	Network

	역할	패킷의 위치를 추출하여 최적의 경로를 지정하는 장비	IP, IPX 주소를 분석하여 스위칭(Switching) 수행
	작업	패킷이 대상(목적)지에 도달 위한 최상의 경로 결정	process를 수선하여 패킷을 원하는 목적지로 전달
	port수	소규모 (10 port 이내)	대규모 (24 port 이상)
	기능	라우팅 only	라우팅 & 스위칭

- L3 스위치와 Router 구분 모호, L3 스위치가 확산 추세

"끝"

문 2)	L3/L4/L7 스위치에 대해 설명하시오.		
답)			
1.	Inter-Networking을 위한 스위치 계층의 정의		
	인터네트워킹	복수의 LAN, 둘 이상의 Network 상호간 연결	
	스위칭 계층	계층별 기능에 부합하는 Switching 처리,	
		비용 거대효과에 따라 L2, L3, L4. L7 구분	
2.	인터네트워킹을 위한 계층별 스위칭 장비의 비교		
가	OSI 7 Layer의 Internetworking 장비의 개념도		

Application		URL 기반 Switching
Presentation	L7	User, Application,
Session		QoS 지원
Transport	L4	Session관리 Load Balancing
Network	L3	IP Router
DataLink	L2	Bridge/스위치
physical	L1	Hub/Repeater

나	계층별 스위칭 장비의 비교		
	스위치	장비	설명
	L1	Repeater/ Hub	물리적 LAN Segment 연장, 장거리 전송 ASIC 혹은 Wire Connection
	L2	브리지	Data Link (2계층) N/W의 논리적 통합
		MAC 스위치	Store & Forward ASIC으로 구현
	L3	IP 라우터	IP 경로 설정 및 전송, IP N/W 상호 연결

			port 기반스위치	ASIC으로 구현, 고성능위한 큰 packet Buffer, 4계층의 Port 기반서비스, 세션관리 & 로드밸런싱 복잡한 ASIC 또는 programmable ASIC
		L4		
			메세지스위치 Gateway	4~7계층, Data 기반 적응형스위치, 세션별, User 및 응용별 QoS 지원 프로그래머블 ASIC, Network processor.
		L7		

3. 상위계층을 지원하는 Switch가 선호되는 이유
- HTTP, 실시간 방송, Streaming 등 traffic 폭주 및 QoS 중요.
- 공용망을 사용함에 따라 보안문제가 점점 중요해짐.
- VPN, 과금정책등 ISP 사업자의 서비스 차별화구현.

"끝"

① Store & Forward 방식 : 프레임 전체를 받은 후에 이를 전송하는 방식으로 매우 안정적이지만 느림. Bridge에서 사용

   ← ASIC : Application Specific Integrated Circuit 주문형 반도체

   ← Hardware적으로 처리 ← HW 방식으로 Hard-Wired 방식

② Cut-Through 방식 : 목적지 및 출발지 MAC 주소 확인하고 바로 전송. 주로 Switch에서 사용

   ← SW 방식으로 Micro-Programming 방식

VPN : Virtual Private Network - 가상사설망

ISP : Internet Service Provider - 인터넷 서비스 제공자, KT, SK, LGU+

문 22) L4 스위치에 대하여 아래 사항을 설명하시오.

　　가. L4 스위치 SLB(Server Load Balancer)동작방식

　　나. L4 스위치 서버 상태 감시 방식

　　다. L4 스위치 장애 사례와 대응방안

답)

1. Network간 연결장치, N/W 스위치(Switch)의 개요

　가. N/W 단위연결, Hub 전송속도 개선, N/W스위치의 정의

　- 스위치(Switch)에서 Packet의 목적지 주소를 기준으로

　보내는곳과 받는곳을 계산하여 해당 port로 연결하는 장비

　나. Network Switch의 특징

고속	패킷을 보내는 Node간 1:1 연결로 충돌 방지
다중처리	타 노드(Node)가 통신을 수행하는 동안 신규 연결 Node 간의 통신이 동시에 가능
속도유지	허브(Hub)와 다르게 노드의 수가 증가해도 속도의 저하가 발생하지 않음

　다. Network Switch의 종류

종류	스위칭 기준	설명
L2	MAC	MAC주소를 통하여 port간 연결
L3	IP, Ipx	IP주소분석, packet간 전송 (라우팅가능)
L4	TCP/UDP	Load Balancing, Failover 기능지원
L7	URL, Cookie	App. 영역의 패킷을 분석하여 스위칭

　- Layer간 스위치 구성에 따라 가용성 & 성능에 영향을

미치므로 확장성있는 설계가 중요함.

- L4 Switch (스위치)의 경우 서버 (Server) 접속 부하
조절, HA Failover 구현에 많이 활용되고 있음

2. L4스위치 SLB(Server Load Balancer) 동작방식

가. L4스위치 SLB 동작 방식의 개념도

- SLB는 Session ID(IP, Port)를 교체 기법을 이용하여
도착지(Target)를 결정함 (도착지 == 목적지)

나. L4스위치의 SLB동작을 위한 구성요소

구성요소	설 명	관련설정명령
서버IP주소	Unix 커널적재위한 Program 저장	rip, ena
서버그룹	부하를 조정할 서버군에 대한 설정	metric
가상IP주소	사용자 접근 서비스 (Service) 주소	service
상태감시	패킷 전달시 해당 서비스동작 검사	icmp
서비스모드	제공하고자 하는 Service의 서버와 Client IP 지정	Client, Server, proxy
동작방식	서비스하고자 하는 부하조절 방식	roundrobin

다. L4스위치 SLB 동작방식 상세 설명

동작방식	설명	사례
Round Robin	서버 IP주소를 순차적 실행	일반서비스
Least Connection	세션수가 가장 적은 Node 선택	FTP, SSH
응답 Time	응답시간이 짧은 노드로 전달	MSA, SOA
Hash	Hash 값을 계산후 Node 선택	웹서비스
대역폭 Based	대역폭이 적은 연결로 패킷 전달	파일서버
Random	난수 이용, 무작위로 서버선택	Clustering구성

- 서비스 재상에 따른 SLB 동작방식 선택, 가용성 고려 (적용)
- L4스위치의 부하 최소화, 세션유지를 위해 주로 Hash 방식

3. L4 스위치 서버 상태 감시 방식

가. L4스위치 Server 상태 감시의 필요성

HA	고가용성 제공을 위하여 특정 서비스의 활성(Enable)이 아닌 경우에 정상 서버로의 Packet 전달
Fail Over	Active/standby 구성의 서버일때 장애 상태가 아닌 서버(Server)로의 packet 전달 검사
부하 분산	Session 수, Bandwidth (대역폭)등 실시간 상태를 점검하여 최적의 서비스를 제공하기 위함
가용성	-향후 확장성 고려 Server 상태 지속적 Monitoring -접속 부하 조절, HA Failover 구현

- HA, Fail over 재용, 부하분산, 가용성 확보등
4. L4 스위치 서버 상태 감시 방식 개념도

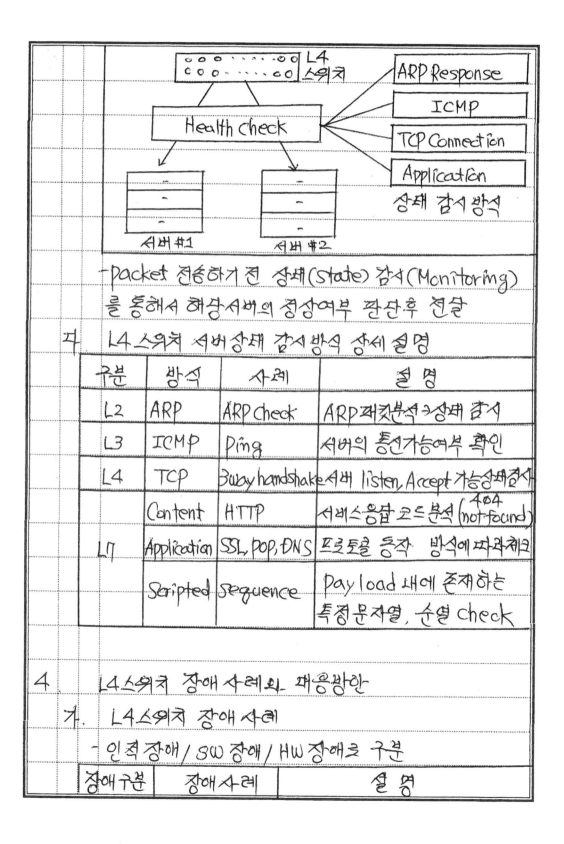

상태 감시 방식

- packet 전송하기 전 상태(State) 감시(Monitoring)를 통해서 해상서버의 정상여부 판단후 전달

나. L4 스위치 서버상태 감시방식 상세 설명

구분	방식	사례	설명
L2	ARP	ARP check	ARP패킷분석 →상태 감시
L3	ICMP	ping	서버의 통신가능여부 확인
L4	TCP	3way handshake	서버 listen, Accept 가능상태감시
L7	Content	HTTP	서버 응답 코드 분석 (404 not found)
	Application	SSL, POP, DNS	프로토콜 동작 방식에 따라 체크
	Scripted sequence		Payload 내에 존재하는 특정문자열, 순열 check

4. L4스위치 장애 사례와 대응방안

가. L4스위치 장애 사례

- 인적장애 / SW장애 / HW장애로 구분

장애구분	장애사례	설명

장애구분	장애 사례	설 명
인적	설정오류	정책, VLAN 설정시 오입력
	MAC 충돌	반복 Collsion 현상, Network 마비
S/W	스위치 취약점공격	제조사 Firmware 취약점 공격으로 장애
	Session Overflow	DDoS 공격등으로 속도저하
	Switch OS Bug	스위치내 OS Bug로 인한 메모리 부족
H/W	스위치 Down	원인분석이 어려운 작동불가상태
	케이블 연결 불량	L4 스위치와 Host간 연결 Cable 불량

- Switch 장애는 관리 부재의 원인이 대부분.

사전에 예방할수 있는 조치 (S/W, H/W 등) 가 필요함

4. L4 스위치 장애 대응방안

장애구분	방안	설 명
인적	영향도 분석수행	장비 수정사항 Cross-Pair 검증
	불필요 서비스차단	tftp, 관리 서버등 불필요 서비스 제거
S/W	주기적 취약점체크	스위치 Firmware update 적용
	N/W보안 장비도입	DDoS 방어 장치와 연동
	MAX값 설정	최대 허용치 상수값 사이트에 맞게 수정
H/W	주기적 IPL	System H/W적 초기화 수행
	케이블품질 점검	고품질 RJ45 모듈 커넥터 사용

- 연 1회 이상 재기동 수행, H/W 결함을 사전에 찾고

내부 garbage 제거 필요

"끝"

문 23) L4스위치와 L7스위치 비교

답)

1. Port/Content 기반, L4/L7스위치 개요

  가. Port 기반 트래픽 제어, L4 switch의 정의

L4		장비	4계층 port기반
	http(80) Request →	◯ -	
→⇄	http(80) Request →	◯ -	Traffic 제어 N/W
	ftp(21) GET	◯ -	Switching 장비

  나. Content 기반 Traffic 제어, L7 switch 정의

→⇄	domain.com/movie →	◯ - 상	7계층 (Content)
	www.domain.com →	◯ - 비	기반 트래픽 제어
	domain.com/image →	◯ -	N/W 스위칭 장비

2. L4스위치와 L7스위치의 비교

항목	L4 switch	L7 switch
목적	4계층 로드 밸런싱 & HA(고 가용성) 지원	Content 기반 로드밸런싱 & HA(고 가용성) 지원
특징	Port Based Filtering Mirroring, 로드밸런싱등	L4스위치 기능 + Content Based 제어
주요 성능	동시 연결수/처리용량 임계치 등 관리	동시연결수/처리용량 임계치 등 관리
보안 기능	L2~L4기반 (ACL등) 보안기능	Content 기반 Filtering Anti-virus
L2/L3 기능	Switching & Routing (라우팅) 지원	

		장점	ASIC기반 빠른속도 L7대비 저비용	URL등 Content 분석 기능 Update 가능
		단점	서비스유무만 확인 Content 기반제어 불가	L4대비 고비용 CPU 처리, 성능 저하
		사례	SLB, FWLB	L4스위치기능+URL기반

3. L4/L7 스위치 선택시 고려사항

고려사항	권장스위치	설 명
서버부하분산 기능필요	L4스위치	부하분산에특화, 고신뢰성 제품으로 선정필요
부하분산+QoS 등 추가기능	L7스위치	-컨텐츠 기반 Traffic 제어 -QoS, 필터링, 패킷분석 등

"끝"

문 24) 네트워크 스위치(Network switch)와 관련하여 다음을 설명하시오

(1) 스위치의 개요

(2) OSI(Open System Interconnection) 참조모델의 레이어(Layer)에 대한 스위치 유형

(3) L4 스위치와 L7 스위치 비교

답)

1. 네트워크 스위치(Network Switch)의 개요

가. Network Switch의 정의 - 데이터를 수신하고 대상장치로 데이터를 지능적으로 전송하기 위해 packet switching 을 사용하여 Network에서 유선장치를 연결하는 H/W

나. 네트워크 스위치의 특징

전송속도 개선	병목현상 감소	전이중 통신
- 소규모 통신을 위한 Hub보다 전송속도가 개선	- Hub와는 달리 해당 PC에게만 데이터 전송, 병목현상감소	- 스위치는 대부분 full-duplex 지원, 동시에 송/수신가능, 속도향상

2. OSI 참조모델의 Layer에 대한 스위치 유형

가. OSI 참조모델의 레이어에 따른 스위치 유형 분류
- 스위치는 OSI 7 Layer에 대응되어 사용되며 서비스 인프라 구성 여부에 따라 Layer 2/3/4, Layer7의 스위치 사용

L7	Application	• L7 스위치
L6	presentation	- Application에서 활용
L5	Session	
L4	Transport	• L4 스위치 : 로드 밸런싱
L3	Network	• L3 : IP 주소 기반 스위칭
L2	DataLink	• L2 : MAC 주소 기반
L1	physical	스위칭

< OSI 7 Layer Model >

4. OSI 참조모델의 스위치 유형 상세설명

유형	특징	주요기능
L7 Switch	- App 수준의 정보(IP, port, URL등)확인 - 불필요한 Traffic 차단 역할 - 웹 방화벽등 보안기능 탑재, 보안장비 - L4 스위치 단점 (설정복잡,고가) 보완	- 응용계층의 패킷분석 - 트래픽 차단 - 네트워크 보안
L4 Switch	- TCP/UDP 헤더 (port)를 보고 적절 한 서버로 스위칭, 우선순위 관찰 (로드 밸런싱 수행) - port 별로 protocol관찰→전송&분류 - VLAN, 2중화, 부하분산등 기능제공	- L3 스위치 기능 모두수행 - Group화 - 부하분산등 고급기능 제공
L3 Switch	- 스위치 기능 + 라우팅 기능 추가 - 라우팅 Table(IP정보등) 참조/스위 중요 - 트래픽 check, VLAN등 부가기능	- 스위치 기본기능 - VLAN - Traffic check

			-MAC 주소 기반으로 스위칭 제공	-스위치 기본기능
		L2 Switch	-Broadcast 패킷에 의해 성능저하발생	-Learning,
			-특정 port로만 전송, 각 port별로	Flooding,
			전용채널할당, 전이중방식사용, 저렴	Forwarding,
			-전달지연 최소화(Cut-through 방식)	Filtering, Aging

3. L4스위치와 L7 스위치 비교

가. L4스위치와 L7 스위치 개념 비교

구분	L4스위치	L7스위치
Layer	Layer4(Transport)	Layer7(Application)
목적	4계층 로드밸런싱 & HA지원	컨텐츠 기반 로드 밸런싱, HA지원
특징	Port 기반 Filtering, Mirroring, 로드 밸런싱등	L4스위치 기능 + 컨텐츠기반 제어
동작 방식	-TCP/UDP 포트 정보 기반 서비스 종류별 스위칭/로드밸런싱 -IP+port 기반 레이어전달	-TCP/UDP 포트정보 및 Payload 참조 스위칭/로드 밸런싱 -컨텐츠 기반 레이터 전달

-스위치의 로드밸런싱 방식으로는 서버로드 밸런싱(SLB),
방화벽 로드밸런싱(FWLB), VPN로드밸런싱, Network 로드
밸런싱(NLB)등이 있음

나. L4스위치와 L7스위치 상세비교

구분	L4스위치	L7 스위치
주요성능	동시연결수, 처리용량	동시연결수, 처리용량

보안기능	L2∼L4 기반(ACL)보안기능	컨텐츠기반 필터링
장점	-TCP/UDP 패킷분석 서비스처리 -Virtual IP와 매핑한 Table 기반 로드밸런싱가능, 저비용	-Payload 분석→DDoS 방어, 패킷필터링등 보안기능강화 -특정 String 기준 로드밸런싱
단점	-컨텐츠 기반제어불가 -Protocol 의존, 설정격잡 -단순 port 레벨스위칭-보안^{이슈}	-playload 분석에 따른 자원(Resource)소모큼 -L4대비 고비용 CPU 처리
활용 사례	-WEB/WAS 이중화, 다중화 -SLB, FWLB, V	-웹 방화벽, 보안스위치 -L4스위치기능+로드밸런싱

-L4 스위치는 고가로 L2, L3 스위치와 적절한 혼합 배치 가능

4. Network Switch 운영시 고려사항

고려사항	권장스위치	설 명
서버 부하분산 기능 필요	L4스위치	부하분산에 특화, 고신뢰성 제품으로 선정 필요
부하분산 + QoS 등 추가 기능	L7스위치	-컨텐츠 기반 트래픽 제어 -QoS, 필터링, 패킷분석등

-Network 스위치 운영시 Vendor와 Model 별 특징이
상이하므로 필요한 기능/성능 확장 가능성, 비용등을 고려하여
선택이 필요함.

"끝"

문 25) All IP

답)

1. IP 프로토콜을 이용한 네트워크 통합, All IP의 개요

   가. All IP(Internet Protocol)의 정의
   - 방송, 통신, 네트워크를 IP기반으로 통합하여 유선/무선, 방송/통신의 구분을 없애는 광대역통신위한 통신 패러다임

   나. All IP의 특징
   - Convergence : IP 패킷 서비스에 기반한 이종망 통합
   - Inter-operability : 전송망에 구애 받지 않고 자유로운 접속가능
   - Seamless Service : 단일 IP 프로토콜기반 끊김없는 서비스 제공

2. All IP 네트워크의 진화 방향 및 핵심기술

   가. All IP 네트워크의 진화 방향

   IP중심 서비스, 네트워크 수렴
   - 개별 서비스를 위한 네트워크들이 IP를 통해 융합되는 추세임

   나. All IP를 위한 핵심기술

구분	요소기술	상세 설명
서비스	AAA	- 통합 네트워크 사용자 인증 및 과금 - Diameter, Radius, TATACS

		RTP	- 실시간 멀티미디어 정보 전송 프로토콜
	전송	SCTP	- PSTN 시그널링 메시지를 IP망으로 전송
	연동	Soft Switch	- 서킷망과 패킷망의 가교 역할을 하는 미디어 게이트웨이 등의 호처리 제어
		IMS	- IP기반 음성, 비디오 등 멀티미디어 서비스 제공
	접속	IP	- 인터넷 상에서 통신을 위한 IP주소체계
		MIH	- 유/무선 이종망에서 이동성 보장기술
	보안	IPSec	- IP기반 송신자 인증 및 데이터 암호화를 지원하는 보안 프로토콜

3. All IP 전화에 따른 이슈와 대응방안

[이슈]
- IPv4 주소 고갈 및 IPv6 비활성화
- IP망의 보안위협 및 피해 범위, 데이터 폭주 문제

[대응방안]
- IPv4 -IPv6 연동기술의 도입을 위한 정부의 확산 정책마련
- 통합/지능형 보안체계 구축, 4G 도입으로 데이터 폭주 해결

"끝"

AAA : Authentication - 인증, 증명, 입증 등 신원확인

Authorization - 승인, 허가증, 권한부여

Accounting - 과금, 공과금

문 26	) 1. 인터넷을 구성하는 장치 (라우터, 스위치 등)의 트래픽 입력단에서 linespeed (또는 wire-speed)의 packet forward과정 등 packet 처리를 위해 packet 길이 보다 초당 입력 packet 수가 중요한 이유. 2. 하나의 1Gbps Ethernet Port에 입력되는 packet을 linespeed로 처리하기 위한 초(Sec)당 "최대" packet 처리의 성능(MPPS: Mega Packets Per Second)을 계산 하시오. (단, 일반적으로 packet size는 최소 64 Byte 이며 평균 1500 bit 길이를 갖는다.)	
답)		
1.	네트워크 장치의 성능평가 단위, PPS (Packet per Second)	
-	네트워크 장치에서 초당 처리되는 패킷의 수	
-	1개 패킷처리 시간 = Frame Time + Preamble Time + IFG (Inter Frame Gap)	
2.	패킷 처리시 PPS의 중요성과 최대 MPPS의 계산	
가.	패킷 처리시 PPS의 중요성 (이유)	
-	패킷 포워딩 원리 : 라우터나 스위치 등의 트래픽 입력단 에서 패킷 포워딩시에 패킷전체를 읽어서 판단하는 것이 아니라 포워딩에 필요한 정보 (패킷 헤더) 만 판단함.	
-	패킷 포워딩을 위한 패킷헤더의 위치 : 포워딩에 필요한 핵심 정보 (소스주소, 목적지주소)는 패킷 길이와 무관 하게 일정한 위치에 일정한 헤더를 가지므로 초당 입력되는 packet수 중요	
4.	주어진 문제의 최대 MPPS 계산 과정	
	단 계	상 세 설 명

		1) 프레임구조 분석	- 최소 프레임 길이 : 64 byte = Data (46 byte) + 헤더 (18 byte)

Preamble	Header	Data	Trailer
8 byte	14 byte	46 ~ 1500 byte	4 byte

프레임 길이

		2) 단위 패킷의 길이	- IFG : IEEE 802.3 기준으로 12 byte 임.

- 단위패킷길이 = Frame 길이 + preamble 길이 + IFG 길이 = 64 byte + 8 byte + 12 byte = 84 byte

- 비트단위변환 : 84 byte × 8 = 672 bit

3) 최대 MPPS 계산

- 1 Gbps Ethernet 포트용량 : 초당 1,000,000,000 bit 처리

- 최대 MPPS = 1,000,000,000 bits / 672 bits / packet = 1,488,000 PPS = 1.488 MPPS

- 따라서, 주어진조건의 1Gbps Ethernet 포트 는 최대 1.488 MPPS 성능을 지원함

" 끝 "

Preamble : 동기화 역할(송신 시 수신 측에게 이제 전문이나 서문 Packet을 보낼테니 수신 준비하라는 의미)

문 27) 디지털 신호를 아날로그(Analog)신호로 변조하기
위한 방법으로 ASK, FSK, PSK, QAM 방식
의 디지털(Digital) 변조방식이 있다
각각에 대해 설명하시오.

답)

1. 무선송신기(Smart phone등)의 Data전송.
   디지털(Digital) 변조의 개요

   가. 디지털 신호의 변조와 복조의 정의
   무선환경에서 Data 송수신시 Digital신호를 Analog
   신호로 변조해 송신하고 수신측에서는 Analog신호를
   복조하는 과정을 통해 송/수신기간의 통화가능 방법

   나. Digital 신호 변/복조과정

무선 송신기	무선 수신기

   디지털 Data

   1101 → [디지털 변조] 〜〜 [아날로그 변조] 〜 무선 [Analog 복조 (원래 Data)]
   Analog 신호

   ├ ASK
   ├ FSK   무선 반송파   1101 ↓
   ├ PSK   〜〜
   └ QAM   [무선수신기]

   - Digital를 Analog신호로 변환하기 위한 방법으로
   ASK, FSK, PSK, QAM 4법의 변조방식 존재

2. ASK, FSK 변조 방식의 원리및 특징

가. ASK(Amplitude Shift keying) 방식원리 & 특징
- 진폭(Amplitude) 편이 변조 방식

명 칭	진폭 편이 변조 방식
디지털 Data	1(고주파수) Φ(Φ유지) 1
디지털 신호 표기	
디지털 변조 후 Analog 신호	
특 징	매우간단, 작은 대역폭 필요, 간섭에 영향받기쉬움

나. FSK(Frequency Shift keying) 방식원리 & 특징

명 칭	주파수 편이 변조 방식
디지털 Data	1(고주파수) Φ(저주파수) 1
디지털 신호 표기	
디지털 변조 후 Analog 신호	
특 징	큰 대역폭 필요 (Φ일때 LOW(저주파수))

3. PSK, QAM 변조 방식의 원리및 특징

가 PSK(phase shift keying) 방식 원리 & 특징

명칭	위상 편이 변조 방식
디지털 Data	1 Ø 1
디지털 신호 표기	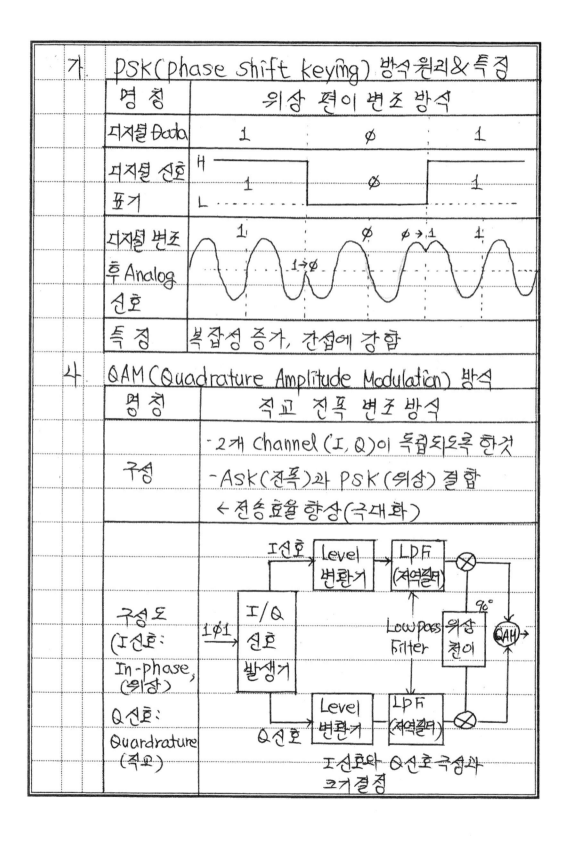
디지털 변조 후 Analog 신호	
특징	복잡성 증가, 간섭에 강함

나 QAM (Quadrature Amplitude Modulation) 방식

명칭	직교 진폭 변조 방식
구성	- 2개 Channel (I, Q)이 독립되도록 한것 - ASK(진폭)와 PSK(위상) 결합 ← 전송효율 향상(극대화)
구성도 (I신호: In-phase, (위상) Q신호: Quadrature (직교)	I신호와 Q신호 극성과 크기 결정

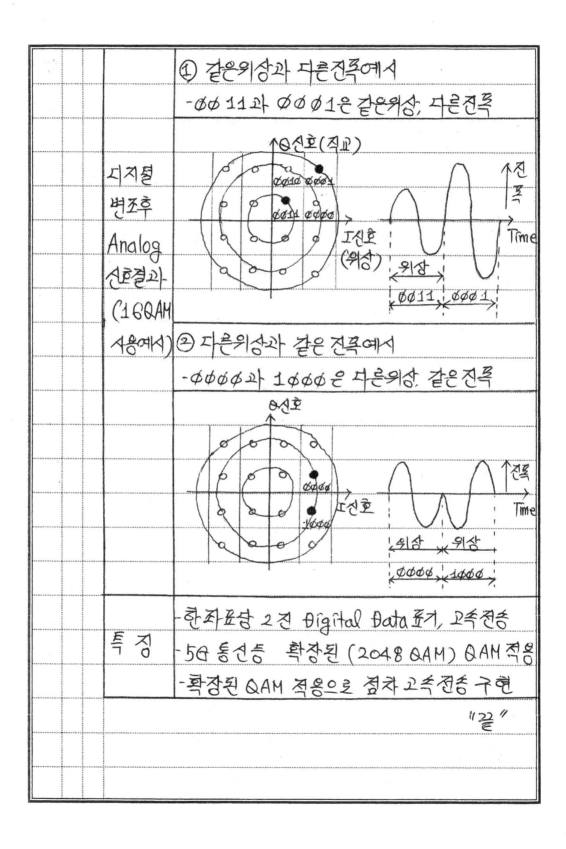

디지털 변조후 Analog 신호결과 (16QAM 사용예시)	① 같은위상과 다른진폭예시 -ØØ11과 ØØØ1은 같은위상, 다른진폭 ② 다른위상과 같은진폭예시 -ØØØØ과 1ØØØ은 다른위상, 같은진폭
특 징	-한좌표상 2진 Digital Data 표기, 고속전송 -5G 통신등 확장된 (2048 QAM) QAM 적용 -확장된 QAM 적용으로 점차 고속전송 구현

"끝"

문 28) 대역확산(Spread Spectrum)

답)

1. 대역 확산(Spread Spectrum)의 정의 & 특징

| 정의 | 무선 채널을 경쟁하면서 공유할때 외부의 전자파 |

잡음(Noise)에 강하도록 넓은 주파수대역으로 분산시키는 변조방식

특징 ① 광대역통신: 정보전송에 필요한 대역보다 넓게 사용

② 확산/복원 우수: 송수신자간 약속된 확산코드에 의해 확산 & 복원

③ 페이딩 강함: 주파수 대역 넓게 사용하여 다이버시티 효과
(Diversity)

2. Spread Spectrum 유형과 유형 상세

가. 대역확산(Spread Spectrum) 유형

대역확산

| 직접확산 Direct Sequence | 주파수도약 Frequency Hopping | 시간도약 Time Hopping | 칩 변조 Chip Modulation |
| PN부호 (Pseudo Noise 부호) | PN부호+주파수합성 | Time slot | Chirp신호 |

직접확산(DSSS)과 주파수도약(FHSS)은 CDMA, WLAN에 사용

나. Spread Spectrum 유형 상세

| DSSS 직접확산 | 정보신호→BPSK변조기→⊗~전송채널~⊗→BPF→동기복조기→ 반송파 PN부호발생기 PN부호발생기 국부반송파 | CDMA, 802.11 WLAN, Bluetooth |
| FHSS 주파수 도약 | 정보신호→변조기→⊗~전송채널~⊗→BPF→복조기→ PN부호발생기→주파수합성기 주파수합성기←PN부호발생기 송신측과 수신측에서 주파수 위치를 변화시키면서 동기 | 802.11 WLAN, 802.11, 15 WPAN |

		THSS 시간도약	정보 신호 (버퍼)→(게이트)→(변조)~ (게이트)→(버퍼)→(복조) 전송채널 부호발생기 부호발생기	DS방식과 FH방식
			- 특정 시간 슬롯(slot) 동안에만 Burst 형태로 전송하는 대역확산 방식	혼합사용

- DSSS 직접확산 : 하나의 신호 심블을 일정한 시퀀스(Direct Sequence)로 확산시켜 통신하는 방식

- BPF(Band Pass Filter) : 원하는 주파수 대역만 정확하게 골라내어 필요한 신호만을 선택

3. DSSS와 FHSS(주파수 도약방식) 비교

구분	DS방식	FH 방식
응용분야	기밀성 요구되는 군사통신	군사통신과 페이징 대책
처리이득	소자제한으로 처리이득 제한	DS방식 처리이득 제한 개선
경제성	PN부호 발생기만 필요	PN부호 발생기및 시간동기필요
이득	재밍 강함, H/W구성간단	동기포착시간짧음, 오류정정기술필요

- 정보보호에 따른 기밀성유지와 처리이득, 경제성 여부에 따라 대역확산 유형 선별 필요

"끝"

문 29) FHSS(Frequency Hopping Spread Spectrum)과
DSSS(Direct Sequence Spread Synchronous) 변조방식
에 대해 설명하시오

답)

1. 2.4GHz ISM Band 사용. FHSS/DSSS의 개요

가. 주파수도약과 Data 확산코드적용, FHSS/DSSS 정의

FHSS	주파수도약방식	M개 신호를 서로 다른 반송파에 사용
DSSS	Data확산(대역폭확산) 방식	각 Data Bit를 확산 코드사용, n개 Bit로 대체

나. FHSS와 DSSS 기술적용

FHSS	다소저속, 구현 비용 낮음, 블루투스, RFID 등
DSSS	고속, CDMA 이동통신, 무선 LAN(802.11), Zigbee 등

2. FHSS와 DSSS의 동작및 설명

가. FHSS 구성및 동작설명

Hopping (도약) 패턴

		FHSS 설명	Original 신호에 M개의 서로 다른 주파수를 사용하여 변조후 확장하여 전송

4 DSSS의 동작및 설명

Original 신호 → ⊗ 변조 → 확장된신호
확산코드(pseudo code)

송신 데이터
→ Exclusive OR (XOR)
⊗ 송신
확산코드 (pseudo code)
→ 확장신호
수신
⊗ 확산코드 (pseudo code)
→ 수신데이터

	DSSS 설명	각 Bit (송신 데이터)에 pseudo code를 사용하여 확장신호로 변조후 전송
송신부	확산 (Spreading)	미리 동일한 확산코드를 공유하고 송신데이터에 확산코드를 ⊗ 하여 확장신호를 송신함
수신부	역확산 (Despreading)	미리 동일한 확산코드와 수신된 확장신호로 수신 데이터를 복원함

3. FHSS와 DSSS 방식의 장·단점 비교

방식	장 점	단 점
FHSS	-방대한 양의 확산을 제공 -주파수 포착시간 짧음 (보안성 강화)	-Hop을 생성하기 위해 복잡한 주파수 합성기 필요 -Error 보정 필요
DSSS	-우수한 잡음, 잼 방지성능 -가로채기 어려움(보안강화) -다중경로 효과에 강력함	-상대적 작은 위상 왜곡, 큰 대역폭 채널 필요 -Near-to-Far문제 상존

"끝"

- 잼 : JAM - 막힘, 방해

- pseudo : 가짜, 모조, 가짜뉴스(Pseudo News)

문 30) 드론(Drone)과 사용자 간의 무선통신을 위해 신호다중화 기술 중 FHSS(Frequency Hopping Spread Spectrum)와 DSSS(Direct Sequence Spread Spectrum)통신 방식을 활용하고 있다. 이와 관련하여 다음을 설명하시오.

가. 드론 무선통신을 위한 신호 다중화의 개요와 필요성

나. FHSS

다. DSSS

답)

1. Drone 무선통신을 위한 신호다중화의 개요, 종류, 필요성

가. 신호다중화(Signal Multiplexing) 정의

- 데이터 링크의 효율성을 극대화하기 위해 다수의 디바이스가 단일 데이터 링크를 공유하여 전송하는 기법, 즉, 한정된 채널용량을 다수 사용자가 효율적으로 나누어 사용하는 통신

나. 신호 다중화의 종류

종류	내용	설명
FDM	주파수분할 다중화	서로 다른 송신 주파수로 변경 후 전송
		수신 필터 이용, 주파수 별로 신호 복원
TDM	시분할 다중화	송신신호를 일정시간 간격으로 각각을 샘플링, 순차적으로 전송
WDM	파장분할 다중화	다른 빛의 파장으로 생성 결합 후 송신
		수신측에서 프리즘 이용, 빛 파장을 분리
CDM	코드분할	고유 Code 부여, 여러 신호 동시 전송

		CDM	다중화	수신측은 고유 Code이용, 원신호 복원
		SDM	공간분할 다중화	공간적으로 분리된 다수물리채널을 하나의 채널처럼 논리적 채널로 전송
	다.	다중화의 필요성		
		효율성		서로 다른 여러 정보를 하나의 전송로로 송신함으로써 주파수(Frequency) 효율을 높임
		경제성		Hardware 전송로 절약, 경제성 확보 가능
		단순성		통신 System의 단순화

2		FHSS (Frequency Hopping Spread Spectrum) 설명		
	가	FHSS의 정의와 특징		
		정의		송신기와 수신기 사이에 알려진 의사 무작위 추출 시퀀스(Sequence)를 이용하여 주파수 채널에서 빠르게 Carrier를 스위칭 함으로써 라디오 시그널들을 송신하는방식
		특징		다소 저속, 구현 비용이 낮음, Bluetooth/HomeRF /재밍(Jamming)에 강한 내성이 필요한 군사용등 활용
	나	FHSS의 원리		
		호핑	호핑 코드	호핑코드에 따라 순간적으로 한 주파수로 호핑되어 그 주파수에서 전송하고 다시 다른 주파수로 호핑
		전송 방식	Slow FH	한 신호당 전송하는 비트율이 상대적으로 높지만 Fast 버전보다는 주파수를 될 자주 바꾸어 전송
			Fast FH	한 신호당 전송하는 비트율이 낮은 대신

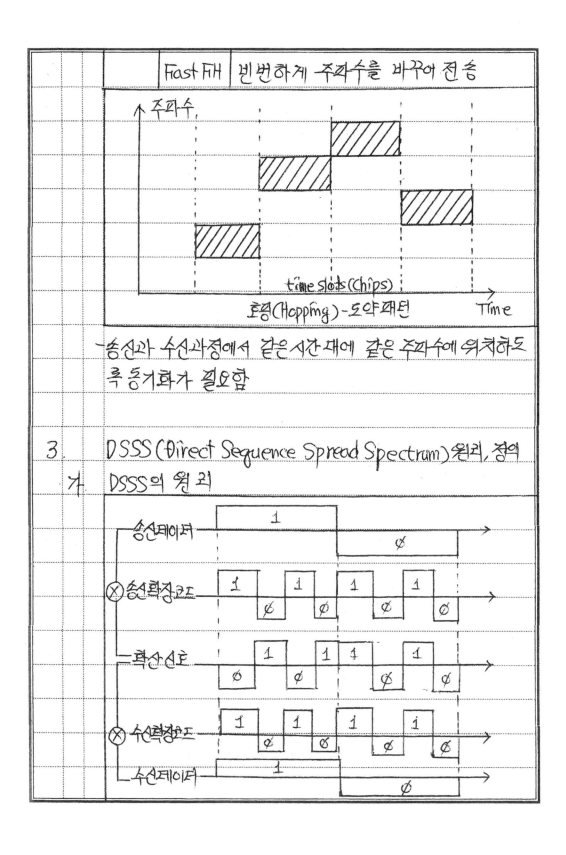

| | | Fast FH | 빈번하게 주파수를 바꾸어 전송 |

-송신과 수신과정에서 같은 시간 대에 같은 주파수에 위치하도
록 동기화가 필요함

| 3. | | DSSS (Direct Sequence Spread Spectrum) 원리, 정의 |
| 가 | | DSSS의 원리 |

| | | 송신부 | 확산 (Spreading) | 미리 동일한 확산코드를 공유하고 송신 데이터에 확산코드를 곱하여 신호를 송신함 |
| | | 수신부 | 역확산 (Despreading) | 미리 동일한 확산코드와 수신된 확산신호로 수신 데이터를 복원 함 |

4. FHSS와 DSSS의 장단점 설명

가. FHSS의 장단점

	장점	- 방대한 영역 확산 제공 - ChipRate가 작기 때문에 상대적으로 짧은 주파수 포착 시간(보안성 강화), Near-to-far 문제 영향 없음.
	단점	- Hop을 생성하기 위한 복잡한 주파수 합성기 필요 - 에러(Error) 보정 필요

나. DSSS의 장단점

	장점	- 우수한 잡음와 잼(Jam) 방지 성능 지님 - 가로채기(Interception) 어려움 - 다중경로(Multipath : 신호가 여러 경로로 분산 도달) 효과 강력
	단점	- 상대적으로 작은 위상 왜곡과 함께 큰 대역폭 채널 필요 - 긴 Pseudo Noise Code 때문에 오랜 도착시간 필요 - Near-to-far problem 상존

- Near-to-far 문제 : 여러 송신기 중에서 수신기에 보다 가까운 송신기의 과도한 전력이 신호를 파괴하는 효과

"끝"

문 31) 샤논(Shannon)의 통신모형

답)

1. 정보의 전송수단, 통신(Communication)의 개요

　가. 시간과 거리의 제약극복, 통신의 정의

　　둘이상의 사람, 사물, 기기등의 실체(object) 간의

　　일련의 정보 교환 행위

　나. 통신의 유형

구분	통신의 유형
전송링크(체)	유선통신, 무선통신(이동통신과 위성통신 포함)
이동성	고정통신, 이동통신(Mobile)
신호형태	Analog 통신, Digital 통신
신호종류	전기통신, 광통신
정보표현	음성, 페이저, 영상, 화상, Multi-Media 통신
이용대상	공중통신, 전용통신(VPN)
서비스형태	일반통신, 방송통신, 정보통신등

2. 정보와 신호의 전송모델과 샤논의 통신모형의 설명

　가. 정보와 신호의 전송모델

```
정보 → 신호 → 전송신호 → 전송매체 → 전송신호 → 신호 → 정보
            ↑                    ↑
            └────────────────────┘
              전송신호의 확립과 관리
        ←──────── 전송(Transmission) ────────→
```

- 전송매체로는 유선와 무선으로 구분할수 있음

분류	설 명
정보	어떤의미를 갖는 내용, Data에 실려질 의미
신호	통신수단에 적합하도록 구현된 정보(Information) (정보를 약속된 변환과정을 통해 전류나 전자기파 형태의 에너지 흐름으로 변환시키는 것)
전송 신호	직접 전송매체를 통과하는 신호를 지침, 정보로부터 일차적으로 변환된 신호를 전송매체의 물리적인 특성등에 적합하도록 다시 재변환 시킨 것

4. 샤논(Shannon)의 통신모형
- 송신기, 수신기, 통신로 3개의 구성요소

- 보내는 정보와 받는정보는 정보자체의 의미가 포함되어 있고 정보는 도구나 수단을 통하여 표현됨
- 도구와 수단의 역할은 입/출력 장치와 송수신기에서 함
- 통신모형에서 5대 구성요소는 ① 송신자 ② 수신자

③ 전송매체 (channel), ④ Protocol ⑤ Message로 구성

3. Multi-Media, BigData, Digital 흡수, 정보의 표현

가. 정보통신 서비스에서의 정보의 표현

정보의 표현 형태	서비스 형태

정보 표현 대상 (꽃정보 전달)	말로표현(Voice) → 음성 : 전화
	글 (Data) → 문자 : 카카오톡
	사진 (Photo) → 정지화상 : Fax
	동영상(Video) → 동영상 : TV, VOD
	좌표 (X,Y,Z) → 공간정보 : 3D

하나의 정보로 다양한 정보의 표현과 서비스 형태 존재

4. 정보통신 기술 표준화 현황과 표준그룹

구분		설 명
표준화		기술의 통합화, 서비스다양화, 관련 제품의 국제적인 호환성, 연동성위한 선점표준화
표준의 종류	공식화된 법률 표준	Dejure standard - 국제 기구에서 공식적으로 법률 표준화됨
	사실상의 표준	De Facto - (법적으로 받아들여 지지 않더라도) 사실상의, 공식기관에 의해 공인 되지는 않았지만 관련기업이나 기관에서 실제 업무에 적용

협회	한국	TTA (한국 정보통신 기술협회), GS인증
(표준 그룹)	국외	ITU, ISO, IEC, ANSI, IEEE, EIA
		ETSI, IETF (인터넷), W3C(web), 3Gpp(통신)

- ITU : 국제 전기통신 연합, IEEE : 월드와이드 컨소시엄
- ISO : 국제 표준화 기구, IETF : 표준 제정위원회
- IEC : 국제 전기 기술위원회, W3C : 미국 표준 협회
- ETSI : 유럽 전기통신 표준협회

"끝"

문 32) SDM(Space Division Multiplexing)과 TDM (Time Division Multiplexing) 다중화 방식

답)

1. 데이터의 효율적 전송을 위한 기술, Multiplexing 개요

가. 다중화(Multiplexing)의 정의

하나의 전송로를 분할, 개별신호를 동시에 송수신 할수 있는 다수의 통신로를 구성하는 기술

나. 다중화 기술의 발전

SDM	→	FDM	→	TDM	→	CDM	→	WDM
회선 공간다중화		주파수 분할		시간간격 (Time slot)		확산대역 코드이용		광 파장 분할

2. Multiplexing의 개념도 및 전송 기술 설명

가. Multiplexing(다중화)의 개념도

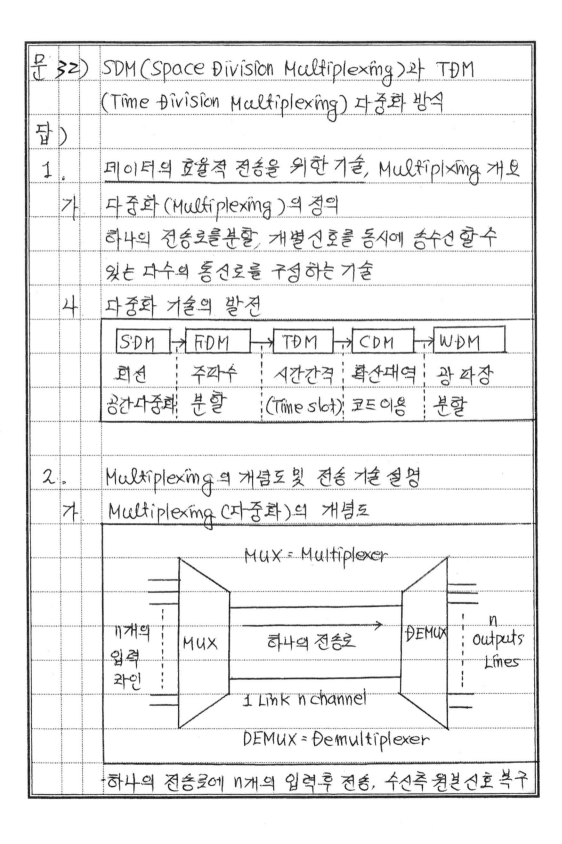

MUX = Multiplexer

n개의 입력 라인 — MUX — 하나의 전송로 → DEMUX — n outputs Lines

1 Link n channel

DEMUX = Demultiplexer

·하나의 전송로에 n개의 입력후 전송, 수신측 원본신호 복구

4.	다중화 (Multiplexing)의 분류에 따른 전송 기술 설명	
	분류	설 명
	기술 측면	전송로 하나에 Data 신호 여러개를 중복시켜 고속
		신호 하나로 만들어 전송하는 방식
	구조측면	MUX, Demux, 변조, 복조, 입출력 회선 대역폭 동일
	경제 측면	-통신 비용의 절감 (ROI : 기업의 이익 극대화)
		-더 많은 다량의 Data 전송
		-두 장치를 연결하는 매체의 전송용량이 두 장치가
		필요로하는 전송량보자 클 경우에는 언제든지 그 링크를
		공유함. 단일 링크 형성후 여러개 신호동시 전송

3.	SDM 과 TDM 다중화 방식의 설명	
가.	SDM (Space Division Multiplexing) 방식의 설명	
	분류	설 명 (다수공간 → 논리 공간화)
	구성도	
	장점	품질이 가장 우수
	단점	많은 물리적 회선 필요, 교환기 (중계 필요)

-SDM 방식은 물리적으로 분리된 자수의 공간을 하나의 논리적인 공간 (Channel) 처럼 활용

4 TDM (Time Division Multiplexing)

기술	설 명
개념	특정 전송로를 공유하는 장치들에게 동일한 시간 간격 (Time Slot)을 할당, 주어진 시간만 전송로 사용
개념도	 -MUX와 DEMUX 사용, 하나의 전로 사용
동기 TDM 방식	-동기식 (Synchronous TDM) : 일정 간격으로 할당
비동기식 TDM 방식	-비동기식 (Asynchronous TDM) : 지능형/통계적 TDM -실제 보낼 Data가 있는 단말기에만 Timeslot 할당 -장치 2는 비할당 (전송 Data가 없음) 장치2는 장치1이 사용

		장점	-매체는 특정시간에 하나의 반송파만 사용
			-많은 사용자가 사용하더라도 높은 전송 효율을 보임
		단점	정확한 동거화 필요

4. 다중화 기술별 장단점비교

구분	장점	단점
SDM	품질이 가장우수	많은물리적 회선필요
FDM(TV,라디오)	간단(전송가격 저렴)	보호밴드 필요(대역 낭비)
TDM	보호 밴드 불필요	타입슬롯 낭비(동기식)
CDM(CDMA)	수용용량 획기적증가	구현 방식복잡
WDM(광통신)	1nm 간격, 다수 채널	광통신에만 적용

"끝"

Time Slot = Time Quantum : 시간 간격

문 33) 신호 변환 방식에서 베이스밴드(Base Band) 디지털 신호 변환 방식의 유형을 설명하고 맨체스터(Manchester) 방식이 동기화 능력을 가지고 있는 이유를 설명하시오.

답)

1. Analog 신호와 Digital 신호 전송, 신호변환 방식의 개요

　가. Base Band 디지털 신호변환 방식의 정의

　- 디지털 Data($0,1$)를 변조없이 그대로 전송하는 방식

　나. 신호변환 방식에 따른 변조 방식의 종류

전송형태	변조방식	신호 변환 방식 설명	사용및 종류
디지털 전송	BaseBand	Digital 정보 → Digital ($0,1$) 신호	I²C, RS-232C
	펄스부호변조	Analog 정보 → Digital 신호(펄스)	PCM(표본/양자/복호화)
아날로그 전송	디지털 변조, 대역전송	디지털 정보 → 아날로그 신호	ASK, FSK, PSK
	아날로그 변조	아날로그 정보 → 아날로그 신호	AM, FM, PM

2. BaseBand 의 디지털 신호방식의 유형및 설명

신호방식		파형의 형태				설명및 사용예	영문
		1	1	0	1		
단극성	H ($+5V$) / 0 / L ($-5V$)					- 비트(1)을 +전압 - 비트(0)을 -전압	Unipolar 방식
양극성	H / 0 / L					- 비트(1) 전송시 극성교대 - 0인 경우 0전압	Bipolar 방식
RZ	H / 0 / L	1/2시간후 0으로 돌아옴				- 비트(1) 전송시 1/2시간 음의 전압유지 나머지 1/2시간 0	Return to zero 방식

		NRZ	H						비트(∅,1)값을 전압	None Return to Zero
			∅						으로 표시후 ∅Ω으로	방식
			L						돌아오지않음(프린터)	
		2단계	H						-Bit(1) : 전압이 높은곳	Biphase
			∅						에서 낮은곳, Bit(∅) 반대	방식
			L						-맨체스터 방식	

- 2단계 (맨체스터) 방식은 매 Bit 마다 신호준위(차이) 발생

3. 맨체스터 (Manchestor) 방식이 동기화 능력이유

- 매 Bit 구간(∅, 1) 반드시 한번의 신호준위 변경 발생

- 신호준위(차)를 활용하여 Clock 대신 신호 Sampling

  및 Trigger 가능(즉, 동기화 능력 발생)

- IEEE 8∅2.3 CSMA/CD LAN에 활용

"끝"

시간 준위 천이 발생 = 신호 차 발생

문 34) 아날로그 정보를 디지털 데이터로 변환 하기 위한 PCM (Pulse Code Modulation)의 동작원리를 설명하시요

답)

1. Analog Data 전송을 위한 Digital 설계, PCM 개요

　가. PCM (Pulse Code Modulation)의 정의

　　아날로그 신호를 표본화, 양자화, 부호화 과정을 거쳐 디지털 (Digital) 형태의 신호로 변조하여 전송하는 방식

　나. PCM 의 성능 (Performance) 영향요소

| 채널잡음 | 시스템 동작 모든 채널에 항상 존재하는 부가 잡음 |
| 양자화잡음 | 디지털로 변환되면서 버려지는 Analog 원본신호 |

2. PCM 동작원리 및 동작절차 설명

　가. PCM (Pulse Code Modulation) 동작원리

- PAM (펄스진폭변조), PWM (펄스폭 변조), PCM (펄스부호 변조)

　나. PCM 동작절차 설명

구분	
표본화	Analog 신호 ⟶ - 입력된 아날로그 신호를 일정시간간격으로 표본 추출
	- 추출된 pulse열은 PAM (pulse Amplitude 변조)임

		양자화	양자화 비트수가 많을수록 원 아날로그 신호에 충실	- 표본화된 값을 이산적 디지털 값으로 변환
		부호화	Digital Data → 11111001 0001 n개 Bit = 1set -양자화된 신호를 "∅"과 "1"의 이진 Bit로 표현	- N개의 Bit 한 set를 PCM word라고 함

3. PCM의 장단점

장점	단점
- 잡음(Noise)과 간섭에 강함	- 채널당 소요되는 대역폭 증가
- 전송중 코딩된 신호를 효과적 재생	- PCM 고유잡음인 양자화 잡음
- SNR(신호대잡음비)를 개선하기위	- 동기(Sync) 유지 필요
한 채널대역폭 증가를 효과적 변경	- A/D, D/A 변환과정이 증가
- 특수한 변조나 암호화 적용용이	- 기존 Analog N/W 교환 비용

"끝"

문 35) QAM (Quardrature Amplitude Modulation)

답)

1. 직교 진폭 변조, QAM의 개요

가. | QAM의 정의 | 다중신호 처리를 위해 진폭과 위상을 동시에 변화시키는 직교 진폭 변조 기법

나. QAM의 장단점

| 장점 | 높은 주파수 효율, 높은 전송률, 구현이 용이 |
| 단점 | 잡음(Noise)및 페이딩등 오류에 민감하고 취약 |

2. QAM의 구성도 및 계층적 변조 방식

가. QAM 의 구성도

구성도(16 QAM 예시)	설 명
	- 한 심볼에 nbit 코딩 (16 QAM, 1 심볼 = 4 bits) - 심볼 '0000'은 위상∅, 진폭 a - '0011', '0001' 같은 위상, 다른 진폭 - '0000', '1000' 다른 위상, 같은 진폭

- 4 Bits로 16 심볼 표현 가능 (16 QAM의 예시)

- 같은 위상인지 다른 위상인지 식별 가능

- 같은 진폭인지 다른 진폭인지 식별 가능

- IEEE 802.11ax는 1024 QAM 이상 적용

나. QAM의 계층적 변조방식

| 구성도(64 QAM 예시) | 설 명 |

다이어그램 내 표기:
- 10, 0, 11
- I
- 00, 000010, 010101, 01

우측 설명:
- QPSK 변조 포함
- 64QAM 예시
- 심볼당 6 Bit 할당
- 최상위 2 Bit는 QPSK로 사용
- 고품질 신호 전체 QAM 좌표 추출
- 저품질 신호는 QPSK 부분만 추출

- 비디오(Video) Data 전송시 고화질 정보는 낮은 우선 순위로 Coding(압축)되어 신호왜곡시에도 표준 해상도로 복조 가능 (수신시 복조)

3. QAM 기술을 사용하는 N/W 표준 기술

NW기술	표준	세부 설명
Wireless LAN	IEEE 802. 11ax	· 밀집환경 고속무선통신 · 1024QAM, MU-MIMO, OFDMA
HybridFiber /Coax	CATV표준 DOCSIS3.1	· 동축 케이블 기반 CMTS PHY · 4096QAM / 하향 최대 10Gbps

- 초고속 무선이동통신에 QAM 기술 표준화 적용

"끝"

문 36) 전송부호화 기법의 소스코딩(Source Coding)과 채널코딩(Channel Coding)을 비교 설명하시오

답)

1. Data 전송기술, 소스코딩과 채널코딩의 정의

소스 코딩	데이터 압축을 통해 전송 데이터를 줄이기 위한 방법으로 ADM, ADPCM, DPCM 등이 있음
채널 코딩	안정적으로 데이터를 전송하기 위해 에러를 검출하고 정정하기 위한 방법으로 해밍코드, CRC 등이 존재

- 음성, 영상 등의 Data를 송신하고자 하는 정보를 효율적인 전송이 가능하도록 변환하는 기술

2. Source / channel Coding의 Process

- 송신 → A/D 변환 (샘플링, 양자화, 부호화) → 소스코딩 (ADM, ADPCM, DPCM) → 채널코딩 (Hamming, CRC, Parity Bit) → 변조 (ASK, FSK, PSK, QAM) → 라인코딩 (NRZ, RZ, Bipolar)
- 전송 (잡음, 오류)
- 복조 → 채널디코딩 → 소스디코딩 → D/A 변환 → 수신

- 소스코딩과 채널 Coding을 통해 데이터 전송 효율성 증가

3. 소스코딩과 채널코딩의 상세 비교

구분		소스코딩		채널코딩
목적		전송 효율 향상		전송오류 검출과 정정
기능		압축, 부호화, 양자화		에러 검출, 에러 정정
순서		선수행		후수행
기법	영상 부호화	영상 정보를 부호화하는 기법 (JPEG, MPEG)	오류검출 코드	전송중에 발생한 오류만 검출가능 (패리티, 검사합, CRC)
	오디오 부호화	파원 부호화, 음성 파형 부호화(PCM, ADM등)	오류 정정 코드	오류 검출과 정정까지 가능 (FEC)
	고정 길이 부호화	각 심볼 발생 확률이 다르더라도 심볼 모두에 동일한 코드길이를 부여(ASCII코드)	파형 코딩	오류의 영향을 덜 받는 파형으로 변환 (직교신호, 비직교 다중 접속신호등)
	가변 길이 부호화	사용이 빈번한 코드는 짧게, 사용이 드문 Code는 길게, 전체 데이터량 압축 부호화 방식(B스부호)	구조화 코딩	오류 탐지 및 정정에 필요한 여분의 비트(Bit) 첨가 (Block Coding, 비블록 코딩)

				압축한 데이터를 복원		고정된 길이
		무손실 압축 부호화	했을때 복원 데이터가 압축전의 Data와 완전 일치 (런랭스 부호화, 허프만 부호화)	블록 코드	(Fixed Length)를 갖는 부호화 (선형부호, 순환 부호)
	기법	손실 압축 부호화	압축한 데이터를 복원 했을때 복원한 데이 터가 압축전의 Data 와 불일치	비블록 Code	코드화서 과거 신호와 함께 활용 (Convolution Code, Turbo Code)

- 소스코딩과 채널 코딩 후 라인코딩을 통해 Data 전송 진행

4.	Ø과 1의 신호표현, 라인 코딩

송신   수신

Ø, 1, Ø ‥ 11   Ø, 1, Ø ‥ 1, 1

디지털 데이터

Line Coding → Ø 1 Ø ‥ 11
Ø 1 Ø
→ Digital 신호들

- 2진 Bit (Ø, 1)의 디지털 신호로 변환 하는 과정

"끝"

문 37)	하나의 회선에 여러개의 통신장치가 동시에 Data을
	전송하려면 다중화(Multiplexing) 기술에 대해 설명
	하고 CDMA 방식과 OFDMA 방식에 대해 각각 기술하시오.
답)	
1.	MUX, DeMUX 기능 활용, 다중화(Multiplexing)의 정의
	전송로 하나에 Data 신호를 여러개 중복 시켜 고속 신호
	하나를 생성한후 전송하는 기술

MUX/DeMUX

n input lines — MUX → 전송 → DeMUX — n output lines

1 link, n channels

송신부　전송　수신부

2.	CDMA (Code Division Multiple Access) 방식 설명	
	정의	각 사용자가 고유의 확산부호를 할당받아 신호를 확산부호화 후 전송
	도식화	
	장점	통화 품질이 우수, 용량이 크며 용량 조절이 가능
		전력 소모량이 적음, 주파수 설계 계획 거의 필요없음
	단점	수신기 구조가 매우 복잡, 전력 제어 필요
		Traffic 제어 필요.

3.		OFDMA (Orthogonal Frequency Division Multiplexing Access)	
	정의	주파수 대역의 확대를 위해 고속의 송신 신호를 다수역 직교(Orthogonal)하는 협대역 반송파로 다중화 시켜 전송 효율을 높인 변조 방식/기술	
	도식	기존	→ 기존 다중 반송파 (FDM)
		OFDM	직교다중 반송파 변조(OFDM)
	특징	Orthogonality	둘이상의 신호체계가 서로무영향등작성질
		GB 배제	FDM의 GB(Guard Band)를 두지 않음
		알고리즘 이용	FFT, DFT 알고리즘을 통한 변복조
		주파수이용효율	고속 Data 전송에 적합
	장점	-높은 주파수 대역, 고속 구현에 용이	
		-이동통신 Cell간의 간섭없음, 다중경로 Fading에 강견	
	단점	-단일 반송파 변조 방식(하나의 반송파에 모든 정보를 실어서 변조하는 방식)	
		-Frame 동기/Symbol 동기에 민감	
			"끝!

「설명하시오

문 38)	OFDM과 OFDMA 동작원리, 특징비교, 활용및 적용분야에 대해
답)	
1.	차세대 이동통신의 핵심기술, OFDM의 개요
가.	OFDM(Orthogonal Frequency Division Multiplexing)의 정의
-	한 데이터를 다수의 부반송파로 분할 하고 직교성을 부여하여
	동시 전송으로 전송효율(Efficiency)을 높이는 기술
나.	OFDMA (OFDM Access)의 정의
-	OFDM 방식을 기반으로 다수의 사용자가 부반송파의 집합을
	서로 다르게 할당받아 사용하는 다중사용자 접속 방식
다.	OFDM의 개념도
2.	OFDM의 동작원리 및 OFDMA와 비교
가.	OFDM 송수신기의 구성도 및 동작원리
	1) OFDM 송수신기의 구성도

IFFT : InverseFastFourierTransform

ISI : Inter symbol Interface

- 다수의 부반송파가 만든 신호들은 IFFT 과정후 결합
- 수신측에서는 FFT를 통하여 복조과정을 거침

2) OFDM의 구성요소

구성요소	설 명
Modulator/ Demodulator	-Bit Stream을 심볼단위로 변조하거나 Bit Stream으로 복조 수행
IFFT/FFT	주파수 도메인 신호와 타임 도메인 신호간의 변/복조를 수행하여 OFDM 신호 생성
CP추가, 제거	Cyclic Prefix (ISI 방지 위한 Guard Interval 를 추가, 제거하는 기능 수행)

3) OFDM 송수신 기술의 동작원리

구분	설 명
부반송파 (Sub Carrier)	-Data Stream을 다수의 주파수 tone에 전송 -주파수 tone(부반송파)간에는 직교성이 존재하여 상호간섭이 없이 전송가능한 최소 단위
Cyclic prefix	시간 영역 OFDM 심볼의 뒷부분 일부를 복사 하여 Prefix로붙임(멀티패스 페이딩에 강인함)
One tap Equalizer	Coherence Bandwidth 보다 작은 주파수간격 을 이용 하므로 부반송파 별로 간단 등화기 사용

4. OFDM과 OFDMA의 비교

구분	OFDM	OFDMA
다중접근	-다중접속 개념없이	-여러사용자에게

			다중접속	단일 수신기에 모든 부반송파를 전송함	자원을 분할 할당하는 다중 접속
			개념도	(한사용자독점) 주파수	(다수사용자분할할당) 주파수
			자원의 할당단위	특정 사용자에게 모두 할당하거나 브로드캐스팅	부반송파를 Grouping한 Subchannel 단위 할당
			전력 소모 측면	전체 대역에 대해 FFT 수행하므로 전력소모가 큼	할당받은 Subchannel 에 대해서만 복호화 하므로 저전력화 가능
			성능, QoS측면	전체주파수 대역 채널에 따라 성능 결정	수신 단말별로 선택적 스케줄링으로 QoS조절

3. OFDM 기술의 활용 사례

구분	설명
LTE (Long Term Evolution)	User Equipment#1, USER Equipment#2, Base Station (eNB), UE#1 할당, UE2할당 <LTE시스템 구성도>

		LTE	-Base Station(eNB): 전체 가용 자원 관리, User Equipment의 피드백을 받고 QoS에 맞는 주파수할당 -UE(User Equipment): 수신기로서 할당 받은 Sub-Carrier group을 이용하여 eNB와 송수신 수행
		무선랜	-IEEE 802.11a : 52개의 부반송파를 갖음. -IEEE 802.11g : 802.11b와 연동위해 CCK-OFDM 사용 -IEEE 802.11n : 전송속도 및 용량 향상을 위해 사용
		Wireless MAN	-IEEE 802.16/16e/16m : 광 대역 무선 Access 기술로 OFDM 채택
		DMB	한정된 주파수 대역에서 많은 Data 전송을 위해 OFDM을 채택함.

4. OFDM의 적용분야

분야	설명
무선 LAN/MAN	-IEEE 802.11 a/g/n/ac 채택, -IEEE 802.16등에 적용
디지털 방송분야	-Digital Broad Cast 에서는 OFDM 상용화됨 -유럽식(DVB), 미국식(ATSC), 일본식 모두 채택. -유럽 지상파 DMB에선 CODE-OFDM 채용
이동통신 분야	CDMA 주파수 이용 효율 장점과 다중 전파간섭 환경에 강하고 대용량 데이터 전송가능한 OFDM기술적합
기타분야	HDSL, ADSL, 무선 ATM 등에서 적용 위해 연구중

"끝"

문 39) 비 직교 다중 접속(NOMA, Non-Orthogonal Multiple Access)

답)

1. 주파수 효율 향상기술, NOMA의 개요

가. 시간, 주파수, 공간 동시 활용, NOMA의 정의

셀 주파수 용량향상을 위해 동일한 시간, 주파수, 공간 자원상에 다수의 사용자들을 위한 신호를 동시에 전송하여 주파수 효율을 향상시키는 기술

나. NOMA의 특징 (비직교성, 동일시간/주파수 사용)

비 직교성	직교성을 의도적으로 위배함으로써 다수의 신호를 중첩시키고 순차적으로 간섭 제거
동일시간, 동일주파수 이용	전력분배 (Power) 이용하여 신호를 전력영역에서 다중화하여 동일시간 동일주파수 대역 사용 가능

2. NOMA의 구성과 동작원리

가. Non-Orthogonal Multiple Access의 구성 (예시)

		동일한 시간, 주파수, 공간 자원상에 두 대 이상의 단말에
		대한 데이터를 동시에 전송하여 자원 효율을 높이는 것
4		NOMA의 동작원리

동작	동작 설명
①	동일한 시간, 주파수, 공간 자원 상에 두 대 이상의 단말에 대해 데이터를 동시에 전송
③	- 셀 중심 지역의 단말(UE1)에는 낮은 전력을, 셀 밖의 지역에 있는 단말(UE2)에는 높은 전력할당
②′	- 셀 중심 단말은 순차적 간섭 제거 (SIC : Successive Interference Cancellation) 방식에 따라 신호의 세기가 큰 셀 경계 단말(UE2)의 간섭 신호를 먼저 복호하여 제거한 후 자신의 신호를 복호
③	셀 경계나 셀 밖 단말(UE2)은 셀 중심 단말(UE1) 의 간섭신호가 상대적으로 약하게 도달하므로 이를 간섭으로 간주한 채 자신의 신호를 복호

3		NOMA의 핵심기술과 OFDMA와의 비교
	가	NOMA의 핵심 기술

정보의 중첩코딩 (SC)	- SC : Superposition Coding 단말 신호들을 동일한 스케줄링으로 송신하기 위해 각각 코딩하여 동시에 중첩 전송하는 기술
순차적 간섭제거 (SIC)	중첩 코딩된 수신 신호들을 순차적으로 제어 하여 자기 신호를 복원하는 기술

4. NOMA와 OFDMA 비교

구분	OFDMA	NOMA
개념도	CDMA, OFDMA	NOMA
원리	직교 자원 할당	전력제어통한 Subcarrier 중첩할당
주파수효율성	높음	매우 높음
동일주파수 자원할당	1대만 사용 가능	동시에 2대 가능
직교성 유지	중요함	필요없음
활용	이동통신	이동통신

"끝"

문 40)	OSI (Open System Interconnection) 7 Layer 중 Physical Layer에 해당되는 RS (Recommanded Standard)-232C에 대해 설명하시오.
답)	
1.	직렬식 통신, 전송매체를 통한 "0", "1" 비트 전송 RS-232C 개요
가.	RS (Recommanded Standard)-232C의 정의
-	데이터터미널장비(DTE)와 데이터통신장비(DCE) 간의 직렬 Data 교환하기 위한 protocol, 비동기 통신
나.	RS-232C의 주요특징

비동기 전송방식	Clock 미존재, Start/Stop bit 사용
패리티 Bit 존재	1 byte 단위 Error 발생 check, parity bit 존재
양방향 전송	양방향 전송위한 Tx(송신), Rx(수신) 존재
Point-to-point	공유 버스구조가 아닌 장치간의 직접 연결

2.	RS-232C 신호 구성 설명 및 I^2C Interface와 비교
가.	RS-232C 신호 구성 및 설명

Pin 배치	번호	Pin명	명칭	설명
o1 / o2 o6 / o3 o7 / o4 o8 / o5 o9 / Ground	1	DCD	Data Carrier Detect	선로상 Busy 확인
	2	RD	Receive(수신) Data	수신 Data 선로
	3	TD	Transmit(송신) Data	송신 Data 선로
	4	DTR	Data 터미널 Ready	송수신 가능상태
	5	GND	Ground	Shielding Ground
	6	DSR	Data Set Ready	송수신 가능상태 알림

			7	RTS	Ready To send	상태 준비 완료
		Pin 배치 (7,8,9번)	8	CTS	Clear To Send	상태 준비 완료
			9	RI	Ring Indicator	링신호 사용 전송
4.		RS-232C와 I^2C 인터페이스와 비교				
		구분	RS-232C		I^2C	
		통신 방식	비동기통신(Clock 미사용)		동기통신 (Serial Clock사용)	
		표준	미국EIA (전자산업협회)		필립스(사) 개발함.	
		연결 방식	point-to-point		Master-slave, 데이지 체인	
		전송속도	2400~115,200 bps		3.4Mbps (High-speed)	
		신호	Start/stop/Parity/ Data 신호		Start/stop/Ack/ Data 신호, Clock 존재	
		활용분야	임베디드 시스템 개발 과정에 디버깅 모니터용도		CPU온도/FAN등 모니터링 저속의 ADC, DAC에 사용	
3.		RS-232C의 발전				
		- PC가 아닌 산업분야에서 RS-422 (Multi-Drop) RS-485(Half-duplex) 방식이 적용되어 사용중.				
		- Embedded 시스템 개발시 Rx, Tx 신호를 사용 Debugging 가능. "끝"				
		Multi-Drop : 하나의 회선에 다수의 단말장치를 접속할 수 있도록 한 것				

문 41) 순환중복검사(CRC, Cyclic Redundancy Check)의 개념
과 아래 CRC고려한 전송조건에서 CRC 생성과정과
수신측에서의 확인 과정을 기술하시오.

〈전송조건〉

조건	값
전송데이터	1010001101
디바이더(Divider)	110101

답)

1. 전송데이터의 무결성확보, CRC의 개요

   가. CRC(Cyclic Redundancy check)의 정의
   Network 등을 통하여 데이터를 전송할때 전송된 데이터에
   오류가 있는지를 확인하기위해 체크값(CRC)을 결정하는 방식

   나. CRC의 구성도

패킷 (packet)	송신자는 메시지와 CRC를 동시에 전송
메시지 (M: kbits) | CRC (n bits)	(M: kbits + CRC nbits) T4머지
	- CRC는 메시지를 디바이더(Divider)로나눔

2. CRC의 절차 (송신측, 수신측)

   가. 송신측

E=f(Data) / Data | Data | E	- 오류검출함수(f)에 데이터를 붙여 CRC(E)생성, - 생성된 CRC (E)를 데이터에 붙여서 전송

송신자는 데이터를 전송하기 전에 주어진 데이터의 값에
따라 CRC값을 계산하여 데이터에 붙여(Attached) 전송

| 4 | 수신측 |

Data | E

$E' = f(Data) \rightarrow$ 비교

- 수신한 데이터를 오류검출함수(f)의
  입력으로 붙여 CRC(E')를 생성
- 수신한 CRC(E)와 생성한 CRC(E') 비교

| 3 | 주어진 전송조건에서 CRC 값을 구하는 과정 |

Data	CRC
1010001101	00000

$\oplus$ 110101 ← Divider

111011

$\oplus$ 110101

111010

$\oplus$ 110101

111110

$\oplus$ 110101

101100

$\oplus$ 110101

110010

$\oplus$ 110101

01110 ← CRC

- 생성되는 CRC값은 5 Bit ("Divider -1 Bit)
- XOR ⊕ 연산수행
- 생성된 CRC : 01110
- 전송 데이터 : 101000 1101 01110

4. 송신 데이터 수신후 CRC값 활용, Data 무결성 점검

Data		CRC
101000 1101	01110	

⊕ 110101 ← Divider

111011

⊕ 110101

111010

110101

111110

110101

101111

110101

110101

110101

00000 ← all "00" 정상

송신측으로 부터 전달받은 데이터와 CRC를 합쳐서
0인지 확인

- 나머지 값이 모두 "00"인 경우 : 전송과정 에러 없음
- 나머지 값이 모두 "00"이 아닌 경우는 전송과정에 Error(에러) 발생으로 추정, 재전송을 요청하거나 수신한 패킷(packet)을 버림 (Remove)
- 전송한 데이터와 CRC값을 Divider로 나눔
- 나머지가 모두 "00"인 경우 전송과정의 에러가 없음으로 판단.
- Divider 값은 송신측과 수신측 약속에 따른 동일값 사용

"끝"

문 42) CRC(Cylic Redundancy check)의 원리를 기술하고 CRC-8 = $X^8 + X^2 + X + 1$ 이고 데이터워드가 $\emptyset11\emptyset1\emptyset11$ 일때 코드워드를 계산하는 과정을 설명하고, 그 결과가 옳음을 검증하시오.

답)

1. Packet 데이터 순방향 에러 발견/정정 (FEC) 개요

가. 순방향 에러정정(Forward Error Correction) 정의
- 오류 발견을 위해 패킷 데이터 전송시 송신측은 작은 양의 부가정보(오류정정에 필요한 정보)를 전송할 데이터 꼬리부분(Trailer) 부착하여 전송하고, 수신측에서 이를 이용하여 에러 발생여부를 판단하는 기법

나. 순방향 에러 정정 기법의 유형

구분	상세 설명	특징/유형
패리티 검사	전송 데이터의 Bit값 중에서 "1"의 개수가 짝수나 홀수가 되도록 1개의 부가 Bit를 추가하여 에러 발견 하는 기법	- Even/Odd parity - 구현용이 - Single bit & 홀수 개 bits Error만 발견
검사합 (Checksum)	전송 데이터를 특정 단위로 구분하여, 구분된 자료를 2진 정수 값으로 환산하여 그 합을 전송하고 수신측은 동일 방법으로 수신 데이터를 연산한 값과	- 16/32 Bits 체크섬 - 덧셈 연산 사용으로 생성 & 검증용이 - 각각 1 B 씩 바뀌는 전송오류

		Checksum	전송 받은 합(Sum)을 비교하여 에러(Error) 발견기법	발견은 어려움
		CRC (순환중복 검사)	데이터 전송전 주어진 데이터 값에 따라 CRC값을 계산하여 데이터에 붙여 전송, 수신측은 동일방법으로 연산 수신된 CRC값과 비교, 에러발견기법	- CRC-8/10/16 /CRC-32 - 에러검출율높음 - 연산과정복잡

- CRC(순환중복검사) 기법은 수학적인 연산과정은 복잡하나 높은 오류검출율과 간단히 Hardware 구현 가능

2. CRC(Cyclic Redundancy check) 기법의 상세원리

가. CRC 기법의 동작원리

① Divisor이용, CRC계산

Data | 00..0
n bits

Divisor | n+1bits

Remainder

CRC | n bits

Sender

③ Data + CRC 전송
Data | CRC

② Divisor로 나누어 0인지 검사

Data | CRC

Divisor

Remainder

수신측   Zero: accept
Non-Zero: reject

- CRC는 에러발견을 위해 전송 Data 뒤에 CRC 검출 정보를 붙여(Trailer) 전송하는 기법

나. CRC 기법의 동작 설명 상세

단계	설 명	특징 & 관련요소
Encoding (CRC 계산)	- 데이터워드 + n-bit(∅..∅)로 구성된 Data를 (n+1)-bit Divisor로 나누어 CRC정보생성 - Dataword + CRC → Codeword생성	- Divisor는 ∅과 1 의 스트림보다 대수 다항식으로 표현 ex) $x^8 + x^2 + x + 1$
전송 (Data + CRC)	- Codword (Dataword + CRC) 를 Network를 통해 수신측 (Receiver)측에 전송	- Unreliable 전송 - 손실, 순서바뀜, 중복등 에러발생가능
Decoding (Error check)	- 수신된 코드워드를 Divisor를 이용, 나눔 - 나머지가 ∅이 될 경우 에러가 발생하지 않으므로 데이터를 정상수신	- ∅ 이외의 나머지 값이 존재시 전송중 에러발생으로 간주, 재전송요청

- CRC 기법은 Encoding 단계에서 CRC를 생성하여 송신하며 수신측에서 Divisor 이용하여 나머지 값이 ∅ 유무로 에러(Error) 발생 여부를 검증함

3. 제시된 사례에서의 CRC 기법 상세설명

가. CRC 기법의 Codeword 계산과정

구분	상세 설명
제시사 례 분석	- 데이터워드 : ∅1101∅11 - Divisor : 1∅∅∅∅∅111 // CRC-8 = $x^8 + x^2 + x + 1$
Cordword 계산	$\begin{array}{l} \phi1101\phi11\ \phi\phi\phi\phi\phi\phi\phi\phi \\ \oplus\ 1\phi\phi\phi\phi\phi111 \qquad \text{CRC 초기값은 "}\phi\phi\text{"} \\ \hline 1\phi1\phi1\phi11\ \phi\phi\ \phi\phi\phi\phi \end{array}$

			$1\phi1\phi1\phi11\phi\phi\phi\phi\phi$
			$\oplus\ 1\phi\phi\phi\phi\phi111$
	Cordword 계산		$1\phi1\phi\phi\phi1\phi\phi$
			$\oplus1\phi\phi\phi\phi\phi111$
			$1\phi\phi\phi\phi1 1\phi\phi$
			$\oplus1\phi\phi\phi\phi\phi111$
			$\phi\phi\phi1\phi11\phi \rightarrow CRC(8bit)$
	전송 데이터		-Cordword = $\phi11\phi1\phi11 + \phi\phi\phi1\phi11\phi$
			-전송 데이터 = $\phi11\phi1\phi11\ \phi\phi\phi1\phi11\phi$

-수신측에서는 수신된 Cordword를 Divisor로 나누어 에러 (Error) 여부 검증

나 CRC 기법의 에러 검증 (정정) 과정

구분	상세 설명
검증 데이터	-수신된 데이터 = $\phi11\phi1\phi11\ \phi\phi\phi1\phi11\phi$ -Divisor : $1\phi\phi\phi\phi\phi111$ // CRC-8 = X^8+X^2+X+1 //1은 ϕ자리
에러 검출	$\phi11\phi1\phi11\ \phi\phi\phi1\phi11\phi$ $\oplus\ 1\phi\phi\phi\phi\phi111$ CRC(8bit) $1\phi1\phi1\phi11\phi$ $\oplus\ 1\phi\phi\phi\phi\phi111$ $1\phi1\phi\phi\phi11\phi$ $\oplus\ 1\phi\phi\phi\phi\phi111$

	에러 검출		$1\ 0\ 0\ 0\ 0\ 0\ 1\ 1\ 1$ $\oplus\ 1\ 0\ 0\ 0\ 0\ 0\ 1\ 1\ 1$ $0\ 0\ 0\ 0\ 0\ 0\ 0\ 0\ 0 \rightarrow$ All "00" ∴ 나머지가 모두 0 (에러없음)
	검증 결과		-Divisor로 나눈 값이 "0"으로 에러없음 -수신측에서는 수신된 Data의 데이터워드(011 01011)를 추출하여 목적에 맞게 사용

-CRC 기법을 구현하기 위해서는 Shift Register와

배타적 논리합 연산장치를 이용하여 구현 가능함

(비교적 간단한 H/W로 구현 가능하여 보편적으로 사용함)

"끝"

문 43) CRC

답)

1. 통신 매체의 순방향 에러발견 기법의 개요

가. 순방향 에러발견 (Forward error detection) 기법의 원리

송신자 (Encoder)　　　　　　　　　　수신자 (Decoder)

k bits	Data word		k bits	Data word
	Generator	→ Redundancy 생성	추출	Checker
n bits	Codeword		n bits	Codeword

Unreliable transmission　폐기

- 송신자가 보낸 데이터를 수신측에서 검사하여 오류 발견시 폐기함.

나. 순방향 에러발견 기법의 유형

구분	상세 설명
패리티 검사 (Parity check)	- 1의 갯수가 홀수 또는 짝수개 되도록 하나의 비트추가 - 유형 : 홀수 패리티, 짝수 패리티
블록합 검사 (Block sum check)	- 블록 단위의 2차원적인 패리티 검사 방법 - 예 : 수평 패리티 검사, 수직 패리티 검사
순환중복검사 (CRC)	- 전송 전 데이터에 따라 CRC값을 생성하여 데이터와 함께 전송하고 수신측에서 CRC를 통한 오류 검출

- HDLC, Ethernet, IEEE 802.3 에서 CRC 기법이 사용되고 있음

2. 순환중복 검사방식의 구조와 동작원리

가. 순환중복 검사방식의 구조

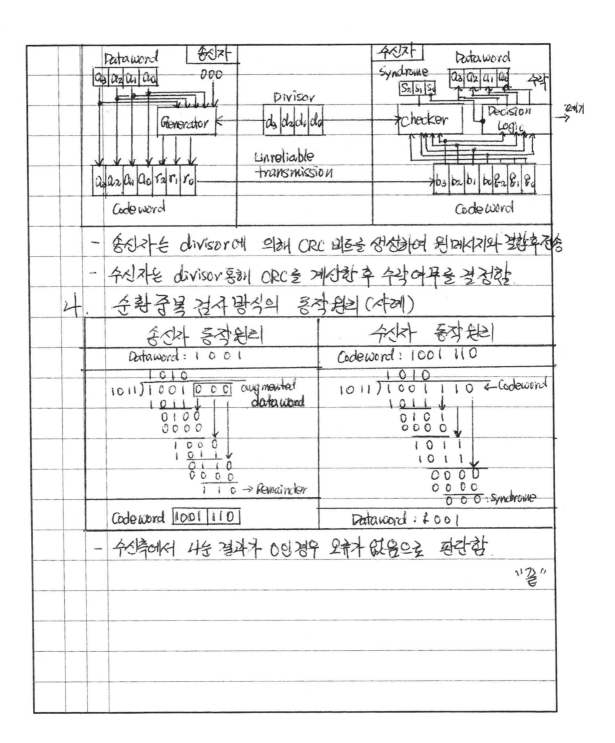

- 송신자는 divisor에 의해 CRC 비트를 생성하여 원메시지와 결합후 전송
- 수신자는 divisor 통해 CRC을 계산한 후 수락여부을 결정함

4. 순환중복 검사 방식의 동작원리 (사례)

송신자 동작원리	수신자 동작원리
Dataword : 1 0 0 1	Codeword : 1001 110
Codeword 1001 110	Dataword : 1001

- 수신측에서 나눗 결과가 0인 경우 오류가 없음으로 판단함

"끝"

문 44)	BEC(Backward Error Correction)과 FEC (Forward Error Correction)에 대해 설명하시오

답)

1. 순방향 오류 정정(FEC)와 역방향오류 정정(BEC)의 정의

가. 신호쇄속에 따른 정정, FEC의 정의 (수신측 정정)
- 송선측(Sender)의 부가정보를 기반으로 수신측(Receiver)에서 Error를 Detection(검출)한후 Correction 하는 방식

나. BEC (역방향/후전) 에러 정정의 정의 (수신측 검출재전송와)
- 송선측이 Error를 검출할수 있을 정도의 부가적인 정보를 문자나 Frame에 첨가시켜 전송하고 수신측이 Error 발견시 (Detection: 검출) 재전송을 송선측에 오구하는 방식

2. Error Correction의 종류와 FEC와 BEC의 도식 설명

가. 오류 정정 (Error Correction)의 종류

종류	설명
반향(Echo) 검사 방법	-Feedback (송선↔수선) 송수선 방법, 수선측이 수신한 Data를 송선측에서 다시 전송 받아 전후비교(송선두번)
역방향오류 정정 (BEC) =ARQ 방식	-ARQ (Automatic Repeat reQuest) -오류가 발생 하면 수선측은 송선측에 오류 발생 서실을 통보하고 오류가 발생한 Frame을 재전송 오구
전진 오류 수정 (FEC)	-자기 정정 방식, ARQ 방식과 달리 수신측에서 오류가 있음을 발견하면 해당 오류를 검출 하여 수신측에서 오류를 수정(정정)함

4.	Data Link Layer 역할(OSI 7), BEC와 FEC의 도식화

FEC (전진오류 정정)	BEC(후진오류 정정)=ARQ

- BEC(후진오류 정정) 방식은 송신측에 재전송요구로 정정수행

3.	FEC 방식의 종류와 BEC (ARQ)방식의 종류

구분	종 류
FEC	Hamming Code, CRC Code, Reed Solomon Code
BEC (ARQ 방식)	Stop&wait, Go-N-Back, Selective-Repeat, Adaptive ARQ, H-ARQ

"끝"

문 45) 콘블루션 코드(Convolution Code)

답)

1. Convolution Code (Non-Block Code)의 정의

- 과거 Bit와 입력 Bit를 연산, 새로운 Bit가 생성되는 코드
- 가산기와 Shift Register로 구성, Shift Reg.따라 복잡

2. 콘블루션 코드(Convolution Code) 구성 및 특징

가. Convolution Code의 구성

$$y1 = k_1 + k_2 + k_3$$
$$V2 = k_1 + k_3$$

Encoding시 현재 Bit를 D-FF(플립플롭)에 저장하여
과거 Bit와 XOR (⊕) 하는 방식으로 수행

나. 콘블루션 Code의 특징

구분	설명
노이즈채널	가우시안(Gaussian) 노이즈 채널에서 좋은 특성
에러정정	Burst Error에 약하고 비교적 Audio (음성)
성능	Data 전송에 사용됨
H/W 복잡도	-부호화는 비교적 간단, 복호화기는 복잡 -Register 수가 증가할수록 복잡성 증가
비블럭 Code	블럭 단위로 부호화 실행, 과거 블럭정보도 필요한 방식

- 에러 정정능력우수, 이동통신/위성통신 System에 사용

3. Convolution Code와 Turbo (터보) Code 비교

구분	콘볼루션 Code	Turbo Code
Bit율	1/3	1/4
Burst Error특성	저하	우수
H/W구성	간단	복잡
전송속도	저속	고속
적용분야	CDMA	WCDMA

"끝"

문 46)		LDPC (Low Density Parity check) Code
답)		
1.		합곱 알고리즘 사용. LDPC의 정의
		- 입력신호를 전치행렬에 곱한후 패리티(parity) 검사 행렬을 이용하여 다양한 부호화율을 가진 부호로 쉽게 생성 가능한 Code
2.		Low Density Parity Check(LDPC) 구성및 특징
	가.	LDPC Code의 구성

〈합곱 알고리즘〉

행렬식 $A = X_1 \oplus X_2 \oplus X_3$

$B = X_1 \oplus X_4 \oplus X_5$

〈Parity 생성〉

Parity 생성

- 송신측에서 입력신호를 합곱알고리즘의 행렬식과 곱함
- 수신측에서 parity 검사 행렬을 이용하여 지오딩함

4	LDPC Code의 특징		

구분	설 명
H/W 복잡도	-복잡도가 낮고 병렬처리에 제한이 없음 -전치행렬수행인터리빙효과, 추가인터리버불필요
부호화율	Parity 검사행렬에 의해 어떠한 부호화율을 가진 부호로 쉽게 생성할수 있음
MIMO	안테나 수에 따라 다양하게 변하는환경에서 데이터 전송율에 적절하게 대처가 가능함

3	LDPC와 Turbo Code 비교		

구분	LDPC코드	터보코드
블록길이	큰 Block에 사용	작은 Block에 사용
성능	매우우수	우수
복잡성	낮음	높음
처리속도	고속	지연
활용	802.11n, UHDTV	WCDMA

-블록길이가 길수록 높은처리속도가 요구되는 System에는 LDPC가 유리함

"끝"

문 47) Block Code와 Non-Block Code

답)

1. | Block Code의 정의 | - 블럭(Block) 단위로 부호화 (양자화된 신호를 "0"과 "1"의 이진 비트로 표현)를 수행하는 Code

| 양자화 | (Quantization) 샘플링된 신호를 양자화

샘플링된 신호

11 11 10 01 00 01

샘플링된 신호의 레벨을 몇단계로 나타내는 과정

2. Block Code와 Non-Block Code 구분 및 설명

가. 블럭 Code와 Non-Block Code의 구분

| 채널코딩 |

| Block Code | | Non-Block Code |

- 해밍코드, RS코드, BCH코드, LDPC코드   - 컨블루션 / Turbo코드

- 채널코딩은 과거의 값의 사용 유무에 따라 블럭/비블럭으로 분류

나. Block Code와 Non-Block Code의 종류

구분	종류	설 명
블럭 코드	해밍코드	- 1bit 에러정정, 2bit 에러검출
		- 재전송 어려운 원거리 전송에 적합, 음성전송 부적합
		- 검출용 Bit가 추가 전송되므로 부호화율을 떨어짐
	RS코드	- 이동통신, UHDTV 등 Burst에러 검출/정정 효과
		- 이동통신용 Error 정정
	BCH코드	- 해밍코드를 일반화 시킨 코드
		- 생성 다항식에 의해 생성된 순회부호 사용

			LDPC코드	-해밍코드 사용, parity check 행렬을 사용 -샤논의 한계(-1.6dB)에 근접하는 오류정정능력
		비블록 코드	컨볼루션 코드	-Shift Register 사용, 과거/현재 데이터 조합생성 -기억 장치 보유로 구조 복잡
			Turbo 코드	-컨블루션코드를 병렬처리→에러정정능력개선 -저속컨블루션 코드 속도개선, D-FF 처리지연개선

3 Block Code와 Non-Block Code 적용

Block Code	-Block 내에서 Error 정정 수행 -구현이 용이하고 Burst Error 정정에 우수 -고속 전송방식에서 사용
Non- Block Code	-Block 단위 부호화 실행, 과거 정보블럭도 필요한 방식 -이동통신/위성통신 System에 사용 -에러(Error) 정정 능력 우수

"끝"

- Burst (버스트) Error : 지정된 통신방식에 따라 데이터를 하나의 장치에서 다른장치로 전송할때 특정블럭에서 집단적으로 오류가 발생하는 현상

문 48)	송신측에서 전송한 Data를 수신측에서 오류 검출후 오류발생시 송신측에 재전송할 것을 요구하는 방식의 종류에 대해 나열하고 방법과 특징에 대해 설명하시오.
답)	
1.	OSI 7 Layer, Data Link층, 에러제어를 위한 ARQ의 개요
가.	자동 반복오청(Automatic Repeat reQuest)의 정의

Noise나 신호왜곡등으로 인해 수신 Data 오류 발생
유무를 검출하여 오류가 있을 경우 송신측에 오류가 발생한
프레임(Frame)을 재전송요구, 후진 오류 수정(BEC,
Backward Error Correction) 방식이라고도 함

나. Backward Error Correction 방식의 종류(발전)

(Stop & wait 기법) → (Go-Back N ARQ 방식) → (Selective-Repeat ARQ) → (Adaptive ARQ) → (Hybrid ARQ (H-ARQ))

→ 전송속도 증가, 무결성

2. ARQ (=BEC) 에러 제어 방식들의 설명과 도식

가. 정지대기 ARQ

방식	도식	설명
정지대기 (stop& wait) ARQ	송신측 ─ 수신측 Fr1 → ← Ack Fr2 → ← NAK Fr2 → ← Ack	-송신측 Frame 전송 -수신측 ACK, NAK (오류 검출되어 재전송 요구), 송신측 해당 Frame 재전송하는방법

특징: 구현 간단, 신뢰성높으나 응답 신호대기로 인한 속도 저하.

4	Go-Back N ARQ 방식	

분류	설 명
도식	F0 F1 F2 F3 F4 F5 F3 F4 F5 F6 F7 F0 ACK0 ACK1 ACK2 NAK3 ACK3 ACK4 ACK5 F0 F1 F2 E3 D4 D5 F3 (F4 F5) F6 Error발생 Delete(삭제)할 Frame 재전송
방법	일련번호가 포함된 Frame을 수신측의 신호와 상관없이 연속적으로 송신하며, 만약 수신 쪽에서 'NAK+일련번호 신호'를 송신측에 보내면 송신측은 그 이후의 Frame을 재전송
특징	에러(Error) 이후의 Frame을 모두 전송하므로 다소 비효율적임

4	Selective-Repeat 방식	

분류	설 명
도식	F0 F1 F2 F3 F4 F5 F3 F6 F7 F0 ACK0 ACK1 ACK2 NAK3 ACK4 ACK5 ACK3 ACK6 F0 F1 F2 E3 (F4 F5) F3 F6 F7 F0 Error 발생 수신버퍼에 저장된 Frame
방법	수신측에서 프레임들을 수신하다가 송신측에 'NAK+일련번호'를 송신하면 해당 일련번호의 Frame만 재전송 하는 방식
특징	오류난 Frame만 전송하므로 속도도 빠르고 효율도 좋으나 구성이 복잡하며 충분한 메모리 공간 확보 필요(재게프레임저장)

라.	Adaptive ARQ 방식 (적응형 ARQ)	
	분류	설명
	도식	송신측 / 수신측 ① Data 블럭전송 ② 오류발생감지 ② 오류발생통보 ④ Data 블럭 길이결정 ⑤ 변경결정 Data 길이통보 — 오류 발생이 낮은 경우는 건 Frame 전송하고 오류 발생 높은 경우는 짧은 프레임 전송
	장점	전송효율이 높음, 지능적 Data 전송.
	단점	제어 회로복잡, Block 길이 변경에 따른 채널재개시간발생
마.	H-ARQ (Hybrid ARQ)	
	분류	설명
	도식 (ARQ + FEC)	송신 Frame 수신 / 에러 발생시 재전송요구 / ARQ / 송신 Frame 수신 / 에러 발생시 스스로 에러 정정 / FEC / 재전송 회수의 최소화 / H-ARQ → / 기지국 / ARQ / 타에서 재전송요구 / FEC
	방법	재전송의 책임이 송신측이 아닌 중간노드(기지국, Router)에 있는 방식, ARQ와 FEC (전진 Error 정정기능) 방식을 합쳐 놓은것.
	특징	Error Frame이 발생 하더래도 재전송 효율이 높음

3.			ARQ (Automatic Repeat reQuest) 프로토콜의 적용.
			- H-ARQ는 무선 통신 환경에서 사용되는 Error
			Control Protocol이며 5G, 6G등 향후 통신 기술의
			핵심 기술로 부각됨.
			"끝"

문 49) 코드 전송시 발생하는 오류를 검출(Detection)할 수 있을 뿐만 아니라 오류코드의 정정(Correction)이 가능한 해밍코드(Hamming Code)에 대하여 다음을 설명하시오 (단, Data는 4 Bit로 가정하고 짝수 패리티를 사용한다)
가. 해밍코드의 구성
나. 해밍코드의 정정과정 및 정정방법
다. 해밍코드의 활용사례

답)

1. 수신측에서 오류 정정, Hamming Code의 개요
   가. 오류 검출시 Parity Bit 활용, Hamming Code의 정의
   - Parity Bit를 활용하여 수신측에서 Data 오류를 검출(Detection)하고 발생위치를 파악하여 정정이 가능한 Code
   나. 해밍코드의 특징과 필요성

특징	필요성
- Parity Bit수: $2^P-1 \geq n+P$ (n:Data) - 2^n(n=0,1,2..)위치에 패리티 Bit 삽입 - 홀수/짝수 parity Bit 통한 위치 파악	- 오류시 재 전송요구에 따른 트래픽 증가와 속도문제를 개선하고 전송신뢰도를 향상

2. 해밍코드 구성위한 parity bit 계산 & 구성방법 상세설명
   가. Hamming Code 구성위한 Parity Bit 계산
   - 해밍코드는 수신측에서 오류 정정(Correction) 함으로써 송신측에 재전송 요구할 필요가 없음. (속도개선 가능)

구분	설 명
parity Bit 개수	- 패리티 Bit수 = $2^P - 1 \geqq n + p$ (n = Data)
	- p : 패리티 비트수, n : 데이터 Bit수
	- n : 데이터 Bit수 (4라고 가정)
	- $2^P - 1 \geqq 4 + p$
	= $2P \geqq 5 + p$ (필요)
	= $2^P - p \geqq 5$, 결과 p=3 (패리티 비트수는 최소 3개
총전송Bit수	= 데이터 Bit수(n) + 패리티 Bit수(p) = 4+3 = 7

4 Hamming Code 구성방법 상세설명

- 전송 Data는 1 1 0 0 4개의 Bit로 가정함

① 각 Bit상 parity Bit의 대응 Bit 위치확인

자리	p3	p2	p1	
0	0	0	0	- 대응 Bit 확인
1	0	0	①	p1 : 1, 3, 5, 7 대응
2	0	①	0	p2 : 2, 3, 6, 7 대응
3	0	①	①	p3 : 4, 5, 6, 7 대응
4	①	0	0	
5	1	0	①	1 1 0 [p3] 0 [p2] [p1]
6	1	①	0	↑ ↑ ↑ ↑자리
7	①	①	①	7자리 4자리 2 1자리

② parity Bit 위치 선정

= 2^P 위치 (p=0, 1, 2, 3 ⋯) 결과 : 1, 2, 4번째 자리 위치

③ 각 위치별 해당 Bit의 정렬

자리	7	6	5	4	3	2	1
Bit	1	1	∅	(P3)	∅	(P2)	(P1)

④ 짝수 패리티(주어진 문제)에 따른 Parity Bit 생성

구분	대응 Bit	대응 Bit 결과	짝수 Parity 최기위한 P1, P2, P3 값 결정
P1	7, 5, 3, 1	1 ∅ ∅ P1	1
P2	7, 6, 3, 2	1 1 ∅ P2	∅
P3	7, 6, 5 4	1 1 ∅ P3	∅

⑤ 최종 전송할 Data (송신측)

자리	7	6	5	4(P3)	3	2(P2)	1(P1)
Bit	1	1	∅	∅	∅	∅	1

3. Hamming Code의 정정과정 & 정정방법

가정 - 실제 송신측에서 1 1 ∅ ∅ ∅ ∅ 1 Bit를 전송했으나

수신측에서 1 ∅ ∅ ∅ ∅ ∅ 1 Bit를 수신한 기준으로

정정(Correction)과정 수행

① 실제 전송된 Data와 오류발생 조건 (가정)

- 실제 전송 받은 Data : 1 1 ∅ ∅ ∅ ∅ 1
                         P3 P2 P1

- 오류발생 (가정)   : 1 ∅ ∅ ∅ ∅ ∅ 1 ← Bit 6자리에서
                      7 6 5 4 3 2 1   오류

② 오류발생된 위치를 탐색

- 이때 Parity Bit를 사용

③ 실제 오류위치 탐색

구분	대응 Bit	대응Bit 결과	짝수 Parity Bit 되기 위한 p1, p2, p3 결정
p1	7, 5, 3, 1	1, 0, 0, 1	0
p2	7, 6, 3, 2	1, 0, 0, 0	1
p3	7, 6, 5, 4	1, 0, 0, 0	1

④ 오류위치 탐색 결과

Parity Bit = 110 (p3 p2 p1)

= 6 (비트 110 → 10진수 6)

= 6번째 비트위치 오류

⑤ 오류정정

Bit	7	6	5	4	3	2	1
수정전	1	0	0	0	0	0	1
수정후	1	1	0	0	0	0	1

4. Hamming Code의 활용사례

구분	사례	설명
초장거리 전송	인공위성	인공위성에서 사용되는 데이터 메모리의 오류 검출 & 정정 (데이터 에러 발생여부를 검출하고 1 Bit인 경우 정정위해 해밍코드 사용
초소형 장비	Microchip Device	대부분의 마이크로 chip Device에 탑재되어 신뢰도를 향상시킴

		데이터 복구	SSD ECC (에러정정코드)	SLC 구조의 Nand Flash의 경우 2bit 검출, 1 bit 정정가능한 해밍코드사용
		저작권	저작권보호	디지털 저작권 보호위한 정보은닉 기법
		암호화	양자암호화 QKD	CV-QKD (Continuous Variable Quantum key분배) 연속변수사용하여 암호화

· 해밍코드는 단일 Bit 수신측 자체 정정시 유리한 기법이며 랜덤오류 (Random Error)와 연접오류 (Burst Error) 까지 모두정정 가능한 RS-Code (Reed-Solomon) 기법으로 발전

"끝"

문 50) ARP , RARP

답)

1. 주소결정프로토콜 , ARP와 RARP의 개요

　가. ARP와 RARP의 개념

　　인터넷 주소(IP) :　| 32 bit 인터넷 주소 |

　　　　　　　　　　　　ARP ↓　　　↑ RARP

　　하드웨어 주소 :　| 48 bit Ethernet 주소 |　(MAC 주소)

　　- ARP는 인터넷 주소를 하드웨어 주소로 변환하고 RARP (Reverse ARP)
　　는 하드웨어 주소로부터 인터넷 주소를 획득하는 통신 프로토콜

　나. ARP와 RARP의 특징

　　- 계층간 연결 : 2계층 LAN 프로토콜과 3계층 IP 프로토콜 연결

　　- 브로드캐스팅 : ARP요청 메시지는 브로드캐스팅이고 응답은 유니캐스팅

　　- ARP 캐싱 : ARP 요청 및 응답에 따른 자원상비와 부하 감소

2. ARP / RARP의 패킷 포맷 및 동작원리

　가. ARP / RARP의 패킷 포맷

0　　　　　　　　　　　8	16　　　　　　　　　　　32
하드웨어 유형 (Ethernet = 1)	프로토콜유형 (예. IPv4 : 0x0800)
하드웨어 주소길이 ｜ 프로토콜주소 길이	Opcode (예. ARP Request : 1)
송신자 하드웨어주소	
	송신자 프로토콜주소 (바이트 1~2)
송신자 프로토콜주소 (바이트 3~4)	수신자 하드웨어 주소
수신자 프로토콜 주소	

　　- Opcode 값에 따라 ARP 패킷의 유형이 결정됨 (예. ARP Request : 1,

ARP Reply = 2, RARP Request = 3, RARP Reply = 4)

나. ARP / RARP의 동작원리

ARP			AARP		
출발지		목적지	클라이언트		RARP서버

1) 목적지 H/W 주소확인
2) ARP 요청 (브로드캐스트)
3) ARP 캐시갱신
4) ARP 응답 (유니캐스트)
5) ARP 캐시갱신

1) RARP 요청 (브로드캐스트)
2) 응답 프레임생성
3) RARP 응답 (유니캐스트)
4) RARP 프레임처리 (IP주소획득)

- 출발지에서 목적지의 H/W주소를 얻기위해 ARP 요청 및 응답 메시지교환
- 클라이언트가 자신의 IP주소 획득을 위해 RARP요청 및 응답수신

3. RARP의 제약사항 및 극복방안

가. RARP의 제약사항

- 하위수준 H/W기반 : 브로드캐스팅으로 동작하므로 RARP 서버 필요

- 수동할당 : RARP서버에서 H/W와 IP주소 맵핑의 수동관리 필요

- 제한된 정보 : IP주소만 제공 (서브넷 마스크나 기본게이트웨이 전달불가)

나. RARP 제약사항의 극복방안

- Bootp : IP 주소와 추가적으로 설정에 필요한 정보의 제공가능

- DHCP : Bootp의 정적인 주소할당 개선한 동적인 주소할당 가능

"끝"

문 51)　IEEE 802.3의 동작원리 및 프레임구조	
답)	

1. 근거리 통신망 구축기술, IEEE 802.3의 개요

　가.　IEEE 802.3의 개념

　　-　LAN(Local Area Network) 구축을 위해 MAC/PHY
　　　기술을 정의한 산업표준 (1913년 제룩스개발)

　나.　IEEE 802.3의 특징

특 징	설　명
CSMA/CD	- Carrier Sense Multiple Access/Collision Detection - 장점: 통신제어 기능이 단순함 (적은 비용) - 단점: 부하가 일정수준을 넘으면 성능급하락
맨체스터 인코딩	- 디지털 부호화 방식으로 맨체스터 인코딩사용 - 장점: 동기화 용이 및 오류검출 기능 제공 - 단점: 복잡성 높고 높은 대역폭을 필요로함
전송속도	- 10Mbps에서 10Gbps까지 다양함
비연결성	- 송수신자가 연결설정 절차가 없음
비신뢰성	- 수신자는 송신자에게 ACK/NACK 전송없음
전송매체다양	- 동축케이블, UTP케이블, 광케이블등 다양

2. IEEE 802.3의 동작원리 및 MAC 프레임구조

　가.　IEEE 802.3의 동작원리 (CSMA/CD 방식)

　　1) 호스트들은 레이어 전송전 채널사용 상태 점검

2) 채널이 사용중이면 임의의 시간 대기후 다시 사용유무점검

3) 채널이 사용 중이 아닌 경우 데이터 전송시도

4) 데이터 전송 중 충돌검출시 Jam신호 브로드캐스팅

5) 충돌이 발생하면 임의의시간 대기후 재전송시도

4. IEEE 802.3의 MAC 프레임 구조 및 각필드별 기능

필드명	기 능
Preamble	- 송수신 속도를 맞추는 동기화 역할
SFD	- Start of Frame Delimiter (프레임시작 맞추는 표시)
Destination Address	- 목적지의 물리주소 (MAC address)
Source Address	- 출발지의 물리주소 (MAC address)
Length	- IEEE 802.3의 프레임 길이
Data	- 상위계층의 캡슐화된 데이터 전달

| | | Pad | - Data 필드의 최소값 보정기능 (46byte 이하일때 0으로 채움) |
| | | FCS | - Frame Check Sum (오류검출 정보, 오류검출시 떼기) |

3. **IEEE 802.3의 표준기술의 종류 및 특징**

종류	속도	사양	전송매체	최대거리
Ethernet	10Mbps	10Base-T	UTP케이블	100m
		10Base-F	광케이블	2km
Fast Ethernet	100Mbps	100Base-Tx	UTP케이블	100m
		100Base-Fx	광케이블	2km
Gigabit Ethernet	1Gbps	1000Base-Cx	구리선	25m
		1000Base-T	UTP케이블	100m
		1000Base-Fx	광케이블	3km
10Gigabit Ethernet	10Gbps	10GBase-Cx4	동축케이블	28m
		10GBase-LR	광케이블	10km
		10GBase-ER	광케이블	40km

4. **IEEE 802.3의 발전 방향**

- 40Gbps / 100Gbps 급 기술 표준화 : IEEE 802.3ba 에서
  가상선로 개념을 통한 대용량 트래픽의 분배기술 개발중
- Energy Efficient Ethernet 연구 : IEEE 802.3az 에서
  전력 소모가 적은 이더넷 인터페이스 기술의 연구 중

"끝"

cf. IEEE 802.3ah (EFM : Ethernet in the First Mile)
 - Gigabit Ethernet -PON,

문 52) CSMA 방식 3가지 (1-persistent, Non-persistent, P-persistent)에 대해 각각 설명하시오.

답)

1. 충돌없는 다중접속 실현, CSMA 개요.

   가. CSMA(Carrier Sense Multiple Access)의 정의

   충돌방지를 위해 Channel (채널)의 유휴상태를 확인한 후 데이터의 전송여부를 결정하는 다중접속방식

   나. CSMA 방식의 기본동작원리

1) CS(Carrier Sensing) : 데이터 전송전 채널상태 확인
2) MA(Multiple Access) : 채널이 Idle인 경우, Data 전송
3) 채널이 Busy인 경우 채널이 Idle일때 까지 대기(Wait)

2. 채널 접근 방식에 따른 CSMA 방식의 분류

   가. 1-Persistent CSMA 방식

개념	- 충돌되지 않으려 라는 확률 1을 가지고 채널 검사서 Idle상태인 경우, 즉시 Data 전송 - 이더넷 (Ethernet)에서 사용하는 방식
동작 원리	 - 채널상태가 Busy시 대기

나. Non-Persistent CSMA 방식

개념	반드시 충돌될것이라고 판단하여 채널의 상태 검사를 일정한 시간 대기후 진행함
동작 원리	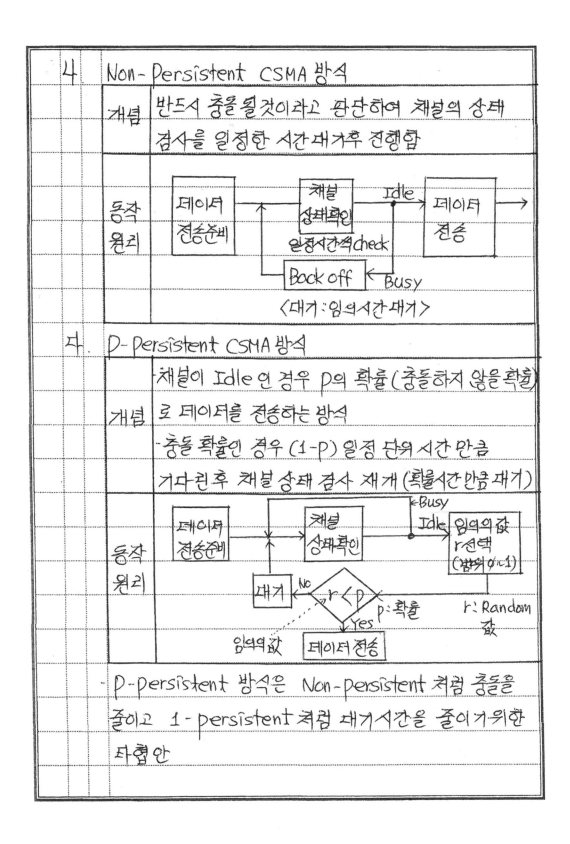

다. p-Persistent CSMA 방식

개념
- 채널이 Idle인 경우 p의 확률(충돌하지 않을 확률)로 데이터를 전송하는 방식
- 충돌 확률인 경우 (1-p) 일정 단위 시간 만큼 기다린후 채널 상태 검사 재개 (확률시간 만큼 대기)

동작 원리

- p-persistent 방식은 Non-persistent 처럼 충돌을 줄이고 1-persistent 처럼 대기시간을 줄이기위한 타협안

3. CSMA 방식의 상호비교와 ALOHA와의 비교

가. CSMA 방식의 상호 비교

구분	1-Persistent	Non-persistent	P-Persistent
데이터 전송시점	채널이 Idle인 경우 즉시	일정시간 대기후 채널확인	채널이 Idle이고 P확률인 경우
충돌 가능성	매우 높음	가장 낮음	낮음
채널 사용률	가장낮음 (빈번한충돌)	좋음 (충돌 적음)	좋음 (충돌 감소)
전송 대기시간	가장 짧음 (즉시 전송)	가장 걸어짐 (항상일정시간대기)	지연 가능성 존재
복잡도	가장단순함	단순함(일정 시간 대기 필요)	가장복잡함 (확률 고려)

나. CSMA 방식과 ALOHA 방식의 비교

구분	ALOHA	CSMA
사전 자원할당	자원을 시간 슬롯 (Slot)으로 나눔	자원 할당 없음 (Overhead 없음)
데이터 전송시점	시간 슬롯(Slot) 시작 부분	채널이 Idle인 경우 즉시 또는 대기후
충돌 확률	높음 (Channel 상태 확인 안함)	상대적 낮음 (채널 상태 확인)

- ALOHA : 다중접속방식의 효시, 하와이 "안녕하세요"인사

4. CSMA 방식의 문제점 & 보완 기술

  가. CSMA 방식의 문제점

   - Data 전송중 충돌 발생시 대역폭 낭비 (CSMA/CD 등장)

   - 무선환경에서는 충돌감지가 어려움 (CSMA/CA 등장)

  나. CSMA 방식의 문제점 보완 기술

구분	CSMA/CD	CSMA/CA
개념	데이터 (Data) 전송중 충돌 감지 (전압차 이용)	충돌회피 CDIFS와 경쟁윈도우 시간대기후 채널 Idle이면 전송
활용예	유선랜 (IEEE 802.3)	무선랜 (IEEE 802.11)
-	CSMA/Collision Detection	CSMA/Collision Avoidance

"끝"

문 53)		CSMA/CA와 CSMA/CD에 대해 설명하시오
답)		
1.		전송 매체 접근 제어 기법, CSMA/CD와 CSMA/CA의 개요
	가.	CSMA (Carrier Sense Multiple Access)의 정의
	-	호스트가 Data 전송하기 전에 매체의 전압을 측정하여
		회선이 사용되지 않는 상태임을 확인하고 전송을 시작하는 방식
	나.	CSMA 방식의 종류 및 특징 ☆
	-	CSMA/CD (Collision Detection) : CSMA 방식에 충돌검출기능추가
	-	CSMA/CA (Collision Avoidance) : CSMA방식에 충돌회피기능추가
2		CSMA/CD와 CSMA/CA의 동작과정
	가.	CSMA/CD의 동작과정

CSMA/CD 동작 흐름도: 데이터 발생 → 채널사용중? (Carrier Sensing) → backoff대기 / No → 전송 (Multiple Access) → 충돌발생? (Collision Detection) → Yes: Jam신호 전송 / No → 전송끝

	-	Data 전송전 채널 유휴 상태 감지후 전송하며 전송
		도중 충돌이 발생하는 경우 Jam신호 전송후 일정시간대기후재시도
	나.	CSMA/CA의 동작과정

-NAV(N/W Allocation Vector)
-SIFS(Short Interframe Space), DIFS(Distributed IFS)

		송신측	RTS	←SIFS→ Data
		수신측	←SIFS→ CTS	SIFS ← Ack
		NAV	NAV(RTS)	DIFS ↔
			NAV(CTS)	
			다른 매체 접근 금지 →	경쟁윈도우

1) 송신측은 RTS를 전송하고 다른 스테이션의 매체 접근방지를위해
　　NAV 설정. 2) 수신측은 SIFS 대기후 송신측으로 CTS 메시지전송

3) 송신측은 SIFS 이후 Data 전송하고 수신측은 SIFS이후 ACK전송

4) 위 과정이 원활히 전행된 경우 DIFS 이후 다른 스테이션 매체접근

3	CSMA/CD과 CSMA/CA의 비교		
	구분	CSMA/CD	CSMA/CA
	관점	충돌 탐지	충돌 회피
	효율	상대적으로 우수	대기시간발생으로 전송지연
	채널확인법	신호의 전압차 탐지	반송파를 이용한 검출
	활용 사례	유선 LAN	무선 LAN

"끝"

문 54)	VLAN(Virtual LAN)에 대해 설명하시오
답)	

1. LAN의 가상화 기술, VLAN(Virtual LAN)의 개요

　가. 논리적 N/W구성, IEEE 802.1Q의 규격, VLAN 정의
　- 사용자의 Device 위치나 장소에 상관없이 정책에 따라
　해당사용자들을 Workgroup 단위로 묶을수 있게 해주는 기술

　나. VLAN의 등장배경및특징

등장 배경	특 징
N/W 관리 복잡	Broad/Multi-Casting 트래픽 효율적 관리
병목현상 발생	라우터에 집중화된 Traffic 분산 효과
속도저하 개선필요	비용 최소화, 성능향상, 투자비 감소

2. VLAN 의 구성및설명

　가. VLAN의 구성방법에 따른 종류및 설명

분류	구성 형태		설명
Port 제어 (Grouping)	Port	VLAN	각스위치 port
	1	1	별/스위치별
	2	1	Group 형성
	3	2	
MAC Address 관리 (Group)	MAC주소	VLAN	Interface Card
	1234..12	1	내의 MAC주소를
	3456..13	2	이용하여 VLAN의
	5678..14	2	범위를 규정

Protocol Type에 따른 Group			설정된 protocol Type에 따른 Grouping
	Protocol	VLAN	
	IP	1	
	IPX	2	
Subnet에 의한 Grouping			TCP/Ip의 경우 N/W 주소의 Subnet 를 이용하여 구성
	IP Subnet	VLAN	
	23.2.23	1	
	26.2.24	2	

4	VLAN의 연결방법	
	Trunk Link	Switch 거리 동일 Group으로 구성 모든 Frame은 특별한 Header 정보 (Trunk 정보가짐
	Access Link	모든 Frame에 내재된 Tagged 가 있어야함 VLAN-Unaware (비연결) Device에 접속된 Link
	Hybrid Link	Trunk Link 와 Access Link 혼합형

3	VLAN 도입시 실무차원에서 검토필요사항

View	5	→ 관리 (Management) 효율성
정보정의	4	→ Port, Protocol, Multi-cast, MAC
정보교유	3	→ port 기반, IEEE 802.1Q
구성	2	→ 수동, 자동, 반 자동
통신	1	→ Routing, Router-Server

"끝"

문 55) Network에서 다음 각 주소의 개념과 구조를 설명하시오

　　가. IP주소(Address)

　　나. MAC(Media Access Control)주소(Address)

답)

1. Internet Protocol 주소체계의 개요(TCP/IP 기준)

　가. Domain, Port, 논리, 물리주소 Address의 정의

　　네트워크 통신을 위해 각각의 계층별로 통신이 가능하도록

　　계층별 고유한 주소식별체계를 부여함

　나. TCP/IP 각 Layer와 관계되는 주소 체계

Application	← →	전자메일주소	→ DNS name 주소
Transport	← →	Port주소	→ port주소
Internet	← →	IP주소	→ Logical 주소
Network Interface	← →	MAC주소	→ physical 주소
← TCP/IP 4계층 →		고유식별체계(Layer별)	

　　인터넷에 연결된 모든 Computer 자원을 구분하기위해 고유주소

　　를 가짐 (DNS name - port - Logical - physical 주소)

2. IP (Internet Protocol) 주소

　가. IP 주소 개념과 구조

　　| 개념 | TCP/IP 인터넷(Internet) 계층에서 장치들이

Internet 통신을 하기위해 사용하는 32 bit 들로 구성된
논리 (Logical) 적인 고유주소

구조	32 Bit IP주소	11001011 10110011 00100001 00001101	사람이 이해 하기 어렵다
		↓	
		11001011 10110011	8 Bit 씩 4 그룹
		00100001 00001101	으로 나눔
		203 179 33 13	십진수로 변환
	십진수로 변환 된 IP주소	203. 179. 33. 13	각그룹별"."으로구분
		사람이 이해하기 쉬운 주소	

4. IP(Internet protocol) 주소의 구성과 분류

구성	Prefix	Suffix
	네트워크 ID (netid)	호스트 ID (hostid)
	Network ID (Network 주소)	Host ID (Host주소)

① 네트워크 ID : Host 들의 관리를 위하여 Network 범위를

지정하여 표시한 네트워크 (Network) 주소

② 호스트 ID : Host 들을 개별식별위한 Host 주소

분류				
	A	0 N/W주소		Host 주소
		0~127		0. 0. 0 ~255. 255. 255
	B	10 N/W 주소		Host 주소
		128. 0 ~191. 255		0. 0 ~255. 255
	C	110 N/W 주소		Host 주소
		192. 0. 0 ~223. 255. 255		0~255
	D	1110	Multi-Cast 주소	
			224. 0. 0. 0 ~239. 255. 255. 255	
	E	1111	Reserved	
			224. 0. 0. 0 ~ 255. 255. 255. 255	

		- IP주소는 Internet 계층에서 사용하는 논리적 주소체계이고, Network Interface 계층에서는 MAC 물리적 주소를 사용

3 MAC 주소의 개념, 구조, protocol

구분	설 명
개념	TCP/ID 네트워크 인터페이스 계층에서 장치들이 같은 Network에 있는 장치와 통신을 위해 네트워크 장치에 할당되는 고유한 물리적 주소

구조		

제조사 Unique ID	제조사가 할당한 일련번호	
24 Bits	24 Bits	Bit 크기
6 Hex Digits	6 Hex Digits	16진수 표현
ØØ 6Ø 2F	3A Ø6 BC	예시

IP Address (32 bit)	ARP → / RARP ←	이더넷 MAC Address (48 bit)

ARP	- Address Resolution Protocol, IP주소를 사용하는 MAC주소를 찾는 protocol
RARP	- Reverse Address Resolution Protocol, MAC주소를 사용하는 IP주소를 찾는 protocol

- 각 N/W 커들은 MAC주소와 IP주소 정보 보관 ARP테이블보유

4. 　전자메일 (DNS Name 주소) 송수신 절차

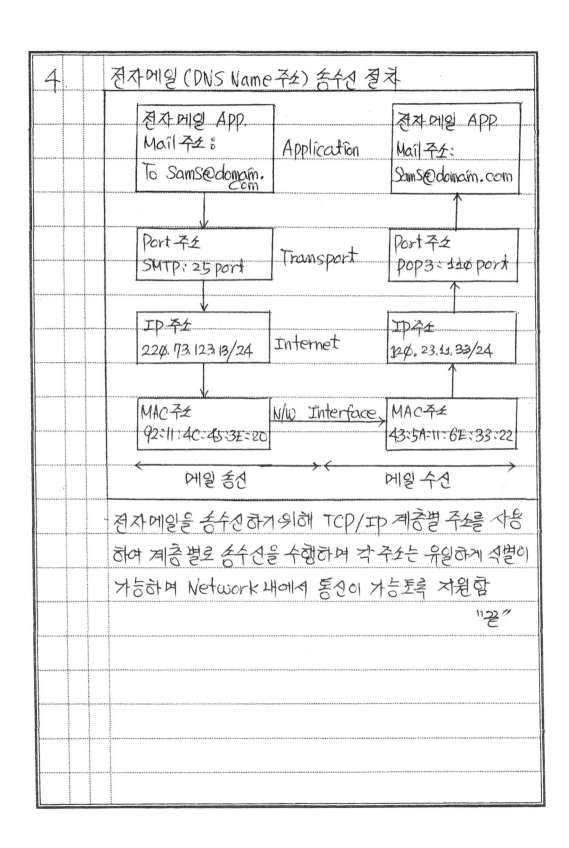

전자메일을 송수신하기위해 TCP/IP 계층별 주소를 사용
하여 계층별로 송수신을 수행하며 각 주소는 유일하게 식별이
가능하며 Network 내에서 통신이 가능토록 지원함

　　　　　　　　　　　　　　　　　　　"끝"

문 56) IP주소 부족 문제 해결방안

답)

1. IP(Internet Protocol) 주소 부족 문제의 개요

가. IP 망에서 발생하는 문제점

IP 망의 문제점
- 주소 부족 : B클래스의 IP주소 고갈 및 낭비심화
- 라우팅 오버헤드 : 라우팅 테이블 증가로 성능저하
- 브로드캐스팅 오버헤드 : 네트워크의 호스트 증가로 브로드캐스팅 패킷의 증가 및 처리 부담

나. IP 주소 부족 문제의 원인
- 기존 IPv4 주소의 경우 32비트 주소공간을 사용하여 최대 약 43억개의 호스트에 할당할 수 있으나 호스트 증가로 주소 부족함
- 클래스 개념 (파괴)의 사용으로 낭비되고 있는 주소가 많음

2. IP 주소 부족 문제 해결을 위한 대체기술 활용 방안

가. IPv4 주소의 IPv6 주소 대체

구분	IPv4	IPv6
체계	- 32bit	- 128bit
주소갯수	- 약 42억개 (2의 32승)	- 약 3.1조개 (2의 128승)
주소할당	- 클래스 단위의 비효율적 비순차적 할당	- 네트워크 규모 및 단말수에 따른 순차적 할당 (효율적)
plug&play	- 지원안함	- 지원함

- IPv6는 128bit 사용으로 주소의 물리적 갯수가 증가하고 순차적 할당 및 자동주소 할당 가능으로 자주소의 효율적 이용

나. NAT (Network Address Translation)의 사용

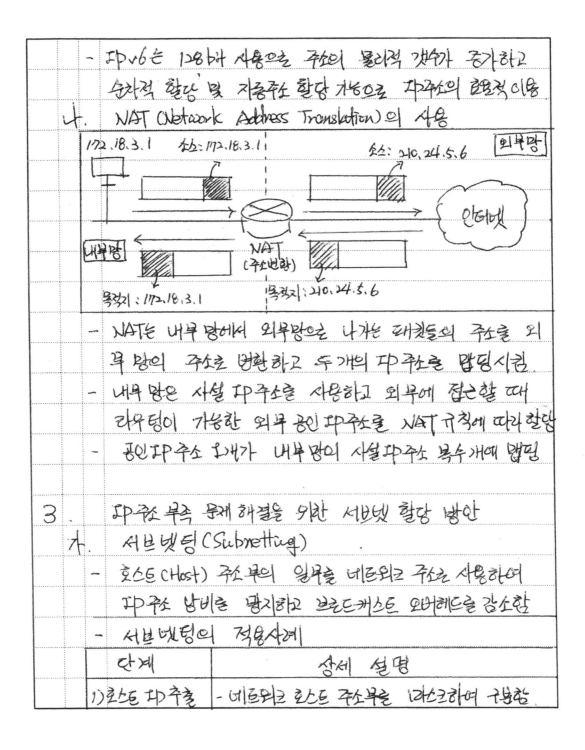

- NAT는 내부망에서 외부망으로 나가는 패킷들의 주소를 외부 망의 주소로 변환하고 두 개의 IP주소를 맵핑시킴
- 내부망은 사설 IP주소를 사용하고 외부에 접근할 때 라우팅이 가능한 외부 공인 IP주소를 NAT 규칙에 따라 할당
- 공인IP주소 1개가 내부망의 사설IP주소 복수개에 맵핑

3. IP주소 부족 문제 해결을 위한 서브넷 할당 방안

가. 서브넷팅 (Subnetting)

- 호스트 (Host) 주소부의 일부를 네트워크 주소로 사용하여 IP주소 낭비를 방지하고 브로드캐스트 오버헤드를 감소함
- 서브넷팅의 적용사례

단계	상세 설명
1) 호스트 IP 추출	- 네트워크 호스트 주소부를 마스크하여 구분함

			예) 네트워크 주소 : 203. 239. 74. 0
	2) 서브넷 ID 지정		- 분할하고자 하는 네트워크수 만큼 호스트 ID부에서 그 크기 만큼 지정함 "4개로 4개의 서브넷 생성" 예) 0000 0000 → (11)00 0000 (192)
	3) 서브넷 마스크 값의 변경		- 지정된 서브넷 ID값 만큼 서브넷 마스크 값을 더 크게 하여 증가함 예) 255. 255. 255. 0 → 255. 255. 255. 192

나. 슈퍼 넷팅 (Supernetting)

- 주소 범위가 작은 네트워크 여러 개를 통합하여 하나의 네트워크로 이용하는 기술로 라우팅 엔트리 감소로 라우팅 오버헤드 없음
- 2개의 C클래스 네트워크를 4개의 B클래스 네트워크로 변환하여 부족한 B클래스 네트워크 IP주소를 보충함

단 계	상세 설명
1) 네트워크 범위 지정	- 합치고자 하는 복수 네트워크의 범위 지정 예) 203. 229. 1. 0 / 203. 229. 2. 0
2) 동일 범위의 그룹핑	- 병합 대상 클래스 네트워크의 공통 영역을 그룹핑 하고 제외 영역을 정함 예) 203. 229. 1. 0 → 0000 0001 203. 229. 2. 0 → 0000 0010 252
3) 서브넷 마스크 값의 변경	- 기존 서브넷 마스크의 범위를 재정의된 범위 지역으로 수정하여 적용함 예) 255. 255. 255. 0 → 255. 255. 252. 0

다.   CIDR (Classless Inter-Domain Routing)

- 기존 IPv4 주소 체계의 클래스 개념을 없애고 주어진 비트값으로만 판단하여 라우팅하는 방안

- CIDR의 적용사례

단 계	상세 설명
1) 범위 지정	- 클래스 네트워크 주소부 중 해당 범위 확보 예) 203.239.1.0 / 203.239.2.0
2) 공통 범위 그룹핑	- 두 클래스 주소의 공통영역을 지정하고 새로운 네트워크 ID를 지정함. 예) 203.239.1.0 → 0000 0001 203.239.2.0 → 0000 0010
3) 이전 토기로 경로단축	- 줄어든 네트워크 만큼 CIDR 토기하여 하나의 토기로 생성함 예) 203.239.252/22

- 라우팅 테이블 2개를 1개로 단축하여 라우팅 오버헤드를 줄이고 종래 서브넷 마스크 지정 방식을 동적(가변적) 변경하여 탄력성행사

라.   VLSM (Variable Length Subnet Mask)

- 클래스 네트워크를 Subnetting한 네트워크의 Subnet을 다양하게 설정하여 다주소 낭비 문제를 개선하는 방안

- VLSM의 적용사례

단 계	상세 설명
1) 조건 파악	- 부서 A는 126개, 부서 B는 62개X2 등 3개의

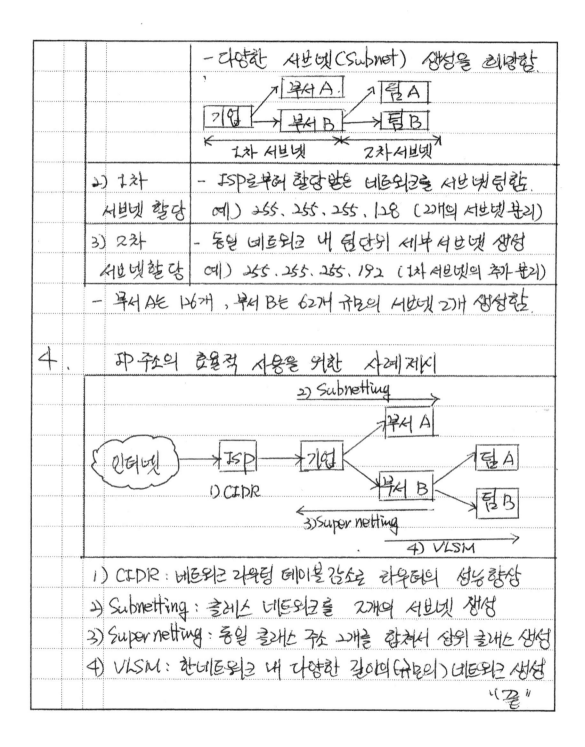

- 다양한 서브넷(Subnet) 생성을 희망함

2) 1차 서브넷 할당	- ISP로부터 할당 받은 네트워크를 서브넷팅함. 예) 255. 255. 255. 128 (2개의 서브넷 분리)	
3) 2차 서브넷 할당	- 동일 네트워크 내 협단위 세부 서브넷 생성 예) 255. 255. 255. 192 (1차 서브넷의 추가 분리)	

- 부서 A는 126개, 부서 B는 62개 규모의 서브넷 2개 생성함

4.　　　IP 주소의 효율적 사용을 위한 사례제시

1) CIDR : 네트워크 라우팅 테이블 감소로 라우터의 성능 향상

2) Subnetting : 클래스 네트워크를 2개의 서브넷 생성

3) Super netting : 동일 클래스 주소 2개를 합쳐서 상위 클래스 생성

4) VLSM : 한 네트워크 내 다양한 길이의 (규모의) 네트워크 생성

"끝"

문 57) IPv6 (Internet Protocol Version 6)

답)

1. All IP구현, IPv6의 개요

가. 전자기기의 All IP화, IPv6의 정의

128 Bit 주소길이에 의한 주소수 확장과 QoS, 실시간, 보안성을 특징으로 하는 차세대 인터넷 주소 체계

나. IPv6 (Internet Protocol version 6)의 특징

QoS	패킷 우선순위에 의한 대역폭 할당 (Traffic Class헤더)
실시간성	Packet 흐름제어에 의한 실시간 통신 제공 (Flow Label 헤더 - 패킷 전달순서 설정)
보안성	패킷헤더 & Payload 암호화, 인증 (AH, ESP헤더)
사용성	Stateless Autoconfiguration, Renumbering

2. IPv4/IPv6의 Header 구조 및 IPv4와 비교

가. IPv4와 IPv6의 Header 구조   ( )는 Bit수

IPv4				IPv6			
버전(4)	HLEN (4)	Type of Service(8)	Total 길이(16)	버전(4)	Traffic class(8)①	Flow label (30)②	
ID(16)		Flags(3)	Fragmentation Offset(13)	Payload 길이③ (16)		Next Header(8)④	Hop Limit(8)
Time to live (8)		Protocol (8)	Header checksum(16)	Source IP 주소(128)			
Source IP Address(32)							
Destination IP주소(32)				목적지 IP주소(128)			

① Traffic class : Traffic (트래픽)의 등급, 우선순위

② Flow Label : 패킷 (Packet)의 전달순서

③ payload 길이 : Header 제외한 Data 길이

④ Next Header : 기본 Header 다음에 오는 확장 헤더 표시

4	IPv4와 IPv6의 비교		
	구분	IPv4	IPv6
	표시방법	8Bit씩 4부분, 10진수표시	16Bit씩 8부분, 16진수표시
	주소할당	A/B/C/D등 Class 단위 비순차적 할당	네트워크 규모 및 단말기 수에 따른 순차적 할당
	품질제어	Best Effort 방식(Type of Service에 의한 일부 지원)	등급별, 서비스별 패킷 구분으로 QoS 지원
	보안기능	IPsec 프로토콜 별도설치	확장기능에서 기본으로 제공
	plug&play	없음	있음 - AutoConfiguration - Renumbering
	Mobile IP 웹 캐스팅	곤란	용이 (Scope Field 증가)

3		IPv6의 기대효과 및 현황
	가.	USN&WSN의 센서, 유비쿼터스환경의 사물, Home 기기등 향후 차세대 N/W 주소문제, 보안&이동성 문제 해결 기대
	나.	IPv6 라우터, 스위치, Gateway 등의 기본장비와 방화벽등 보안장비, Soft switch등에 적용, Window, Linux OS에 적용
	다.	IPv4와 IPv6 전환 메커니즘으로 Dual stack, Tunneling, Gateway 방식이 있음.

"끝"

문 58) IPv6 주소의 구성 및 분류

답)

1. 차세대 인터넷 프로토콜, IPv6의 개요

가. IPv6 (Internet Protocol version 6)의 개념

- IPv4 주소 고갈 문제를 해결하기 위해 기존 IPv4 주소체계를 128bit로 확장한 차세대 인터넷 프로토콜 (IETF에서 표준화)

나. IPv6의 등장배경 (IPv4의 한계)

- 제한된 주소공간 극복 : IPv4는 약 43억개의 한정된 주소제공

- QoS 제공 용이 : IPv4의 최소지연시간 보장 및 자원예약 불가개선

- 암호화 및 인증제공 : IPv4는 보안기능의 고려 없어 기본지원 어려움

2. IPv6 주소의 구성 및 IPv4와 비교

가. IPv6 주소의 구성

0	64비트	128비트
64 비트 네트워크주소 부분	64 비트 인터페이스 주소부분	
	기술적 경계	

- 16비트 블럭 단위로 나누어지고 각 16비트 블럭은 4자리 16진수로 변환되고 콜론(:)으로 구분되어짐 (단, 0000인 경우 :: 으로 표시 가능)

- 기술적 경계인 64비트를 기준으로 상위 64비트는 네트워크주소로 사용되고 하위 64비트는 랜카드 등에 할당되는 인터페이스 주소

나. IPv4 주소와 IPv6 주소의 비교

구 분	IPv4 주소	IPv6 주소
멀티캐스트	224.0.0.0/4 (D클래스)	FF00::/8
브로드캐스트	255.255.255.255	해당주소없음
미지정주소	0.0.0.0/32	::/128
루프백주소	127.0.0.1	::1/128
공인 IP주소	공인IP주소	Global Unicast Address
사설 IP주소	10.0.0.0/8 172.16.0.0/12 192.168.0.0/16	FEC0::/48
링크로컬주소	169.254.0.0/16	FE80::/64

- IPv6는 브로드캐스트 기능이 멀티캐스트로 대체되어 관련주소없음

3. IPv6 주소의 분류

가. 주소유형에 따른 IPv6의 분류

주소유형	상세설명
유니캐스트 (Unicast)	- 단일 인터페이스(Interface)에 대한 주소 - 유니캐스트 주소로 전송되는 패킷은 해당 주소로 식별되는 인터페이스에만 전달됨.
애니캐스트 (Anycast)	- 복수의 인터페이스 집합에 대한 주소 - 애니캐스트 주소로 전송되는 패킷은 해당 주소로 식별되는 인터페이스 주소 중 물리적으로 발신자와 가장 가까운 애니캐스트 그룹 멤버에게 전달됨

		멀티캐스트 (Multicast)	- 서로 다른 노드에 속한 인터페이스 집합에 대한 주소 - 해당 주소로 식별되는 모든 인터페이스에 전달됨
나.		주소의 유효범위에 따른 IPv6 주소의 분류	

		구 분	상세 설명
		Link-Local Address	- 단일 이더넷 망에서 유효하고 모든 인터페이스는 1개 이상의 link-local 주소를 가지게 됨. - 상위 64비트의 link-local prefix가 정의됨 (FE80::/10)
		Site-Local Address	- 1개의 조직 또는 회사 내에서만 유효한 주소 - Site-local prefix (FEC0::/10)
		Global Address	- 전체 IPv6 망에서 유일한 (Unique) 주소 - 001로 시작하고 전체 주소의 1/8을 차지함 (ISP할당)
	-	하나의 인터페이스는 1개의 link local address를 가지며, 부가적으로 site-local address와 global address를 할당받음	

"끝"

문 59) Multi-cast

답)

1. 대역폭(Bandwidth) 개선, Multi-Cast의 개요

　가. Network 효율향상, Multi-cast의 정의

　　-특정 송신자가 하나의 Data Packet을 동시에 여러

　　수신자에게 보내는 대역폭을 획기적으로 줄이는 기술

　나. Multi-cast의 주요특징

　　① 하나의 스트림을 동시에 전송, N/W 효율적 이용 (구현복잡)

　　② 특정그룹에게 Data를 보내는 경우에 적합 (Uni+Broad Cast)

2. Multi-cast 요소기술및 관련 기술비교

　가. Multi-cast의 요소기술

요소기술	요소기술에 대한 설명
멀티캐스트그룹설정	Group 등록 & 해제 (IGMP)
라우팅메커니즘	데이터 전송경로 설정 (PIM, DVMRP, MOSPF)
주소체계 & 식별	Session, Group 식별자 (-D class IP주소)
멀티캐스트보안	Group Number 인증, 무결성, 기밀성보장

　나. Multi-cast와 관련된 기술 비교

비교항목	Unicast	Broadcast	Multi-cast
특징	목적지별로 동일 Packet 전송	하나의 Packet을 모든노드에 전파	하나의 Packet을 특정그룹에 전파
장점	-구현이 용이 -안정적	-동시에 모두 전송 -저렴한 서비스	-N/W 효율화기여 -부하분산

단점	동일 Packet 중복, 자원 낭비	- Traffic 증가 - CPU 성능 저하	전용 장비 필요 (Switch, Router)
활용분야	Peer to Peer	방송 서비스	Mbone, IPTV등

- IGMP : Internet Group Management Protocol
- Mbone : Multicast bone - 인터넷상에서 특정그룹에만 Multi
- Media 정보를 전송할수 있도록 지원하는 가상 Network

3. Multi-cast의 <u>활용분야 및 실무자 차원의 주의사항</u>

　가. Internet 방송, E-Learning과 같은 One-to-Many,
　　　화상회의 및 N/W게임과 같은 Many-to-Many에 활용

　나. 기술 및 장비 개발 필요성, 투자, ISP간의 상호인증고려

"끝"

문 60)	IP Multicast에 대해 설명하시오.

답)	
1.	효율적인 Data 전송(동시전송), Multicast의 개요.
가.	멀티캐스트(Multi-Cast) 서비스의 정의
-	단일/다수 송신자가 동일한 Data를 요구하는 다수의
	수신자들이 속해있는 그룹에 Data를 동시에 전송하는 기법
나	Multi-cast의 필요성
-	Internet 방송등의 활성화에 따라 대용량 Data동시 전송 필요
-	멀티캐스트 지원 라우터들의 복제 전송을 통한 효율적 대역폭 활용
-	Host 및 Router의 Data 처리 Overhead 감소
2.	Multi-Cast의 개념도 및 구간별 설명
가.	멀티캐스트의 개념도

-	송신자가 멀티캐스트 IP주소를 이용하여 수신 그룹내 다수의
	수신자들에게 멀티캐스트 라우팅 기반으로 패킷을 전달하는 구조
나	Multi-Cast의 구간별 설명

구 간	설 명

			정보송신구간	멀티 캐스트 송신단말이 Data를 IP망으로 송신
			Multi-cast 라우팅구간	Multi-cast Routing 프로토콜을 사용하여 정보의 송수신을 수행하는 구간을 말함.
			IGMP/ MLD구간	Multi-cast 라우터가 Group 멤버들의 Number List를 생성하고 갱신하는 구간
3.		Multi-Cast의 응용분야		
			분야	설명
			Mbone	멀티캐스팅을 지원하는 백본 Network
			원격교육	등록 수강생에게만 Contents 제공 서비스
			인터넷 방송	멀티미디어 전용 방송, 대용량 Data 송신

"끝"

Mbone : Multicast bone

인터넷상에서 특정 그룹에만 Multi-Media 정보를 전송할 수 있도록 지원하는 가상 Network

IGMP (Internet Group Management Protocol)
MLD (Multicast listener Discovery)

문 61)		AnyCast
답)		
1.		가장 가까운 노드(Node)로 전송, Anycast 개요
	가.	Anycast의 정의 ㅏ 송신 Node에서 수신자 그룹의 가장
		가까운 노드로 데이터그램 (Datagram)을 전송하는
		라우팅 (Routing) 기법
	나.	Anycast의 특징
		동일주소 / 하나의 수신주소로 식별되는 다수의 노드(Node)
		사용가능 / 로 데이터그램 (Datagram)을 전송가능
		특별환경 / IPv6, CDN, BGP, DNS 등의 기반에 사용
2.		Anycast 구성도 및 전달절차
	가.	Anycast의 구성도

Anycast 주소형식

Prefix	Interface ID
n Bits	128-n Bits

$\phi\phi\phi\phi \cdots \phi\phi\phi\phi$

anycast 패킷전달

송신자

주소	IF	거리
Z	A	2
Z	B	4
Z	C	3

anycast 주소 Z
Interface A

Anycast Group

anycast 주소 Z
Interface B

anycast 주소 Z
Interface C

- 여러개의 Interface에 동일한 Anycast 주소부여가능
- Subnet Prefix 이후 Interface ID는 모두 '∅'으로설정

4. Anycast 데이터 전송방식

전송방식	설 명
최단거리 지/F로 전송	송신자는 메트릭스(Matrix)를 참조하여 Any-Cast 그룹의 가장 가까운 Interface로 전달
근접 I/F 판단기준	가장 가까운 인터페이스의 판단 기준은 해당 라우터의 Routing Matrix 기준

- Anycast는 IPv6 전환패킷, BGP, DNS, CDN등의 수신지 주소로만 사용되며 주로 Router (라우터)에 할당됨

3. Anycast와 Multicast의 비교

항목	Anycast	Multicast
주소	Single 호스트 주소로 데이터2렴전	여러 호스트 주소로 데이터2렴 전달
TTL	TTL 관리하지 않음	TTL 관리필요
TCP	TCP사용시 완벽한 연결설정필요	연결설정이 완벽하지않아도 서비스가능

"끝"

문 62)		NAT(Network Address Translation)에 대해 설명하시오
답)		
1.		사설 IP와 공인 IP간 주소변환 표준, NAT의 개요
	가.	NAT(Network Address Translation)의 정의
		외부에 공개된 공인(public) IP와 내부에서 사용하는
		사설(Private) IP가 서로 다른 경우, Network 전송
		수행시 이 두 IP주소를 매핑(Mapping)시켜주는 기술
	나	NAT의 사용목적

사용목적	설 명
IP부족해결	IPv4의 공인 IP주소 부족문제의 현실적 대안
보안성 향상 (은닉성)	외부에 공인된 public IP를 내부 N/W으로 은닉 하고자 할때 사용, 보안성, 접근제어
관리 효율화	ISP 사업자 변경시 내부 Network의 변경 부담없이 Router에서 ISP업체 IP주소만 변경

2.		NAT의 개념도 및 동작절차
	가	NAT의 개념도

공용인터넷과 개인 LAN 사이에 경계를 형성하는 Gate-way 장치에서 사용되고 라우터(Router)나 방화벽(Fire-wall) 기능 일부가 될수 있음

나. NAT의 동작설명

표시	동작	설 명
①	내부→NAT	개인 LAN의 IP 패킷이 Gateway를 통과
②	NAT→외부	NAT가 개인 IP와 Port 번호를 공용 IP 주소와 Port 번호로 변환시킴
③	외부→NAT	외부 패킷(Packet)이 개인 LAN으로 입력시 ② 반대 과정 수행

- 사용자는 기존 세션(Session) 계속 유지함

3. NAT의 유형 (Static / Dynamic / Port NAT)

가. Static NAT

- 사설 IP주소와 공인 IP 주소가 1:1로 연결되는 NAT구성

Mapping Table	Private IP	Public IP
pc1	192.168.0.1	211.210.10.201
pc2	192.168.0.2	211.210.10.202
Notebook	192.168.0.3	211.210.10.203
printer	192.168.0.4	211.210.10.204

- Private IP와 public IP간 각 하나의 IP로 Mapping

나. Dynamic NAT

- 사설 IP주소와 공인 IP 주소가 N:1 혹은 N:N으로 구성
- 사설 IP주소를 가진 장치의 요청시, 동적으로 공인 IP 주소 Table에서 할당하여 Internet과 연결되는 방식

Mapping Table	Private IP	Public IP
PC1	192.168.0.1	
PC2	192.168.0.2	211.210.10.203
Notebook	192.168.0.3	
printer	192.168.0.4	211.210.10.204

다. Port 기반 NAT

- Port를 변환하기 때문에 공인 IP 하나만 있어도 많은 수의 사설(private) IP가 외부와 연결 가능

4. NAT의 활용 현황 및 향후전망

가. NAT의 활용현황

① 주로 내/외부 Address Mapping과 주소공유용도로 활용

② 내/외부망 주소 Mapping : Proxy Server 사용시 내부

망과 외부망 차단시 내부 IP주소와 외부 IP주소 매핑

③주소공유 : 가정이나 소규모 LAN 구성시 하나의 공인

　IP로 다수 사용자의 Internet 사용환경 구축시 사용

④외부 침입자로부터 공격 방어를 통한 내부 N/W 보호

나.　NAT의 향후 전망

①NAT 기술 적용시 IPv4 주소 사용 연장 가능

②외부 침입자로부터 내부 N/W System 보호기술로 활용

③IPv6 활성화에 따른 IPv6용 NAT환경 적용 필요

"끝"

문 63) 삼각 라우팅 개념, 필요성, 보완 방안 (Mobile IPv4)

답)

1. 단말의 이동성을 지원하는 기술 Mobile IP의 개요.

가. Mobile IP의 정의

- IP주소를 가진 단말이 이동시에도 통신 끊김없이 유지하는 기술

나. Mobile IP의 구성요소.

구 분	설 명
MN (Mobile Node)	- 무선 접속의 종단이 되는 이동단말
HA (Home Agent)	- MN의 최초 네트워크에 위치하는 라우터
FA (Foreign Agent)	- MN이 이동한 네트워크의 라우터
CN (Correspondent Node)	- MN과 통신하는 단말 또는 서버
Home Address	- MN을 식별하는 최초의 IP주소
CoA (Care of Address)	- MN이 이동한 네트워크의 FA로 받은 IP주소

2. Mobile IP의 동작원리 및 과정

- Mobile IP의 동작 과정

1) Agent 광고 : FA는 Agent 광고 메시지 전송하여 MN의 등록유도
2) 등록요청수행 : MN은 광고메시지를 통해 Foreign Network 에 있다고 판단되면 FA를 통해 HA에 등록을 수행
3) 등록응답 수행 : HA는 등록메시지 수신후 MN의 위치를 기장하고 등록응답 메시지를 FA로 전송, FA는 방문자리스트갱신후 MN전송
4) 터널링 전송 : CN은 MN으로 데이터 전송시 HA로 전송하고 HA는 MN의 CoA로 패킷을 터널링해서 FA로 전송, FA는 패킷을 Recapsulation 하고 방문자 리스트 참조해서 MN전송

3. Mobile IP 문제점인 삼각 라우팅
   가. 삼각 라우팅 (Triangle Routing)의 개념
   - 다른 네트워크의 CN이 MN에게 데이터 전송시 HA를 경유해야함
   나. 삼각 라우팅의 문제점

구분	설명
전송지연	- CN이 보내는 패킷이 HA를 거쳐가므로 구간별 처리지연
패킷유실	- 여러 구간을 거쳐 가므로 패킷유실 확률 높아짐
빈번한 연결해제	- MN이 이동 함에 따라 FA와 HA는 빈번한 연결해제 발생

   다. 삼각 라우팅의 동작 원리 (CN이 MN으로 패킷 전송과정)

1) CN은 MN에게 패킷전송을 위해 HA로 전송
2) HA는 MN의 CoA로 패킷을 터널링해서 FA로 전송
3) FA는 터널링된 패킷을 Recapsulation 하고 방문자리스트로참조 MN전송
4) MN은 응답이나 데이터를 CN에게 직접 전송

4. 삼각 라우팅 문제의 해결 방안, 바인딩캐시
　가. 바인딩 캐시 (Binding Cache)의 원리
　　- MN의 위치 정보를 CN이 Binding Cache 통해 직접 관리
　　- CN은 Binding Cache를 통해 MN과 직접 통신 가능
　　- CN의 Binding Cache 정보는 HoA와 CoA로 구성
　나. 바인딩 캐시를 통한 경로최적화의 동작사례

1) HA는 MN의 위치가 변경을 알리는 Binding Update를 CN으로 전송
2) CN은 Binding Cache를 갱신하고 Binding Update Ack을 HA로 전송
3) CN은 MN의 CoA로 패킷을 터널링 하여 FA로 직접 전송
4) FA는 패킷을 Recapsulation 한 다음 MN으로 전송함
　⇒ Binding Cache를 통해 CN과 MN의 직접 통신 가능

"끝"

c.f. | Mobile IP에서 삼각라우팅의 필요성

구 분	내 용
신규 주소 할당필요	- MN이 다른 네트워크로 이동시 라우팅을 위해서 해당 네트워크의 신규 IP(CoA) 부여 받아야함
기존 주소 보존필요	- 설정된 TCP 세션은 일정시간 동일 IP를 유지해야 함, 기존 IP(HoA)를 유지 보관해야함
이원화된 주소운용	- TCP 세션유지를 위한 HoA와 Routing을 위한 CoA 동시 사용

c.f. | 삼각 라우팅의 문제점

구 분	설 명
End-to-end Delay 증가	- HA를 경유함으로 QoS에서 요구하는 중요한 지연시간을 충족시키기 어려움
Packet loss 증가	- 실제 MN과 CN이 가까운경우에도 HA경유 - 전송경로가 불필요하게 증가하므로 패킷손실율증가
Network 과부하	- HA의 경유로 Network에 비효율적으로 트래픽을 전송 ⇒ 망의 과부하 유발
HA 오동작 시 처리불가	- HA가 고장이 나거나 동작할 수 없는 경우 CN은 MN으로 데이터 전송 불가함

문 64)	Mobile IPv6 동작 방식
답)	
1.	단말의 이동성 지원을 위한 Mobile IPv6의 개요
가.	Mobile IPv6의 개념
-	IP주소를 가진 모바일 단말이 데이터 송수신중 이웃한 셀 로 이동하는 경우 끊김이 없는 서비스를 유지하기 위한 기술
나.	Mobile IPv6의 구성요소

구성요소	상세 설명
Mobile Node	- 무선 접속의 종단이 되는 이동단말 (MN)
Correspondent Node	- MN과 통신하는 단말 또는 서버 (CN)
Home Address	- MN이 Home Agent로부터 할당 받은 최초 IP주소
Care of Address	- MN이 이동한 라우터로부터 할당 받은 IP주소
Binding update	- MN과 CN간의 직접 통신을 위한 프로토콜

2.	Mobile IPv6의 동작 원리
가.	Mobile IPv6의 동작 과정

나.	Mobile IPv6의 동작절차

단계	상세 설 명
① 이동	- MN이 홈네트워크에서 다른 네트워크로 이동함
② 이동감지	- MN은 RA 메시지와 NUD 기능을 통해 자신의 이동감지
③ CoA생성	- MN은 RA 메시지를 듣고 사용할 IPv6주소를 자체적으로 생성
④ 바인딩	- MN은 HA로 신규 생성한 CoA 등록을 위해 바인딩 요청전송
⑤ 바인딩응답	- MN은 HA로부터 바인딩 요청에 대한 응답을 수신함
⑥ 패킷전송	- CN은 HA를 통해 MN으로 데이터(패킷) 전송 요청함
⑦ 터널링	- HA가 보낸 CN의 패킷은 터널링되어 MN으로 전달됨
⑧ 바인딩	- MN은 CN과의 경로 최적화를 위해 바인딩 절차 수행
⑨ 직접통신	- CN은 MN과의 경로 최적화 이후 직접 데이터통신함

"끝"

문 65)	Proxy Mobile IPv6 구성, 동작과정
답)	
1.	네트워크 기반 단말 이동성 지원, PMIPv6의 개요
가.	PMIPv6(Proxy Mobile IPv6)의 정의
-	Mobile IPv6 기반으로 네트워크기반의 단말의 이동성을 제공하기 위한 IETF NetLMM 워킹그룹의 공식 프로토콜
나.	Mobile IP의 문제점 및 PMIPv6의 등장배경
-	단말에 Mobile IP 클라이언트 탑재 어려움 (단말 성능의 제약)
-	빈번한 시그널링 : 단말의 위치갱신을 위한 시그널링 전송 필요
-	바인딩 처리 부하 : 단말과 네트워크에서 바인딩 처리 부하가 큼
2.	PMIPv6의 구성 및 구성요소
가.	PMIPv6의 구성도

-	PMIPv6는 LMA, MAG, MN, CN 등의 노드로 구성됨
나.	PMIPv6의 구성요소의 상세설명

구분	구성요소	상세 설명

장치 (Device)	MAG	- Mobile Access Gateway	
		- 액세스 링크 상 단말 이동 모니터링	
		- 단말 대신하여 LMA와 제어 메시지 송수신	
	LMA	- Local Mobility Anchor	
		- 홈네트워크 prefix 할당, 단말의 도달 상태 및 정보관리, 도메인 Gateway	
프로토콜 (Protocol)	Tunneling	- LMA와 MAG 사이에서 단말로 착탈하는 송수신 패킷을 전달하기 위한 경로	
	PBU	- Proxy Binding Update	
		- 단말 위치 등록을 위해 MAG에서 LMA로 전송	
	PBA	- Proxy Binding update Acknowledgement	
		- PBU에 대한 응답(HNP와 Proxy CoA도함)	
	BCE	- Binding Cache Entry	
		- HNP, Proxy CoA 저장(MAG에서 관리)	

3. PMIPv6의 동작 과정

가. MN의 네트워크 접속과정

단 계	상세 설명
① MN 접속	- 모바일 단말 접속, MAG는 MN으로부터 MN-ID와 Profile 획득 (LMA의 IPv6주소, Home Address 등)
② PBU 전송	- MN의 위치등록 위해 LMA로 PBU 메시 전송
③ PBA 전송	- LMA는 BCE에 MN의 정보 없는 경우 해당 정보들을 추가한 후 MAG로 PBA 메시 전송
④ 터널 설정	- LMA와 MAG 사이에서 패킷 전달 위한 터널 설정
⑤ RA 전송	- 단말에게 Home Network Prefix 포함한 RA 전송
⑥ IP주소 설정	- 단말은 MAG로부터 획득한 HNP 이용하여 IPv6 생성
⑦ 데이터 전송	- MN과 CN과의 통신은 MAG와 LMA를 경유함

나. MN의 핸드오버 과정

단 계	상세 설명
① MN 이동 감지	- pMAG는 단말의 이동여부를 감지함
② PBU 전송	- LMA로 단말의 이동 사실을 통보함 (위치 갱신 과정)
③ BCE 삭제	- LMA는 해당 MN에 대한 바인딩 캐시 삭제
④ PBA 전송	- LMA는 pMAG로 PBU에 대한 응답 전송함

| | | ⑤ MN 접속 | - MN이 pMAG에서 이동하여 nMAG에 접속함 |
| | | ⑥ 네트워크접속 | - 종래 MN의 네트워크 접속과정을 수행함 |

4.　PMIPv6의 한계점과 극복방안

　가.　PMIPv6의 한계점
- 트래픽 집중 : LMA의 트래픽 집중으로 인한 성능저하, 혼잡발생
- Single-node failure 발생 : LMA 고장 발생시 통신두절 위험
- 비최적화 경로 : MN과 CN의 거리 비교려, 모든 트래픽이 LMA 경유

　나.　PMIPv6 한계 극복 방안
- 완전 분산 이동성 지원 : LMA 기능을 MAG로 분산
- 부분 분산 이동성 지원 : Central Mobility Database를 두어 MN의 주소와 MN의 LMA에 대한 정보저장

　　　　　　　　　　　　　　　　　　"끝"

문 66)	리버스 프록시 (Reverse Proxy)
답)	
1.	서버의 안전적운영방식, Reverse Proxy 개요
가.	리버스 프록시(Reverse Proxy)의 정의
	- Client가 특정서버에 데이터 요청시 해당서버에 대한 요청이 반드시 경유하도록 설치된 proxy 서버의 한유형
나.	Reverse Proxy 의 특징

보안강화	서버 정보은닉 & 접근차단 위한 방어 계층역할	
암호화 통신고속화	SSL 고속처리 가능한 proxy server사용	
부하분산	여러서버로 부하를 분산하거나 데이터 버퍼링역할	

2.	Reverse Proxy 의 동작원리 및 설정방법
가.	리버스 프록시의 동작원리

- 외부에 Reverse Proxy주소 노출하여 Client의 서비스요청시 리버스 Proxy 서버가 요청을 받아 실제 서버의 처리결과를 전달

나.	Reverse Proxy 설정방법

구분	설 명	사 례
정상	Client 요청을 타켓서버로	Src Prefix:http://proxy.site.com
매핑	프록시 서버는 정상매핑이용시	Src

		역방향	데이터 접근제지정위한서버를	Src prefix h://http.site.com
		매핑	변경된 URL정보를 프록시서버로	Src destination
		정상 매핑과 역방향 매핑을 사용하여 리버스 프록시 설정가능		

3. Forward Proxy와 Reverse Proxy의 비교

Forward	Reverse
Client 대신 서버 접속시 캐싱 기능통한 성능향상, 사용환경제한가능	내부망주요서버 보호서 제한된 port이용, 내부망 연결 제한

11.끝″

문 67) API Gateway를 활용하여 정보시스템을 구축하고자
한다. API Gateway의 역할과 필요성, 주요기능,
적용시 고려사항과 적용사례에 대하여 설명하시오

답)

1. Endpoint와 Backend간 proxy 역할 수행, API Gateway 개요

가. proxy Gateway, API Gateway의 정의

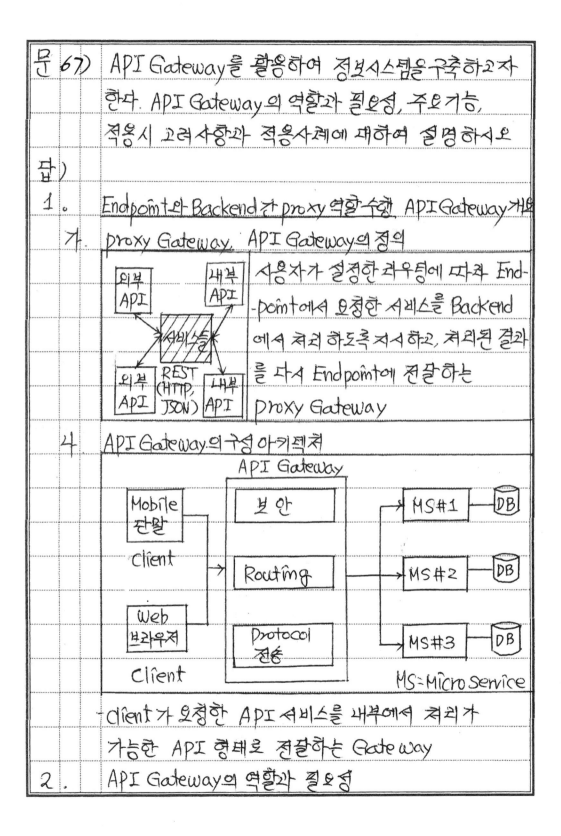

사용자가 설정한 라우팅에 따라 End-point에서 요청한 서비스를 Backend에서 처리하도록 지시하고, 처리된 결과를 다시 Endpoint에 전달하는 proxy Gateway

나. API Gateway의 구성 아키텍쳐

API Gateway

Mobile 단말 Client		보안		MS#1	DB
Web 브라우저 Client		Routing		MS#2	DB
		Protocol 전송		MS#3	DB

MS=Micro service

client가 요청한 API 서비스를 내부에서 처리가
가능한 API 형태로 전달하는 Gateway

2. API Gateway의 역할과 필요성

가. API Gateway의 역할

구분	주요역할	설명
보안	내부 Data 보호	인프라 보호와 통신 Data 암호화 → 내부에서 사용되는 Data를 외부로부터 보호역할
	접근통제	- 비인가자 접근방지 → 계정 증명 - 보안정책을 적용한 접근관리
	Logging, Monitoring	- 비정상행위를 감지하기위한 모니터링 - 장애 처리를 위한 Log 수집 & 저장
서비스 연결	Client 요청변환	모바일단말, Web브라우저, 외부 API 요청 등에 대하여 내부 MicroService (MS) 가 가능하도록 서비스 변환
	Backend 처리결과 반환	각 MicroService가 처리완료한 결과를 Client에게 적합한 형태로 변환하여 전달

- 사용자가 이용하고자 하는 Micro Service에 직접 호출하는 형태로 운영하는 경우 서비스나 관리적인 어려움이 발생하게 되므로 API Gateway를 도입하여 운영, 효율적임

나. API Gateway의 필요성

구분	필요성	설명
서비스 처리 측면	공통기능 구현	인증, 인가, 요청/응답, 변조등 공통기능에 대한 공통으로 구현하여 효율성증대
	처리 메시지 경량화	HTTP/JSON기반의 REST 아키텍처를 활용하여 경량화된 메시지 처리

| | | 관리적 측면 | Client 접점 일원화 | Proxy Gateway로서 서비스를 받기위한 다양한 Client의 접점을 일원화 관리 |
| | | | API 호출의 기록관리 | Client가 요구하는 서비스별로 발생하는 API 호출에 대한 효율적인 기록관리 필요 |

3. API Gateway의 주요기능과 적용시 고려사항

가. API Gateway의 주요기능

기능	세부기능	설명
보안	인증&인가	- Client 인증통한 API Token 생성&발급 - Token 이용한 인증요청 & 검증
	암호화 통신	Data 보호위한 SSL 암호화 통신 구축, 인증서(Certification) 관리
	Log 기능	- 다양한 경로별 호출 Log 기록&관리 - Log 패턴 분석을 통한 장애 관리
라우팅	서비스 Matching	다수의 Endpoint와 마이크로 서비스 (Micro Service)간 Routing 결정
	Load Balancing	백엔드(Backend)서버의 로드밸런싱, 메시지/헤더 기반의 Routing
중재	HTTP/JSON 기반 프로토콜 변환	Client의 요청(Request) 메시지에 대하여 Micro Service 처리를 위한 Protocol 변환
기타	서비스 오케스트레이션	마이크로서비스를 묶어 신규서비스 제공

		기타	서비스 디스커버리	서비스별 증적 IP & Port 반효 관리
			서비스통계	접속통계, Metering, BigData 연계

- API Gateway 사용측면에서 서비스관리, 성능등 고려 필요

4 API Gateway 적용시 고려사항

고려사항	설명
부하증가	- Scale-out 적용이 유연하지 않은 경우 서비스 증가시 복잡도 문제 발생. - 오버헤드 처리등 부하 증가시 Application 성능 저하
SPOF 위험성	단일 접점 처리로 API Gateway 장애 발생시 전체 서비스 (Service) 중단위험 존재
Latency 증가	추가적인 계층 생성으로 전체적인 Network Latency가 증가

4. API Gateway 적용사례

적용사례	설명
광고 플랫폼	- Microservice 인증 & 권한부여 관리 - 광고주, 대행사, 관리자등 API Gateway 통합
배달서비스	마이크로서비스기반 모바일서비스 Migration
환경구축	API Gateway 라우팅 통한 Test 환경구축
중계서비스	- 안정적인 스트리밍 제공 서비스구축 - Cloud 환경간 연동

"끝"

문 68) 라우팅 알고리즘의 종류

답)

1. 라우팅의 결정요소

요소	상세설명	방식
Hop Count	- 최소의 중계 또는 최소의 Hop수 기준 결정 - 목적지 까지의 Hop 수량을 참조함	Distance Vector방식
Symbolic Length	- hop수에 비해 네트워크에 영향을 주는 다수 의 질적요소 고려 (패킷크기, 링크속도, 혼잡도)	Link State방식

- 라우팅 알고리즘은 Hop Count 기반의 Distance Vector방식과 Symbolic Length 기반의 Link State 방식이 있음.

2. Distance Vector와 Link State 알고리즘의 동작원리

  가. Distance Vector 알고리즘의 동작원리

  * Network Topology

(Node x table)

송신지\수신지	X	Y	Z
X	0	2	7
Y	∞	∞	∞
Z	∞	∞	∞

	X	Y	Z
X	0	2	3
Y	2	0	1
Z	7	1	0

	X	Y	Z
X	0	2	3
Y	2	0	1
Z	3	1	0

(Node Y table)

	X	Y	Z
X	∞	∞	∞
Y	2	0	1
Z	∞	∞	∞

	X	Y	Z
X	0	2	7
Y	2	0	1
Z	7	1	0

	X	Y	Z
X	0	2	3
Y	2	0	1
Z	3	1	0

(Node Z table)

	X	Y	Z
X	∞	∞	∞
Y	∞	∞	∞
Z	7	1	0

	X	Y	Z
X	0	2	7
Y	2	0	1
Z	3	1	0

	X	Y	Z
X	0	2	3
Y	2	0	1
Z	3	1	0

- 개별 노드(라우터)별 라우팅 테이블에 목적지까지 거리, 방향기록
- 인접 라우터가 알려준 정보만으로 최적의 경로를 계산함
- 주기적으로 라우팅 정보를 인접 라우터와 공유함.

나. Link State 알고리즘의 동작원리

* Network Topology

(송신지) (수신지) (목적지)

* Link state 알고리즘의 동작사례

단계	N	D(B), P(AB)	D(C), P(AC)	D(D), P(AD)
0	A	2, {A→B}	1, {A→C}	∞, —
1	AC	2, {A→B}	1, {A→C}	2, {A→C→D}
2	ACB	2, {A→B}	1, {A→C}	2, {A→C→D}
3	ACBD	2, {A→B}	1, {A→C}	2, {A→C→D}

* Node A의 라우팅 테이블 (결과)

목적지	Next Hop	Cost	
B	B	2	- Link state 알고리즘은
C	C	1	전체 네트워크 토폴로지를
D	C	2	알고 개별라우터 입장에서
			목적지까지의 최적경로계산

3. Distance Vector 알고리즘과 Link State 알고리즘 비교

구분	Distance Vector 알고리즘	Link State 알고리즘
기반알고리즘	-Bellman-Ford 알고리즘	- 다익스트라 알고리즘

		동작 원리	- Proactive : 주기적으로 자신 이 가진 라우팅 테이블을 인 접 라우터에게 전달 함	- Reactive : 라우터가 네트 워크 변화 감지시 링크상태 변경정보를 인접라우터에 전달
		정보 전송	- 일정한 주기로 전송 - 라우팅 테이블 전체 전송	- 변화 발생시에 만 전송 - 변경된 정보만 전송
		주요 메트릭	- Hop Count	- 링크(hop)의 대역폭, 전송속도, 지연시간, 혼잡도
		라우팅 테이블용량	- 상대적으로 작음 (인접 라우터간 경로 관리)	- 상대적으로 큼 (전체 네트워크 정보저장)
		전송대상	- 인접라우터 (거리정보)	- 모든 라우터(링크상태정보)
		장점	- 라우팅 테이블 크기 감소 - 구현용이, 라우팅 부하감소	- Convergence time 감소 - 테이블 교환 오버헤드 감소
		단점	- 대역 폭 낭비 (주기적인 정보교환)	- 라우팅 테이블 저장공간 메모리 증대
				"끝"

문 69) 라우팅 프로토콜의 구성, 관련 라우팅 프로토콜

답)

1. 라우팅 프로토콜의 개요

　가. 라우팅 프로토콜(Routing Protocol)의 개념

　- 패킷을 목적지까지 전달하기 위해서 라우터 사이의 경로를 설정하고 제어하는 네트워크 계층의 프로토콜

　나. 라우팅 프로토콜의 라우팅 원리

| 구분 | 송신 측 | 라우터 | 이동중인 패킷 | 다음 라우터 |

- 라우터는 라우팅 정보를 수집하여 라우팅 테이블에 저장 및 갱신
- 라우터는 수신한 IP패킷의 목적지 주소와 라우팅 테이블을 비교하여 해당 경로의 인터페이스에 패킷을 전달함.

2. 라우팅의 구성요소 및 라우팅 프로토콜의 분류

　가. 라우팅의 구성요소

구성요소	상세 설명	비고
라우터	- 네트워크 계층에서 라우팅을 위한 장치	- L3 장치
라우팅알고리즘	- 최적의 경로 설정을 위한 알고리즘	- Distance Vector

		라우팅 프로토콜	- 라우팅 정보를 주고 받기 위한 프로토콜 - 라우팅 알고리즘을 직접 수행함	- RIP, OSPF BGP 등
		라우팅 테이블	- 라우터에서 라우팅을 수행하기 위한 정보를 저장한 데이터베이스	- IP주소, Netmask, MAC주소 등

4. 라우팅 프로토콜의 분류

구분	프로토콜	상세 설명
라우팅 경로	정적 라우팅 프로토콜	- 라우팅 경로가 고정되어 있고 관리자 가 직접 라우팅 경로 추가하는 방식
	동적 라우팅 프로토콜	- 라우터가 스스로 라우팅 경로를 동적(Dynamic)하게 결정하는 방식
라우팅 영역 (Routing Area)	Interior gateway Protocol (예. RIP, OSPF)	- 동일 AS내 라우팅 담당하는 방식 - AS (Autonomous System) : 같은 관 리자의 관리하에 있는 라우터 집합
	Exterior gateway Protocol	- 서로 다른 AS 사이에서 라우팅을 지원하는 프로토콜 - 예. BGP, EGP, IS-IS
라우팅 테이블관리 (라우팅 알고리즘)	Distance Vector Algorithm	- 라우팅 테이블에 인접 라우터까지 가 는데 필요한 거리와 방향만 기록
	Link State Algorithm	- 목적지까지 가는 경로를 SPF 알고리즘 으로 모든 라우터에 대한 정보 기록

3. 라우팅 프로토콜의 종류별 특징 및 상세설명

가. Interior gateway protocol인 RIP 프로토콜

구분	상세 설명
개념	- Bellman과 Ford에 의해 개발된 Distance-Vector 알고리즘을 사용하는 동적 라우팅알고리즘 (RFC 1058 정의)
특징	- UDP 사용 (포트 번호: 520), 최대 15 hop으로 제한 - routing loop 방지를 위해 poison reverse 기법 사용
동작 유형	- Active 모드 : 라우팅 정보를 30초마다 네트워크에 방송 - Passive 모드 : 다른 라우터로부터 라우팅정보 입수후 라우팅정보갱신
장점	- 경로 변화에 대한 빠른 대응 가능 (라우팅정보수명: 180초) - 구조가 간단하여 라우터 프로세서에 낮은 오버헤드
단점	- 홉수가 최대 15개로 제한되어 대규모 네트워크 부적합 - 회선속도를 무시한 홉수기반의 라우팅으로 비효율적 경로선택

나. OSPF (Open Shortest Path First) 프로토콜

구분	상세 설명
개념	- 대규모 IP망에서 링크(Hop)의 전송시간을 기반으로 목적지까지 가는 최단경로를 구하는 Link state 알고리즘기반 프로토콜
특징	- Hop에 대한 제약없음 : 링크(Hop)의 연결 속도를 가중치로 함 - 인증 및 부하분산 지원 : 모든 OSPF 메시지는 인증 및 다경로 전송지원
동작 방식	- Hello 프로토콜 : 초기화 과정에서 인접 라우터의 상태파악 - Flooding : 네트워크 토폴로지의 변화를 인접 라우터에 알림
장점	- 홉수의 제한이 없으므로 대규모 네트워크에 적합함 - 빠른 변경의 Convergence 가능하고 경로 인증 기능 제공

		단점	- 라우팅 알고리즘이 복잡하여 라우터에 높은 오버헤드 - 네트워크 규모 증가시 라우터 성능의 급격한 감소

다. EGP (Exterior Gateway Protocol)

구분	상세 설명
개념	- AS 상호간 (Inter-AS 또는 Inter-Domain)에 경로 정보를 교환하기 위한 라우팅 프로토콜의 모임
특징	- 도메인 간 연결: 연구기관, 국가기관, 대학, 기업간 - ISP에서 활용: KT나 데이콤에서 인터넷으로 연결할 때 ISP와 연결하는 AS 라우터에 활용

라. BGP (Border Gateway Protocol)

구분	상세 설명
개념	- 서로 다른 AS (Domain) 간에 사용하는 EGP 에 속하는 라우팅 프로토콜
특징	- AS간 사용: TCP/IP기반의 외부 라우팅 프로토콜 - 경로 벡터(Path vector) 라우팅 알고리즘 사용 - 다양한 측정기준: Next hop, Weight, Local Preference, AS_Path, Origin type, MED등이 사용됨 - Looping-free 라우팅: EGP의 routing loop 문제개선, looping을 피할 수 있도록 목적지까지 가는 경로정보제공 - TCP사용: TCP연결(포트 : 179)로 라우팅 정보의 신뢰적전달 - 라우팅정보의 점진적 부분 갱신: 라우팅 정보의 변화 발 생시 변경된 부분만 인접 라우터에 전달 가능

	장점	- 경로고정, Loop back 인터페이스 이용으로 네트워크 안정성제공
		- 정책기반 라우팅 프로토콜 : 정책의 일관성 유지
	단점	- 업데이트 정보의 주기적 갱신이 필요함
		- 정책일관성이 필요적인 요소임 : 정책결정 필요

4. 주요 라우팅 프로토콜간 비교

구분	RIP	OSPF	BGP
알고리즘	- 거리값 기반	- 전송시간기반	- 거리값 기반
계산단위	- Hop단위 경로	- 최소 링크비용	- 관리도메인 단위
특징	- Hop수 최대제한	- Hop수 무제한	- TCP 이용한 라우
	- Distance Vector 알고리즘 사용	- Link State 알고리즘 사용	팅 정보의 전송
			- 경로백터 알고리즘
정보수집	- 매 30초 주기	- 필요시 정보수집	- 필요시 정보수집
적용	- 소규모 네트워크	- 대규모 네트워크	- 서로 다른 AS간

"끝"

문 70)	멀티캐스트 라우팅 프로토콜 유형 및 적용방안
답)	
1.	멀티캐스트 라우팅 프로토콜의 개요
가.	멀티캐스트 라우팅 프로토콜의 개념
-	IP 주소로 구분되는 네트워크 상의 특정 그룹의 모든 사용자에게 동일한 메시지를 전송하기 위한 라우팅 프로토콜
나.	멀티캐스트 라우팅 프로토콜의 분류

```
                    ┌─────────────┐
                    │ Muticasting │
                    │  Protocal   │
                    └──────┬──────┘
            ┌──────────────┴───────────────┐
     ┌────────────┐                  ┌──────────────┐
     │Source-based│                  │ Group-Shared │
     │    Tree    │                  │     Tree     │
     └─────┬──────┘                  └──────┬───────┘
    ┌──────┼──────────────────────┐    ┌────┴─────┐
 ┌──────┐┌───────┐             ┌─────┐         ┌─────┐
 │DVMRP ││ MOSPF │     PIM     │     │         │ CBT │
 └──────┘└───────┘             └─────┘         └─────┘
              ┌────────┐┌────────┐
              │ PIM-DM ││ PIM-SM │
              └────────┘└────────┘
```

- 멀티캐스트 라우팅 프로토콜은 소스기반의 트리구성 방안에 따른 프로토콜로 그룹기반의 트리구성 방식으 프로토콜이 있음

2.	멀티캐스트 라우팅 프로토콜의 유형 및 사례
가.	멀티캐스트 라우팅 프로토콜의 유형

구분	Source-based Tree	Group-shard Tree
동작 원리 (개념)	- 한 송신자에서 각 수신자들에 이르는 최단 경로의 트리를 구하는 방식)	- 다수의 송신자가 멀티캐스트 트리 공유 방식 - 송수신자 모두 Center노드

		장점	- 데이터 전송지연시간 감소 (최단 경로 이용)	에 이르는 최단 경로를 이용함
				- 확장성 (다수의 송수신자 들이 트리를 공유함)
		단점	- 확장성 문제 (네트워크 상에 제어메시지 다량발생)	- 데이터 전송지연 시간 이 상대적으로 길어짐.

4. Source-based Tree 방식의 DVMRP 프로토콜

i) DVMRP(Distance Vector Multicast Routing Protocol) 동작방식

* 수신자 B가 멀티캐스트 그룹 에 탈퇴후 재가입하는 과정

① 멀티캐스트 패킷 flooding
④ Graft 메시지전달
⑤ Prune (그룹탈퇴)
③ 멤버쉽리포트 후 Join

ᅩ) DVMRP 의 동작절차.

단계	상 세 설 명
① 멀티캐스트 데이터 flooding	- 송신자는 멀티캐스트 그룹에 가입된 복수의 수신자 에게 멀티캐스트 데이터를 flooding 함
② 멀티캐스트 그룹 탈퇴	- 수신자 B는 멀티캐스트 그룹에서 탈퇴하고자 Prune 메시지를 인접라우터에 전달하고 이는 소스라우터에전달
③ 그룹 재가입 요청	- 수신자 B가 그룹에 재가입시 membership report 메시지를 인접 라우터에 전송함.
④ Graft	- 인접 라우터는 수신자 B를 멀티캐스트 그룹에 재가

		메시지전달	입시키기 위한 Graft 메시지를 소스라우터에 전달함
	⑤	Join	- 수신자 B는 멀티캐스트 그룹에 implicity하게
			재가입 (Join)하여 멀티캐스트 데이터를 수신함

다. Group-shared 방식의 PIM-SM 프로토콜

1) PIM (Protocol Independent Multicast)-SM (Spare Mode) 동작

※ RPC Rendezvous Point) 이용하여 가입후 경로 최적화 과정

2) PIM-SM의 동작절차

단계		상 세 설 명
①	Join 요청	- 수신자는 인접 멀티캐스트 지원 라우터를 통해 멀티 캐스트 그룹에 Join 요청 메시지를 발송함
		- 인접 라우터는 RP 라우터를 통해 그룹에 가입함
②	Data 전달	- 송신자가 보낸 멀티캐스트 데이터는 RP 라우터를 거쳐 수신자 인접 라우터에 도달하고 수신자에 전달
③	Join 재요청	- 수신자는 수신한 멀티캐스트 데이터를 통해 최적의 경로를 통해 Join을 재요청함 (경로 최적화)
		- 인접 라우터는 송신자 인접라우터 (A)에 Join 재 요청 메시지를 전달하여 트리구조를 변경함

		④ Data 수신(최적경로)	- 송신자가 전송한 데이터는 최적 경로인 라우터(A) 와 라우터 (B)를 경유하여 수신자에게 전달됨
3.		멀티캐스트 라우팅 프로토콜의 적용 방안	

프로토콜	적용 방안
DVMRP, MOSPF	- 소스기반의 멀티캐스트 프로토콜로 클라이언트- 서비스 또는 멤버들이 밀집된 상황에 적합.
PIM-SM	- 그룹공유 기반의 멀티캐스트 프로토콜로 화상 회의 등의 협동형 서비스에 적합함.

- 확장성과 전송지연 및 네트워크 자원의 효율적인 이용측면
을 고려한 멀티캐스트 트리 기법의 활용이 필요함

"끝"

문	71)	Ad-Hoc Routing Protocol에 대해 설명하시오
답)		
1.		고정된 인프라가 없는 Ad-hoc Network의 개요.
	가.	기반망(Infrastructure) 배제, Ad-hoc N/W의 정의
	-	통신 Infra가 없거나 구축하기 곤란한 상황에서 이동 노드(Node)들 간의 자율적인 경로 설정, 수정 통신이 가능한 N/W.
	나.	Ad-hoc Network의 특징

특 성	설 명
동적 Network	Node의 일부 또는 전체 노드가 연결되거나 삭제될 수 있음.
이동노드	이동 Computing 능력의 Host이자 Ad-Hoc 라우팅 기능 제공
분산 운영 가능	이동 노드들 간 협력을 통한 Routing 기능 제공
불안정한 링크	무선채널 사용으로 전송거리와 대역폭 제한, 전파간섭
Peer to Peer 통신	이동노드들 간에 무선 인터페이스 사용하여 통신

2.		Ad-hoc 라우팅 Protocol의 분류와 특징 비교
	가.	Ad-hoc Routing Protocol의 분류

```
능동              ┌─Ad-hoc 라우팅 프로토콜─┐
                  │          수동          │
        ┌─ProActive─┐  ┌─Reactive─┐    ┌─Hybrid─┐
        │(Table-driven)│ │(on demand)│   │        │
        └──────────┘  └──────────┘    └────────┘
   ┌────┬────┬────┬────┬────┬────┐      ┌────┐
  DSDV WRP  CGSR AODV DSR  LMR          ZRP
                       │    │
                     TORA  SSR
```

	4.	Ad-hoc 라우팅 프로토콜의 분류별 특정비교		
		구분	Proactive (테이블 기반)	Reactive (요구기반)	Hybrid (혼합방식)
		특성	능동적	수동적	능동적 + 수동적
		라우팅 기법	사전에 라우팅 정보를 교환/저장 하여 패킷 라우팅	패킷 전송 요청시 마다 라우팅 정보를 수집하여 대응	-내부: Proactive -외부: Reactive
		장점	라우팅을 위한 지연시간 최소화	최신의 라우팅 정보의 유지	능동적과 수동적 방식의 장점 결합
		단점	라우팅을 위한 오버헤드 증가	라우팅을 위한 지연시간 증가	protocol 복잡도 증가(대표노드 관리)

3. 대표적인 Ad-hoc Routing Protocol.

가. DSDV(Destination-Sequence Distance Vector) : proactive 방식

- Bellman-Ford 알고리즘에 기반한 Table-Driven 알고리즘
- N/W내 모든 이동노드들이 연결가능한 모든 노드들의 경로 정보저장
- Routing Table update 메시지를 주기적으로 아웃노드들로 전송

DSDV 동작사례 (노드3의 Routing Table)	목적지	Next Hop	Metric (N/W Hop)	Seq. Number
	1	2	2	1
	2	2	1	2
<Network 구성도>	3	3	0	3
	4	4	1	4

라. AODV (Ad-hoc On-demand Distance Vector) : Reactive

- 전체 경로가 아닌 필요 경로에 대한 Routing 정보만 유지

- AODV의 동작사례 (Route Discovery 과정)

RREP : Route Reply Acknowledgment

〈RREQ의 전송
(브로드캐스트)〉   〈RREP의 경로〉

- RREQ : Route REQuest (Route 요청)

동작	설 명
경로 검색	RREQ를 아웃노드들에 브로드캐스트하고 아웃노드들은 각자 그 이웃노드에게 브로드캐스트하는 방식으로 경로 검색
역경로 생성	RREQ 전송시 중간노드들은 패킷을 Broadcast 한 이웃 노드들을 routing table에 기록하고 역경로를 생성함
RREQ	RREQ가 목적지에 도달하면 역경로로 RREP를 소스로 보냄
Data 전송	Source는 RREP의 역경로로 Data를 전송함

마. ZRP (Zone Routing Protocol) : Hybrid 방식

Routing zone   Routing Zone

Proactive   Proactive

Reactive

- 동일 Routing 영역에서는 테이블 기반 알고리즘(Proactive) 사용
- 외부 Routing 영역으로 라우팅 패킷 전송시에는 요구 기반 (Reactive) 사용

4. Ad-hoc Network의 적용사례

적용 분야	설명 (적용사례)
이동 Ad-hoc N/W기반서비스	군용통신 Service, 긴급구조서비스, 재난안전통신, 회의 및 Group통신서비스
기존 N/W와 연계 서비스	유비쿼터스 Network, Home Network, 텔레매틱스, 무선센서 Network등
이동통신망과 연결	Ad-hoc Gateway에 IMT-2000 무선모듈 장착
군 작전 수행에 적용	- 작전환간 위치 각악&통신, 실시간 지휘 - Ad-hoc통신 활용 Smart한 지휘체계구축 가능

"끝"

문 72) FANET(Flying Ad-hoc NETwork)

답)

1. 무인항공기(UAV, 드론(Drone)에 적용, FANET의 정의

- 무인항공기(UAV)와 드론(Drone)과 같은 비행노드(Node)
가 고정 Network 인프라가 없는 상태에서 Ad-Hoc
네트워크를 구성하기 위해 MANET와 VANET 간의 서로
통신을 할수 있도록하는 자체 구성 무선 Network 기술

2. FANET의 구성도 및 기술요소

가. FANET의 구성도

-Mobile 기기 -테블릿 -Note pc등	-차량간 Network (V2V)	-무인항공기 -Drone
MANET	VANET	FANET

- MANET : Mobile Ad-Hoc Networks

- VANET : Vehicular Ad-Hoc Networks

나. FANET의 기술요소

구분	항목	설 명
Routing 프로토콜	-Static/ Hybrid 프로토콜	-MANET 라우팅기법 활용하여 라우팅 protocol 구성
	-Proactive Reactive 프로토콜	-UAV에 활용, 실시간, 통신영역 확대을 목적으로 Routing 기술적용
네트워크	-Star 형	다양한 형태의 UAV를 지원하기위해

		토폴로지	-Mesh형	복잡한 N/W 구성에 용이하도록 지원
		통신기술	-GPS	고속의 이동환경에서도 위치정보를 활용
			-QoS	할수 있어야하며 신뢰성 확보(전송)
3.		FANET동향		
		군사		군사목적용 Drone 통신에 활용
		WBAN, UWB 등과 연계		산악, 오지, 음영지역, 도서지대 등 WBAN, UWB 통신등과 연계하여 Ad-Hoc 구성

"끝"

문 73)		슬라이딩 윈도우의 동작방식과 사례
답)		
1.		흐름제어을 위한 슬라이딩 윈도우의 개요
	가.	슬라이딩 윈도우(Sliding Window) 알고리즘의 개념
	-	수신 측에서 설정한 윈도우 크기 만큼 송신측에서 확인응답(ACK)
		을 수신하지 않고 전송할 수 있게 하여 흐름 중적조절 알고리즘
	나.	슬라이딩 윈도우의 구성

```
        →ACK 수신하는 경우이동              →윈도우 크기 변동시
        ←————————— 윈도우 ——————————→    |
   ┌──────────┬──────────┬──────────────┬──────────────┐
   │ ACK을    │ ACK을    │              │ 윈도우 이동시 │
   │ 받은 데이터│ 받지 못한 데이터 │ 지연없이 전송가능 데이터 │ 전송가능 데이터 │
   └──────────┴──────────┴──────────────┴──────────────┘
   ←————————————————————————————————————→ 데이터흐름
```

	-	윈도우크기 : 데이터 전송했으나 ACK을 받지 못한 데이터와 지연
		없이 전송할 수 있는 데이터의 양
	-	송신 버퍼의 범위는 수신 측 여유 버퍼공간 반영하여 중적(변경)
2.		슬라이딩 윈도우 알고리즘의 동작 과정
	가.	슬라이딩 윈도우 알고리즘의 동작도

```
                윈도우 크기=최소값(rwnd, cwnd)     *rwnd : 수신측 버퍼관산(윈도우)
                                                *cwnd : 흔잡 제어 윈도우
                    |←———— 축소 ←
   ┌───┬───┬───┬───┬───┬───┬───┬───┬───┬───┬───┐
 …│n-2│n-1│ n │n+1│ …│m-1│ m │m+1│m+2│ …│
   └───┴───┴───┴───┴───┴───┴───┴───┴───┴───┴───┘
            └→ 슬라이딩 윈도우          열림
              닫힘
```

- 슬라이딩 윈도우의 열림동작과 닫힘동작은 수신측의 확인 응답(ACK)에 따라 동적으로 수행됨
- 윈도우 크기 : 수신측 윈도우와 혼잡 윈도우의 크기중 작은값

나. 슬라이딩 윈도우 알고리즘의 동작절차

구분	상세 설명
열림동작 (open)	- 수신측으로 부터 ACK을 수신하여 윈도우(Window)의 오른쪽 경계를 오른쪽으로 이동하는 과정 - 데이터 전송량 증가 : 윈도우 크기가 커져서 ACK과 무관하게 전송할 수 있는 데이터 전송량 증가
닫힘동작 (Close)	- 데이터 전송 이후 윈도우의 왼쪽 경계가 오른쪽이동 - ACK 수신의미 : 전송측은 해당 데이터에 대해 더 이상 관여 불필요 (전송한 데이터의 올바른 수신 간주)

- 수신 프로세스의 처리 속도에 송신 윈도우의 크기가 비례하며, 데이터 송수신에 대한 흐름제어(flow Control) 수행

3. 사례를 통한 슬라이딩 윈도우 알고리즘의 동작설명

가. 슬라이딩 윈도우 알고리즘의 동작사례

단계1

		1	2	3	4	5	6	7	8	9		

←———— 송신측 윈도우 ————→

단계2

		1	2	3	4	5	6	7	8	9		

← 전송한 데이터 (ACK) 미수신

단계3

		1	2	3	4	5	6	7	8	9		

← 전송한 데이터   송신측 윈도우 →
(ACK 수신)

나. 슬라이딩 윈도우 알고리즘의 동작 절차

단계	상세 설명
단계 1	- 송신측에서 1~5 까지의 패킷 전송이 가능한 상태
단계 2	- 송신측에서 패킷 1~2를 전송하고 아직 패킷 3~5는 전송하지 않은 상태 (패킷 1~2의 ACK 수신대기)
단계 3	- 패킷 1~2에 대한 ACK을 수신한 후 ACK을 수신한 패킷 만큼 윈도우를 오른쪽으로 이동 (열림동작)

"끝"

문74) TCP(Transmission Control Protocol)에 재하여 다음을 설명하시오

가. TCP 헤더 (Header)

사. TCP 헤더에 포함된 제어플래그(Control Flag)의 종류

답)

1. TCP(Transmission Control Protocol)의 개요

가. 연결 지향성 protocol, TCP의 정의

- 신뢰성 흐름제어, 혼잡제어, 오류 제어, 순서 보장 등으로 목적지 거쳐 Data 전송을 책임지는 연결형 프로토콜

나. 전송계층핵심, TCP헤더와 제어플래그의 역할

- Tcp 헤더(Header)와 Control Flag를 통해 양종단 Host 내 프로세스 간 신뢰성 있는 연결 지향성 서비스 제공

TCP	⊕	TCP Header	⊕	제어 Flag
-전송의 신뢰성		-송/수신자 정보각약		긴급성, 확인 여부 상대방
-흐름 제어		-출발지/목적지(IP,		-데이터포함, 초기화
-혼잡/오류 제어		port), 긴급성		-연결시작/해제

2. TCP Header 구조와 상세

가. 전송계층 핵심 protocol, TCP Header의 개요

TCP 헤더의 정의 -TCP로 데이터를 송수신시 전송제어를 위해 발신자, 목적지주소와 포트, 윈도우 Size, 플래그

(Flag) 등의 정보를 가지고 있는 헤더(Header)

ㅿ. TCP Header의 구조

옥텟 옥텟	옥텟 비트	0	1	2	3
		0 · · · · 7	8 · · · · 15	16 · · · · 23	24 · · · · 31
0	0	Source Port		목적지 port	
4	32	Sequence Number			
8	64	Acknowledgment Number (if Ack set)			
12	96	Data offset / 000	Rev. NS CWR ECE URG ACK PSH RST SYN FIN	Window Size ← 제어플래그 (9 bit)	
16	128	Checksum		Urgent pointer (if URG set)	
20	160	Options (Data offset > 5 인 경우,			
· · ·	· · ·	필요시 끝부분에 "0" 바이트로 채움(padding)			

- Options 필드는 다양한 종류의 부가 정보를 전달하는데
  사용하며, 최대 40 Byte의 크기를 지원

ㅿ. TCP Header의 상세

구분	Bit수	설 명
Source port (발신지)	16	- 출발지(송신) 포트 (IP주소+포트No =소켓주소) - 양쪽 Host내 종단 프로세스 식별 필드
목적지 port	16	- 목적지(수신) 포트 (IP주소+포트No =소켓주소) - 양쪽 Host내 종단 프로세스 식별 필드
Sequence Number	32	- 송신 데이터 순서 번호 (수신시 순서 재구성 필요) - 0이 아닌 임의의수 할당

		Ack Number	32	- 상대방 (수신)이 다음에 전송할 순서 번호 입력 - Ack와 해당 필드에 상대방 (수신) 전송번호 입력
		Data Offset	4	- TCP 헤더 크기값, 즉, 데이터의 시작위치 - 기본 헤더 20 바이트, 옵션 헤더 최대 40 바이트
		Reserved	3	- 예약 필드 (현재 no used)
		Control Flags	9	- URG(긴급), ACK(응답), PSH(버퍼Data), RST(강제종료), SYN(연결), FIN(종효), 혼잡제어(NS,CWR,ECE)
		윈도우 Size	16	- 수신 버퍼 여유공간 (sliding Window 제어방식)
		Checksum	16	- 헤더 포함 전체 세그먼트 오류를 검사 - 검사합, CRC, Blocksum 등
		Urgent Pointer	16	- 세그먼트가 USG flag일 경우 사용 - 긴급 데이터의 위치 값이 할당된 필드
		Options	0~40 Byte	- MSS (Maximum Segment Size) 　: TCP 한 패킷으로 전송할수 있는 최대 크기 - Window-Scaling option 　: 윈도우사이즈는 수신측 TCP의 수신 가능버퍼사이[즈] - Timestamp option : RTT (Round Trip 시간) 　(패킷 왕복시간) 측정 · 성능및 안전성 확보 - Selective Ack option : 송신자는 S-Ack 　를 수신시 Loss된 패킷들만 선택 하여 재전송

- TCP Header 크기 (기본 20 ~ 최대 60 Byte)
- TCP 헤더내의 flag를 통해 회선연결 제어 & 데이터 관리

3. TCP헤더 내의 Control Flag의 종류

가. 제어 플래그(Control Flag)의 정의 : 긴급성, 승인번호, 상대방의 연결생성, 혼잡제어, 흐름제어, 오류 제어, 종료등을 위해 현재 세그먼트의 속성을 나타내는 9개의 Bit 플래그

4. Control Flag의 종류

종류	역할	특 징
NS (Nonce Sum)	ECN-nonce 은폐 보호	RFC 3540에 의해 Header에 추가 ECN (Explicit Congestion Notification) 명시적 혼잡통지
CWR	혼잡응답	- CWR (Congestion Window Reduced) : 혼잡윈도우가 줄어든 것을 알리는 Flag
ECE	혼잡 알림	ECN-echo, 혼잡발생시 상대에게 알림
URG (Urgent)	긴급 데이터 활성	송신측 상위 계층이 긴급 데이터 확인시 URG를 1로 설정하고 순서 상관없이 우선 전송
Ack	확인 응답 제공	- Acknowledgement Number 활성됨을 알림 - 1 : 확인 번호 유효
PSH (Push)	버퍼 데이터 송신	- 버퍼링된 데이터를 상위계층으로 즉시 전달 - 수신측 Buffer full 기다리지 않고 즉시 전달
RST(Reset)	강제연결 초기화	연결 확립된 회선에 강제 리셋 요청
SYN (Synchronize)	연결 및 회선 개설	- TCP연결설정 초기화를 위한 순서 번호의 동기화
FIN (Finish)	연결해제 및 종료	- 송신자가 Data 송신 끝 마침 - 종결요청(FIN1), 종결응답(FIN1, ACK1)

- 기존 6개 Flag만 사용했지만, 혼잡 제어 기능 향상을 위해 NS, CWR, ECE Flag가 추가 (RFC-3540)
- Flag중 PSH는 서버측에 더이상 전송할 Data가 없음표시

4. TCP와 UDP 비교

구분	TCP	UDP
방식	데이터 전송전에 대상 간의 연결을 설정	수신준비 상관없이 대상 System에 직접 Data 전송
대상	전송제어 프로토콜	사용자 데이터그램 프로토콜
속도	느림(에러 제어 있음)	빠름(에러 제어 없음)
신뢰성	높음	낮음
사이즈	20 byte	8 byte
패킷교환방식	가상 회선	데이터그램 방식
통신	1:1 통신만 가능	1:1/1:N/N:N 통신 모두 가능
공통점	port 번호를 이용, Data 오류검사를 위한 Checksum 존재	

"끝"

문 75)		TCP 전송계층 프로토콜에 대하여 설명하시오
		가. TCP 전송계층 개념
		나. 3-way handshake와 4-way handshake 설명
		다. TCP와 UDP 비교
답)		
1.		연결 지향적인 신뢰성 기반 TCP 전송계층의 개요
	가.	TCP 전송계층의 정의
		- 네트워크 계층과 응용계층 사이에서 프로세스 대 프로세스
		통신을 제공하기 위하여 논리적인 가상회선을 수립하여
		신뢰성을 보장하는 TCP/IP 모델의 핵심계층
	나.	전송계층의 역할

TCP전송계층 역할	전송계층공통역할	UDP전송계층역할
-흐름/오류/혼잡제어	Process간 통신	-오류제어
-신뢰기반서비스	-캡슐화와 역캡슐화	-비신뢰기반 서비스
-연결 지향서비스	-다중화와역다중화	-메시지 지향서비스
-전이중통신	-IP주소+Port사용	-데이터그램 패킷전송
TCP전송		UDP전송

		-연결 지향의 신뢰성있는 protocol인 TCP는 handshake
		라는 과정을 통해 연결 설정&종료를 수행함
2.		3-way handshake와 4-way handshake 설명
	가.	3-way handshake 설명

프로세스 A
프로세스 B

① (Seq=1∅, SYN)

② (Seq=5∅, Ack=11, SYN, ACK)

③ (Seq=11 Ack=51, ACK)

순서	동작	상세설명	Flag
①	연결요청	연결요청 프로세스가 자신의 순서번호(Seq=1∅)와 SYN플래그(SYN=1)을 설정하여 전송	SYN
②	연결수락	연결응답 프로세스가 연락수락에 대한 응답의로 자신의 순서번호(Seq=5∅)과 SYN=1을 설정 상대 Seq에 1을 더한 값(Ack=1∅+1)인 Ack=11과 ACK플래그(Ack=1) 전송	SYN, ACK
③	연결수락 확인	연결수락 확인에 대한 응답으로 상대방의 순서번호에 1을 더한 값(Ack=51)인 Ack와 ACK플래그(Ack=1)을 설정하여 전송	ACK

- 3단계의 절차를 수행함으로써 비선회 구간 Network 상에서 신뢰 기반의 가상회선 수립이 완료됨

4 4-way handshake 설명

- TCP는 가상회선의 설정과 해제를 위해 Handshake라는 과정을 수행함으로 신뢰성을 제공하지만, 이러한 과정으로 인한 Overhead가 발생, 메시지 지향 서비스를 위해서는 UDP 프로토콜 적용 가능

프로세스 A (연결된 상태)   프로세스 B (연결된
                                                상태)

연결 해제 과정

① (Seq=16, Ack=61, Ack, FIN)

② (Seq=61, Ack=17, Ack)
② (Seq=61, Ack=17, Data=5)

(Seq=17, Ack=66, ACK)

③ (Seq=66, Ack=17, ACK, FIN)

④ (Seq=17, Ack=67, ACK)

순서	동작	상세설명	Flag
①	연결 해제 요청	연결해제 프로세스가 FIN을 1로 설정하여 해제요청 세그먼트를 전송	ACK, FIN
②	연결 해제 수락	해제응답 프로세스(B)가 ACK를 1로 설정하여 전송 해제 요청 수락	ACK
③	연결 해제 완료요청	해제응답 프로세스가 데이터 전송을 완료한 후, 최종해제를 위해서 ACK와 FIN설정전송	ACK, FIN
④	연결 해제 완료확인	연결 해제 프로세스(A)가 서버측의 최종 해제 요청에 수락	ACK

3.   TCP와 UDP 비교

- TCP는 순서, 흐름, 혼잡제어등을 수행하면서 양단간(process)
신뢰 제공을 위한 복잡한 Header 정보를 가지고 있으며, 반면

UDP는 응용계층에 제어기능을 위임하고 성능 중심의 역할을 수행하기 위한 간소화된 Header 정보로 구성

구분	TCP	UDP
개념	Process간 신뢰성있는 통신위한 논리적 연결수립, 전송계층프로토콜	제어 & 신속성요구하는 통신 비연결성 메시지 향, 전송계층
요청/응답 개념도	요청 프로세스 → 요청/응답/릴레이 → 응답 프로세스	요청 프로세스 → 요청/응답/응답/응답 → 응답 프로세스
데이터순서	전송순서 유지 → 응용계층 전달	순서유지 없이 일방적 전송 수행
데이터중복	중복&손실없는 신뢰 보장	중복&손실보장에 대해 무관여
Error 제어	헤더&데이터에 대한 에러 검사후 에러존재시, 재전송	헤더&데이터 대한 에러 검사 후 에러존재시, 재전송하지않음
흐름 제어	Slide window 사용, 속도는 다소느려도 신뢰성 제공	신뢰성 보장 못함, 고속 데이터 전송과 실시간 전송에 적합
전송 Data크기	제한 없음	전송 Data크기 제한
Casting 방식	1:1 (Unicast) 통신만을 지원	1:1(Unicast), 1:N(Broad Cast), M:N(멀티캐스팅)통신지원
부하측면	연결수립&신뢰전송 → 오버헤드	단순헤더와 별도절차 없음 → 신속성
적용 서비스	성능보다는 신뢰성이 중요	신속응답요구&패킷수가 적은통신
응용 protocol	HTTP, HTTPS, FTP, SMTP, SSH등	DNS, SNMP, SYSLOG 등

· TCP와 UDP 장점을 결합 (신뢰성+신속성+보안 강화) → SCTP 프로토콜

"끝"

문 76) TCP Wrapper

답)

1. Host 기반 N/W 접근통제, TCP Wrapper의 개요

　가. | TCP Wrapper 정의 | Host 기반의 N/W 시스템으로 N/W 서비스에 관련된 트래픽을 제어하고 모니터링하여 서비스 접근에 대한 필터링을 수행하는 UNIX 기반의 방화벽 기술

　나. UNIX OS 기반 TCP Wrapper

인터넷 → Firewall → TCP Wrapper → Network Service
트래픽제어, 모니터링

2. TCP Wrapper의 동작과정

　가. TCP Wapper의 동작과정 예시 (telnet)

User → telnet Client program ① → Tcp Wrapper (tcpd) ② → ③ 허용 Allow → telnet daemon 구동
→ 접근차단
④ 거절 Deny
↓
로그기록 (Syslog 파일)

- UNIX 기반 서버프로그램인 데몬(daemon)들은 Inetd 모드와 Standalone 모드로 구분되며 TCP Wrapper는 Inetd 모드(mode)로 구동되는 daemon들을 보호함

　나. TCP Wrapper의 동작과정

①	서비스 구동	Inetd 모드, 요청시 서비스 구동
②	TcpWrapper 구동	Inetd 모드설정 기반, TcpWrapper을 구동
③	telnet 데몬 구동	허용(Allow)된 요청일 경우 서비스 구동
④	텔넷 서비스 접근차단	비인가된 요청일 경우 접근 차단 (Deny)

- TCP Wrapper를 구동시켜 접근제어

3. TCP Wrapper의 설정 예시 (telnet의 예시)

구분	적용 대상	내용
설정파일	/etc/hosts.allow 파일	telnet : 192.××.××.×× // 허용할 IP 추가
	/etc/hosts.deny 파일	telnet : 192.××.××.×× // 허용할 IP 추가
설정확인	which telnet 명령어	① TCP Wrapper 설정 전 : /usr/sbin/ in.telnetd // telnet 데몬 직접구동
		② TCP Wrapper 설정 후 : /usr/sbin/ tcpd // TCP-Wrapper 구동

"끝"

문 77)	TCP와 UDP의 특징을 비교설명하시오
답)	

1. OSI 7계층의 전송 Layer 주요 프로토콜, TCP와 UDP 개요

   가. TCP(Transmission Control Protocol)의 정의

   - 에러(Error)제어, 흐름제어, 순서보장등으로 목적지까지

     안전한 Data 전송을 책임지는 연결형 protocol

   나. UDP(User Datagram protocol)의 정의

   - 에러(Error) 제어, 흐름(flow) 제어, 순서보장 없는

     비연결형 전송 프로토콜(protocol)

2. TCP와 UDP의 비교

   - 연결/비연결, Error 재전송여부등

항목	TCP	UDP
개념도	C ─ Session 확립 ─ S / (Data) 전송 / Client ─ 확인 Ack 신호 ─ 서버	Client ─→ Server / C ─→ S / 일방적인 송신
주요 특징	에러제어, 흐름(flow)제어 데이터 순서보장	에러제어(X), 흐름 제어 (X), 데이터 순서보장(X)
주요 기능	연결관리, 응답확인, 순서번호기준관리, 흐름제어, Session 연결성	비 신뢰성, 비연결성, CRC check, 에러 정정 후 Error 회복기능 없음
연결방식	연결형(Connect)	비연결형(Connectless)

통신	Header 및 Data 에러	Header 및 Data 에러
에러제어	검사후 에러시 재전송	검사후 에러시 재전송 없음
흐름제어	슬라이딩 윈도우 사용	흐름제어 기능없음
	느리지만 신뢰성있음	빠르지만 비신뢰성

3. TCP와 UDP의 응용사례

구분	사용 Protocol
TCP	FTP, HTTP, SMTP, Telnet 등
UDP	DNS, SNMP, TFTP, VoIP(SIP방식) 등

- 특정 게임사(ex: StarCraft 등) 통신모드를 IPx나 UDP로
설정하고 진행

"끝"

문 78)	TCP 혼잡제어의 동작원리와 핵심기술
답)	
1.	네트워크 혼잡 방지를 위한 TCP 혼잡제어의 개요
가.	TCP 혼잡제어 (Congestion Control)의 정의
-	송신측의 데이터 전달과 네트워크의 데이터 처리속도 차이를
	해결하고 네트워크 혼잡회피를 위한 송신측의 데이터전송량 조절기법
나.	TCP 혼잡제어의 메커니즘

송신량 제한	- 혼잡제어 윈도우 크기 조절하여 데이터 전송속도 제어
	- 혼잡윈도우 $\geq$ Last Byte Send - Last Byte Acked
혼잡감지	- 송신자은 손실 이벤트 발생시 전송속도 감소
	- 손실이벤트 = Timeout 또는 3개의 중복된 Ack 수신
전송률 조절방법	- Slow Start, Congestion avoidance (혼잡회피)
	- Fast retransmit, Fast Recovery (빠른 회복)

2.	TCP 혼잡제어의 동작원리와 요소기술
가.	TCP 혼잡제어의 동작원리

4. - TCP 혼잡제어의 단계별 상세설명

단계	상세설명
① Slow start	- 송신측의 혼잡윈도우 크기를 지수적으로 급격히 증가
② Congestion avoidance	- 혼잡윈도우 크기가 Threshold 이상 일때 선형적으로 증가
③ Slow start	- Timeout 시간 내 ACK 수신 실패시 혼잡으로 간주함
④ Congestion avoidance	- 혼잡윈도우 크기가 Threshold 이상 일때 선형적 증가
⑤ Fast Recovery	- 3개의 중복된 ACK 수신시 slow start 하지않고 Fast recovery 수행

다. TCP 혼잡제어의 요소기술

요소기술	상세설명
Slow Start	- 초기 혼잡 윈도우 크기를 1로 설정하고 Threshold 이하 일때 까지 ACK 수신할 때 마다 지수적 증가
AIMD	- Additive Increase Multiple Decrease - 혼잡윈도우 크기가 Threshold 이상 일때 ACK 수신 할 때마다 윈도우 크기를 1씩 증가 (선형적 증가)
Fast retransmit	- 수신측으로 부터 중복된 ACK을 연속 3회 수신하는 경우 Timeout 이전에 빠른 재전송 수행
Fast Recovery	- Fast retransmit 이후 slow start 과정 없이 Congestion avoidance 상태유지 (선형적 윈도우 증가)

3. TCP 혼잡제어 기법의 고려사항

- 네트워크 관점 혼잡제어: 네트워크 피드백기반 혼잡제어 병행
- QoS 고려: IP 헤더의 ToS 필드 활용한 QoS 기준 혼잡제어 고려
- 웹 컨텐츠 고려: 작은 사이즈 트래픽 특성 고려한 혼잡윈도우 설정 "끝"

문 79) UDP(User Datagram Protocol)가 제공하는 서비스를 설명하시오

답)

1. 단순성, 전송지향의 비연결 전송 프로토콜 UDP의 개요

- QUIC(Quick UDP Internet Connection) : UDP 기반의 연결로 기존 TCP의 연결 설정시간 RTT(Round Trip Time, 왕복시간 - 패킷 망(인터넷)상에서 송신자부터 목적지 Host까지 패킷이 왕복하는데 소요되는 시간)를 감소시키는 인터넷(Internet) 연결 기술

2. 전송 지향기반의 UDP 정의 및 특징

가. UDP(User Datagram Protocol)의 정의

UDP 전송(송/수신)

		정의	인터넷 환경에서 정보 송수신자 수신자에게 일방적으로

정의 - 인터넷 환경에서 정보 송수신자 수신자에게 일방적으로 보내는 통신 방식의 비연결성 프로토콜(Protocol)

- 데이터 전송의 단순성과 효율성 만족을 위해 비연결형 서비스를 제공하지만 통신의 신뢰성이 낮음

4. UDP의 특징

관점	특징	설명
통신특징	비연결형 서비스	Port확인으로 소켓을 식별하고 송수신
	신호절차 없음	정보 송수신 신호 절차없음
제어특징	Checksum 필드	최소한의 오류 검출 기능
	Pseudo Header	잘못된 Host에게 전달방지
일반특징	낮은 신뢰성	오류 검출 기능만 제공
	빠른 전송속도	TCP대비 빠른 전송속도

- 신뢰성보다는 연속성이 중요한 비연결서비스를 통해 실시간 서비스 (Real time Streaming)에 자주 사용

- 속도가 빠르며 Network 부하가 적다는 장점, 신뢰성의 데이터(Data)의 전송을 미보장하는 단점

3. UDP(User Datagram Protocol)가 제공하는 서비스

가. 통신을 위한 UDP가 제공하는 서비스

- Client-Server간 전송효율성, 성능 제공을 위한 서비스를 제공하여 실시간성 (Real time), 빠른 전송속도의 응용서비스 개발 가능

		서비스	개념도	설 명
		프로세스 -프로세스 통신		- IP 데이터 서비스에 프로세스 간 통신이 추가된 구조 - IP와 port번호로 구성된 Socket - 소켓주소이용 process간 통신 - 0~65,536 port 사용
		비연결 서비스		- 연결 절차없이 데이터 전달 - Datagram 단위 처리 - 연결 위한 논리적인 경로없음 - 각 패킷(packet)은 서로 다른 경로로 독립적으로 처리 - 높은 전송 속도 제공

4 제어를 위한 UDP가 제공하는 서비스

서비스	개념도 및 설명
오류 검출	

- Header에 checksum 포함

- 무결성 검사로 오류(Error) 검출

- 사용자 데이터 그램(Datagram)에 오류 검사

			0　　　78　　　　15 16　　　23 24　　　31 ← 32Bit

```
              ┌──────────────────────────────────────────┐
              │           Source IP 주소                  │
              ├──────────────────────────────────────────┤
              │         Destination IP 주소               │
Pseudo   ├──────┬──────────┬───────────────────────┤
              │ Zero │ Protocol │      UDP Length       │
Header   ├──────┴──────────┴──────────────┬────────┤
              │      UDP Data Octets          │optional│
              │                               │  pad   │
              └───────────────────────────────┴────────┘
```

- 12 Byte Pseudo Header 추가로 IP헤더의 오류로 잘못된

  Host에 전달 방지 - Source/Destination IP주소

- Protocol, UDP Length, optional pad

·· UDP 서비스 특성 이용, DNS, TFTP, Streaming등 다양한 서비스

4. UDP가 제공하는 서비스 활용한 사례

구분	내용	설명
통신	QUIC	UDP, TCP 장점 활용한 HTTP3.0 통신
프로토콜	SCTP	TCP 신뢰, UDP성능의 통신 프로토콜
통신	DNS 통신서비스	낮은 Overhead를 통한 빠른 처리
서비스	VoIP서비스	실시간 음성정보 전송서비스
통신	Streaming 환경	미디어 정보 실시간 전송 통신환경
환경	Multicast 구현	여러 수신자 동일한 데이터 전송환경

- UDP의 단점 보완을 위해 TCP의 신뢰성을 이용한 QUIC

  등의 다양한 protocol이 개발됨

"끝"

문 80)	SCTP의 패킷구조와 동작방식
답)	
1.	차세대 Transport Protocol, SCTP의 개요
가.	SCTP (Stream Control Transmission Protocol)의 정의
-	TCP/UDP를 대체하는 Multi-homing, Multi-streaming, DoS 방지를 위한 향상된 보안기능 제공 프로토콜 (RFC 2960)
나.	SCTP의 특징
-	Multi-homing : SCTP peer 간 IP목록교환, Primary IP 오류시대체
-	Multi-streaming : 하나의 스트림에 복수의 응용데이터 전송
-	고신뢰성 : Four-way handshaking, 세션인증, SACK 메커니즘
-	흐름/혼잡제어 : 흐름제어는 association별, 혼잡제어는 전송경로별
2.	SCTP 프로토콜의 패킷 구조 및 동작 방식
가.	SCTP 프로토콜의 패킷 구조

프로토콜 구조		패킷 구조	
SCTP 응용 데이터		Src Port / Dest Port	Tag / Flag / Length
APIS's	응용계층과	Verification Tag	TSN
SCTP 전송서비스	네트워크(IP)	Chunk sum	Stream ID / SSN
Hardward (IP)	계층사이	Chunk -1	Protocol ID
		⋮	User data

-	TSN (Transmission Sequence Number) : 흐름제어, 오류복구에 사용
-	SSN (Stream Sequence Number) : 스트림 순서화를 위해 사용
나.	SCTP 프로토콜의 동작방식

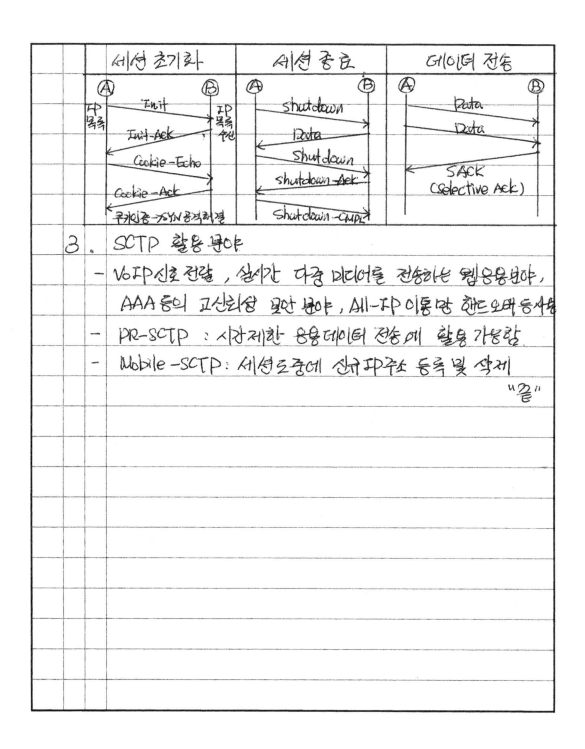

3. SCTP 활용 분야

- VoIP신호 전달, 실시간 다중 미디어를 전송하는 웹응용분야,
  AAA 등의 고신뢰성 보안 분야, All-IP 이동망 핸드오버 등 사용
- PR-SCTP : 시간제한 응용 데이터 전송에 활용 가능함
- Mobile-SCTP : 세션도중에 신규 IP주소 등록 및 삭제

"끝"

문 81) Internet QoS (Quality of Service)

답)

1. Internet망, 전송품질보장을 위한 기술 QoS의 개요

　가. Internet QoS (Quality of Service)의 정의

　　Network망에서 서비스 전송품질, 전송속도를 보장하여

　　Internet 종단간(End-to-End)간 서비스품질 향상기술

　나. QoS의 품질 측정기준

대역폭(Bandwidth)	전송가능한 데이터 전송능력, bps(Bit per second)
지연(Delay)	End to End간의 패킷 전달소요시간
패킷떨림(Jitter)	전송되는 Packet의 왜곡정도, 지연시간편차
손실량	전송과정에서 발생한 packet 손실 양

　　- 손실량 : Packet Loss Rate

2. QoS 주요기술 및 비교

　가. QoS의 주요기술 (제어측면)

구분		설 명(각 구분에 따른 기술 설명)
단말기		OS표준화, Middleware, 보안기술
Packet 분류	Classing	유입트래픽의 트래픽 Class분류기술
	Metering	유입되는 Traffic을 분류하는 기술
	Marking	미터링후 우선순위를 부여하는 기술
트래픽 제어	Queuing	FIFO, 우선순위, WFQ, Round Robin등
	Policing	일정속도이상 packet Drop
	Shaping	일정속도이상 packet 버퍼링후 재전송

		모서링	Protocol, Network, End to End 모서링

- WFQ : Weighted Fair Queuing .

4. QoS 지원을 위한 Protocol 모델간의 비교

구분	Int serv	Diffserv
서비스	- 자원 미리 예약 - 부하 제어서비스	트래픽 흐름들을 집합단위로 처리 · 서비스수준 향상
특징	- N/W 장비에 관련 PGM 설치 - 라우팅의 오버헤드·확장성문제 - 라우터자원 사전예약 필요	- SLA에 의한 서비스 - Int serv 확장성문제 해결 - RSVP연결설정 비용 해결
규모	소규모 N/W	대규모 N/W

- RSVP(Resource Reservation Protocol) : 자원 예약 프로토콜

3. QoS 적용및 활용방안

- Network 망간 품질확보, QoS보장을 위한 SLA도입 필요

- 인터넷 통신 서비스의 품질은 Traffic 충돌, Jitter에서
품질 저하문제가 발생하므로 IPv6, MPLS를 이용한
Diffserv 방식으로 보장 가능함.

"끝"

문 82) NP, QoS, QoE의 비교와 품질측정 방법

답)

1. 세-IP 환경을 위한 네트워크 품질관리, NP, QoS, QoE의 개요

가. NP, QoS, QoE의 개념도

사업자 중심	→	NP ·사업자 중심 의 망성능 관리	→	QoS ·종단간 응용 서비스 품질관리 (망성능+단말성능)	→	QoE ·사용자 관점의 품질 관리	→	이용자 중심

- 기존 인터넷 등의 통신망에서 유비쿼터스 통신환경으로 진화하면서 QoE (Quality of Experience)에 대한 중요성이 부각됨

나. 종단간 네트워크 구조를 통한 네트워크 품질관리

사용자		단말	Access NW	Core N/W	Access N/W	단말		사용자

NP (Network Performance)

QoE　　　　QoS (Quality of Service)　　　　QoE

- QoE는 사용자의 주관적인 품질지표, QoS는 네트워크와 단말의 성능지표, NP는 네트워크의 품질지표를 나타냄

2. NP, QoS, QoE의 비교

가. NP, QoS, QoE의 특징비교

구분	NP	QoS	QoE

개념	- 망사업자의 시스템 운용, 유지보수, 설비를 위해 이용되는 품질지표	- 서비스 이용자의 만족도를 결정하는 서비스 성능의 효과	- 이용자가 주관적으로 느끼는 서비스의 전체적인 만족도
핵심	- 망 성능	- 서비스 품질	- 체감품질
서비스주체	- 공급자 중심	- 사용자 중심	- 사용자 체험 중심
서비스 목표	- 망의 효율화 (망계획, 설계, 운용, 유지)	- 사용자가 지각할수 있는 효과에 초점	- 사용자의 주관적 체험과 감성품질 초점
측정 지점	- 단 대 단 또는 망결속 요소의 수용력	- 서비스 접점사이에서 측정	- 사용자 단말의 최종단에서 측정

나. NP, QoS, QoE의 관계를 통한 비교

| 고객/사용자 | 서비스 제공자 | 통신망 제공자 |

QoS 요구사항 ← 계획된 QoS ← 통신망 관련 기준 ← 통신망 성능 목표

통신망 비관련 기준

인지된 QoS ← 제공된 QoS ← 통신망 성능측정

QoE　　　QoS　　　NP

- QoE는 고객/사용자의 근원적 요소에 대해 경험하는 품질이고 QoS는 서비스제공자의 서비스품질, NP는 통신망 제공자의 품질임

3. NP, QoS, QoE의 품질측정 방식 및 품질관리 지표

가. NP, QoS, QoE의 품질 측정 방식

구 분	능동 측정방식	수동 측정방식
개념	- 측정대컷을 생성시켜서 송수신하여 종단간 혹은 구간별품질을 측정	- 단말에 탑재된 S/w 방식의 agent를 이용하여 트래픽 수집 및 분석하여 측정
측정지점	- 복수 지점	- 단일 또는 복수지점
데이터크기	- 작음	- 상대적으로 큼
측정품질 지표	- 가용성, Delay, Jitter, Packet loss, 대역폭	- 가용성, 대역폭, 플로우별 사용율
관련 기술사례	- ping, traceroute iperf, net perf	- NetFlow, cflowd, Sprint IPMon, FlowScan
장 점	- 사용자 체감품질에 근접 - 다양한 측정도구 활용	- 망자원 사용현황 파악에 적합함.
단점	- 대상 망에 추가 트래픽 인가의 오버헤드	- 종단간, 구간별 전달성능 측정에 부적합

나. NP, QoS, QoE 품질관리 지표

구분	품질관리지표	상세 설명
NP	-CPU사용률	- 장비의 CPU사용율
	-메모리사용률	- 장비의 메모리 사용율
	-장애경보건수	- 장비의 장애발생 경보 수의 합.
	-이상트래픽수	- 전송로상에서 발생한 이상트래픽의 건수
	-재가동 횟수	- 장비의 비정상적인 재가동 횟수
	-접속망장애수	- 스위치, 라우터 등의 접속망 장비의 장애건수

		QoS	RTP delay	- RTP 패킷의 delay 정도
			Bandwidth	- 네트워크 망의 대역폭
			IP 패킷 delay	- IP 패킷의 전송지연 정도
			IP 패킷 Loss	- IP 패킷의 전송 중 손실된 정도
			IP 패킷 Jitter	- IP 패킷의 전송지연의 편차 정도
		QoE	Resolution	- 이미지, 영상의 해상도, 선명도
			Color Error	- 이미지의 색조 및 채도가 부자연스러운 현상
			Blurriness	- 이미지 전체의 선명도 저하 나타나는 왜곡현상
			Frame skipping	- 연속적인 프레임 중 일부의 skip현상
			Jerkiness	- 연속적인 동작이 snapshot 처럼 느껴지는 현상

"끝"

문 83) IntServ, DiffServ 정의, 구성, 비교

답)

1. 네트워크 QoS보장을 위한 IntServ와 DiffServ의 개요

가. IntServ(Integrated Service Model)의 정의

- 경로상의 라우터 자원을 미리 예약하여 종단간 QoS(Quality of Service)를 보장하는 모델

나. DiffServ(Differential Service Model)의 정의

Class → - 트래픽 종류에 따른 QoS 제공을 위한 Hop by Hop 단위로 패킷을 처리하는 서비스 모델

다. IntServ / DiffServ의 필요성

- IP 기술 한계 : 단순 IP 기술로는 서비스수준통제 불가
- 전송속도 유지 : 매체 공유시 가입자 증가에 따라 속도저하
- 서비스품질 보장 : 서비스 종류에 따른 품질 보장으로 사용자 친밀성

2. IntServ와 DiffServ의 구성 및 구성요소

가. IntServ의 구성 및 구성요소

1) IntServ의 구성도

RSVP

- 트래픽 flow에 따한 QoS 자원을 제공하기 위해
라우터에서는 flow 따라 자원예약 위해 시그널링 수행

2) IntServ 의 구성요소

구성요소	설 명
Resource Reservation (RSVP)	- 호스트와 라우터 또는 라우터와 라우터 로 어플리케이션이 선택한 QoS요구사항 전달 - PATH / RESV 메시지 교환으로 라우터 자원예약
Admission Control	- 라우터내 가용 자원 고려하여 어플리케이션이 요청한 서비스 수락 여부 결정
Classifier	- 입력된 패킷이 어느 flow에 속하는지 판별
Scheduler	- 패킷을 QoS에 가중하여 전달 순서 결정

나. DiffServ의 구성 및 구성요소

1) DiffServ 의 구성도

PHB

- DiffServ는 edge router와 Core router 로 구성됨

PHB

2) Diffserv의 구성요소 및 핵심기술

구성요소	기능
PHB	- Per-Hop Behavior - 라우터에 구현된 클래스 기반 패킷 전달 방식
DSCP	- Differential Service Code Point - 패킷 헤더에 표기되는 클래스 등급(64가지) - IPv4: ToS필드, IPv6: Traffic Class 필드
BA	- Behavior Aggregate - 같은 등급(DSCP)을 갖는 패킷의 집합
Edge router	- 패킷의 클래스 분류: 주소, 서비스 종류 기반 - 패킷 헤더에 클래스 (DSCP) 표기
Core router	- 헤더의 DSCP 값으로 패킷의 클래스 분류 - BA별 별도 큐잉 및 차별적 처리

3. Int Serv와 Diff Serv의 비교

구분	Int Serv	Diffserv
대상	- 개별 flow에 대한 QoS 지원	- 집약된 flow에 대한 QoS 지원
QoS보장	- Flow 별 - 절대적 서비스품질 제공	- 등급별 보장, BA - 상대적 서비스품질제공
보장범위	- 단대단(End to End)	- 도메인(Edge to Edge)
전송방식	- 유니캐스트, 멀티캐스트	- 유니캐스트
목표	- 실시간 서비스 트래픽 흐름지원	- 다양한 서비스 차등지원
초설정	- Round-trip 초설정 필요	- 불필요

서비스 종류	-보장 서비스 (Guaranteed Service) -부하제어 서비스 (Controlled-load Service)	-Default -Class Selector -Assured forwarding -Expedited forwarding
장점	-종단간 QoS보장 -실시간 어플리케이션 지원	-높은 확장성 지원 -구성 복잡도 낮음
단점	-확장성이 떨어짐 (경로의 모든 라우터 flow관리)	-종단간 QoS 보장불가 -실시간 app지원 어려움
적응	-소규모 edge 네트워크	-대규모 Core 네트워크

-실제 적용은 IntServ와 DiffServ를 연동함　　"끝"

4. IntServ와 DiffServ의 연동방안

PATH → ⋯⋯ → PATH →

| RSVP Source | IntServ/RSVP | DiffServ | IntServ/RSVP | RSVP receiver |

← RESV ⋯⋯ ← RESV

- DiffServ는 트래픽이 집중되는 백본망에 위치(시키)고 IntServ
는 그 주변 소규모망에 위치하여 상호 연동하는 구조임
- IntServ와 DiffServ의 연동으로 IntServ 확장성 문제해결
　　　　　"끝"

문 84) WFQ (Weighted Fair Queuing)

답)

1. 가중치 기반 QoS Queuing 메커니즘, WFQ 개요

가. Service 공정성확보, WFQ의 정의

PQ (Priority Queue)의 기아현상 (Starvation)해소와 CQ (Custom Queuing)의 균일화된 방식 (Round-Robin)을 차별화하기 위해, 각 Flow 별 Queue에 가중치를 적용하는 QoS 스케줄링 기법

나. WFQ의 필요성 & 특징

구분	필요성	특징
공정성 측면	PQ (Priority Queue)의 우선순위가 높은 트래픽에 의해 우선순위가 낮은 트래픽이 기아현상 (Starvation)이 발생하는 문제를 해소하기 위해 Flow 별로 서로 다른 Queue를 두어 Traffic 제어 필요	기아현상 (Starvation) 방지
가중치 측면	CQ (Custom Queue)의 균일화된 방식 (Round-Robin)을 보완 하기 위해 특정 기준에 따라 가중치 (Weighted)를 정하여 같은 양의 트래픽 (Traffic)을 가진 경우에도 Flow 차별화 제공 필요	가중치 통한 Queue 별 차별화 적용

2.		WFQ 메커니즘 & 설명
	가.	WFQ의 메커니즘

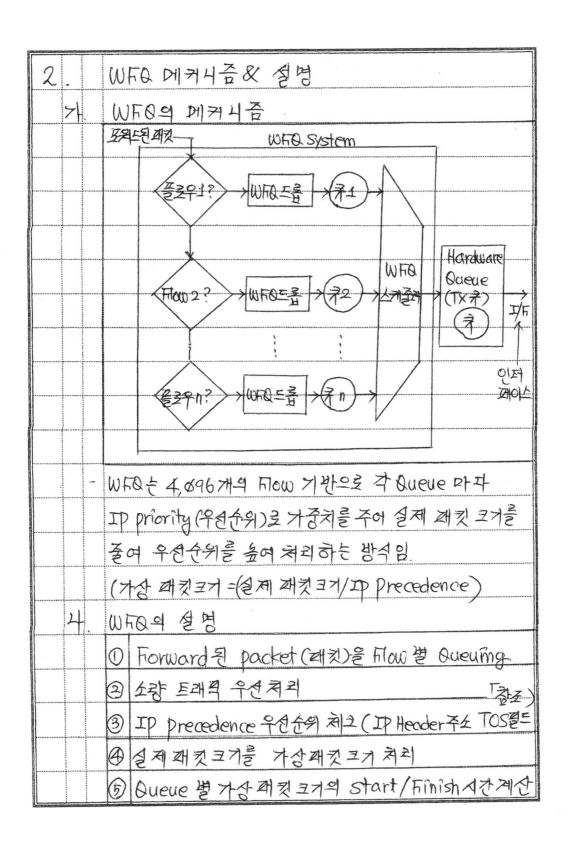

- WFQ는 4,096개의 Flow 기반으로 각 Queue 마다 IP priority (우선순위)로 가중치를 주어 실제 패킷 크기를 줄여 우선순위를 높여 처리하는 방식임.

(가상 패킷크기 = (실제 패킷 크기/IP Precedence))

	나.	WFQ의 설명
	①	Forward된 packet (패킷)을 Flow별 Queuing
	②	소량 트래픽 우선 처리 「참조)
	③	IP Precedence 우선순위 체크 (IP Header 주소 TOS필드
	④	실제 패킷 크기를 가상 패킷 크기 처리
	⑤	Queue별 가상 패킷 크기의 Start/Finish 시간 계산

⑥ 가상 Finish 시간이 작은 Packet 순으로 처리

3. WFQ 사례와 설명

가. WFQ (Weighted Fair Queuing) 사례

- 100Mbps Fast 이더넷 Port 3개에 Traffic 유입시

나. WFQ 사례설명

No	가중치	가중치 적용	QoS 할당 대역폭	합
Q1	5	소량 트래픽 (20Mbps) 우선 적용	20 Mbps	
Q2	3	Q1 대역폭 제외한 (80Mbps) 3/5 할당	48 Mbps	100M bps
Q3	2	Q1 대역폭 제외한 (80Mbps) 2/5 할당	32 Mbps	

- WFQ 보완을 위한 CBWFQ (Class-Based WFQ), LLQ (Low Latency Queuing) 등 확장 메커니즘 존재

4. WFQ의 확장 메커니즘

구분	WFQ	CBWFQ	LLQ
개념	공정, 가중치 기반	Class 기반 WFQ 확장	CBWFQ와 PQ 혼합
특징	-PQ(공정성), CQ (가중치) 개선 -Flow 기반 다수 큐로 복잡(4096개)	-Class 기준 큐 간소화 (64개), -Tail Drop WRED(Weighted Random Early Detection) 패킷 드롭	-우선 처리 실시간 트래픽은 PQ 처리 -나머지는 CBWFQ 처리

-WFQ는 Flow 기반으로 Queue 복잡, Priority Queue 미제공, 음성처리에 부적합 하므로 CBWFQ, LLQ로 보완

"끝"

문 85) NMS(Network Management System)

답)

1. 효율적인 N/W 관리 서비스 제공, NMS의 개요

    가. NMS(N/W Management System)의 정의

      - Network 망에 연결된 구성요소(Network Element)
      들을 중앙 감시 체제를 구축하여 N/W 망의 정보수집,
      분석등을 통해 중단 없는 서비스 제공과 계획관리 시스템

    나. NMS의 관리 기능

장애 관리	← 진찰, 진단	계정관리 (정보수집)
	NMS	-Accounting
구성관리(물리/논리)		성능관리(가용성) 보안관리(암호화)

      - 장애, 구성, 계정, 성능, 보안관리로 구성

2. NMS의 구성도 및 구성요소

    가. NMS의 구성도

SNMP Manager		SNMP Agent
NMS 서버	통신 프로토콜	Router
	SNMP	Switch
	(Simple N/W 관리	Workstation
	protocol)	PC
LAN		관리대상장비

      SNMP: Agent를 통한 Network 오류 및 상태 관리

4. NMS의 구성요소 설명

구성	설명	특징
Repository	Network 자원 상태 저장, NMS 서버(Server)에 위치수집, 정보저장	저장소
N/W 관리자	Agent로부터 상태(State) 정보 수집, 분석, 장애복구 처리	Repository 등록
Agent	관리 대상 자원 상태(State)를 자율적으로 수집 (Agent 역할수행)	자율성, 지능성
protocol	Manager와 Agent의 관리 정보 교환을 위한 통신 수단	SNMP
MIB	-Management Info. Base -Network 자원에 위치 -각 자원상태를 저장하는 공간	업체별 MIB 표준필요
SNMP	관리대상자원과 NMS의 통신프로토콜	벤더에독립적

3. NMS가 탑재해야 할 특징및 주요관리기능

가. NMS가 갖추어야할 특징

특징	내용
데이터 분석/ 저장	-중앙감시체제 구축, Monitoring/planning 분석 수행, 데이터 저장및 등록 -분석 요청시 접근/활용 가능
표준 Protocol	SNMP, CMIP Protocol 제공

		User I/F	Graphic UI(사용자인터페이스) 제공
		MIB 지원	표준 정보 전달을 위한 MIB-1/2 지원
		N/W 장비관리	다양한 N/W Device 자원 관리 기능
		Vendor 지원	Vendor Specific MIB 지원
		보안/관리용이성	전송 메시지 보안, 일괄 전송/수신 가능

MIB : Management Information Base

CMIP : Common Management Information protocol

4. NMS의 주요 관리 기능

		구분	기능 설명
		장애 관리	-고장, 장애, 서비스불능상태를 관찰, 진단 수행
			-정보보호처리, Debugging 실시 기능
			-장애의 검색, 추출및 해결을 제공하는 기능
		계정 관리	-서비스사용별 각 Node별 사용 정보 수집, 과금기능
			-사용자 등록, 삭제, 중지, 복원 기능 수행
		구성 관리	Network상의 장비와 전반적인 물리적, 논리적 구조를 Mapping 하는 기능
		성능 관리	가용성, 응답시간, 사용량, 에러량, 처리속도등 성능분석에 필요한 통계 데이터를 제공하는 기능
		보안 관리	-암호, 인증등을 이용한 정보흐름제어, 보호기능
			-사용자 등급, 관리자 접속이력, 접속 경로 제한

-주요관리기능은 장애, 계정, 구성, 성능, 보안관리로 구성됨

4. NMS의 향후전망

- ESM 통합측면 : ESM 등장 → NMS 역할 통합 추세

- ITSM측면 : ITIL 기반의 Network 관리 및 IT
  운영서비스 지향

- Internet 관련 비즈니스모델 증가 : Web 기반 NMS
  개발 가속, Web 기반의 NMS System 개발

"끝"

문 86) SNMP 동작원리와 연산자

답)

1. NMS에서 Manager와 Agent간 통신프로토콜, SNMP의 개요

　가. SNMP (Simple Network Management Protocol)의 정의

　　- TCP/IP로 구성된 전산망에 있는 노드들을 관리하기
　　위해 간간한 (조작)기능을 제공하는 프로토콜(RFC 1157에 정의)

　나. SNMP의 주요기능

기능	설 명	주체
노드 상태 확인	-시스템 관련정보(이름, OS버전, 제조사) - 네트워크 관련정보(CIP주소, Routing table)	SNMP Manager
노드 상태 변경	- IP, Routing Table, 시스템이름의 변경 (노드가 변경을 허용해야 함)	
이벤트 통보	- 노드가 특정 이벤트 발생시 Manager에게	SNMP Trap

2. SNMP의 동작 원리 및 연산자

　가. SNMP의 동작 원리

나. SNMP의 연산자

연산자	설 명
get-request	Manager가 Agent에게 변수값 요청
get-next-req	Manager가 Agent에게 다음변수값을 요청
Set-request	Manager가 Agent 내 변수값 설정 요청
get-response	Agent가 Manager에게 변수값을 응답으로 돌려줌
trap	Agent에서 특정 이벤트가 발생했음을 Manager에게 통보

3. SNMP의 한계점 및 향후전망

- 대역폭과다소비 : 관리정보수집을 위해 Agent로 지속적인 폴링
- 관리장비의 제한 : 관리 Agent가 설치된 네트워크장비만 관리
- RMON(Remote network Monitoring) 등장 : SNMP의 한계 극복

                                                        " 끝 "

* SNMP 버전별 비교

구분	SNMPv1	SNMPv2	SNMPv3
관리정보구조	SMIv1	SMIv2	SMIv2
프로토콜 동작	- Get, Get-Next, Set, Trap	- Get, Get-Next, Get Bulk, Set, Trap	- 좌동
특징	- 최초표준 (RFC 1155, 1212, 1213, 1215)	- SMI 정의 확장 - 메니저간 통신 - 벌크 통신	- 보안 강화 (v1과 v2는 단순 인증기능 제공)

문 87) Active FTP와 Passive FTP의 차이점

답)

1. FTP(File Transfer Protocol)의 개요

   가. 파일 전송 프로토콜, FTP의 정의

      - TCP/IP 상에서 Client와 서버 간의 파일전송 (RFC-959)

   나. FTP 서비스의 기본적인 동작 (Data와 제어 Port 분리)

2. FTP의 Application 구조 및 Active/Passive FTP 비교

   가. FTP의 Application의 구조

      - PI(Protocol 해석기) : 제어(Control) 명령을 송수신

      - DTP(Data 전송 process) : Data를 송수신하는 Process

   나. Data 전송주관에 따른 Active/Passive FTP의 비교

항목	Active FTP	Passive FTP
개념	Server에서 Client의 특정 Port 접속, Data 전송	Client에서 Server의 특정 Port 접속, Data 전송

		사용자 모드	명령 21, Data 20 port	명령 21, Data 1024 port 이후
		목적	일반적인 FTP 사용방식	보안 설정된 Client에서 FTP 사용
		적용	일반적 FTP (Active, Passive)	Web 브라우저에서 FTP 연결
		Port 제어	서버 20번 사용, Client 접속	서버의 비특권 port에 접속

3   최근 FTP 실무 사용예

- 802.11ac 버전등의 상용화에 따른 무선 HDD (NAS) 적용

- 무선환경에서 성능향상 위해 Application에서 2개의
  Thread를 생성, 실행하여 성능향상 (File System
  재생 & 기록)

"끝"

문 88)	HTTP 와 HTTP의 keep alive		
답)			
1.	WWW 을 위한 핵심기술, HTTP의 개요		
가.	HTTP (Hyper Text Transfer Protocol)의 개념		
-	80번 포트를 이용하여 인터넷 상에서 웹서버와 사용자의 인터넷 브라우저 사이에 문서를 전송하기 위한 통신 프로토콜		
나.	HTTP의 동작 방식 (유형)		

구분	상 세 설 명
Non-persistent Connection	- 하나의 TCP Connection으로 하나의 web object 전송 - HTTP 버전 1.0에서 사용하는 방식임.
Persistent Connection	- 하나의 TCP Connection으로 복수의 web object 전송 - HTTP 버전 1.1에서 기본적으로 지원하는 방식임

2.	HTTP의 동작원리 및 HTTP의 keep alive.
가.	HTTP의 동작원리 (Get 방식의 사례)

클라이언트	Request (GET method)	서 버
	. GET /usr/bin/image1 HTTP/1.1	→
	.HTTP/1.1 200 OK .Date, Server명, MIME-version , Body of the document	
←	Response.	

- HTTP는 Request & Response 방식의 단순한 구조의 프로토콜
- Request 메시지에는 클라이언트가 요청하는 object에 대한 정보가 포함 되고 Response 메시지에는 요청한 object의 실제 데이터 저장

나. HTTP의 keep alive 방식

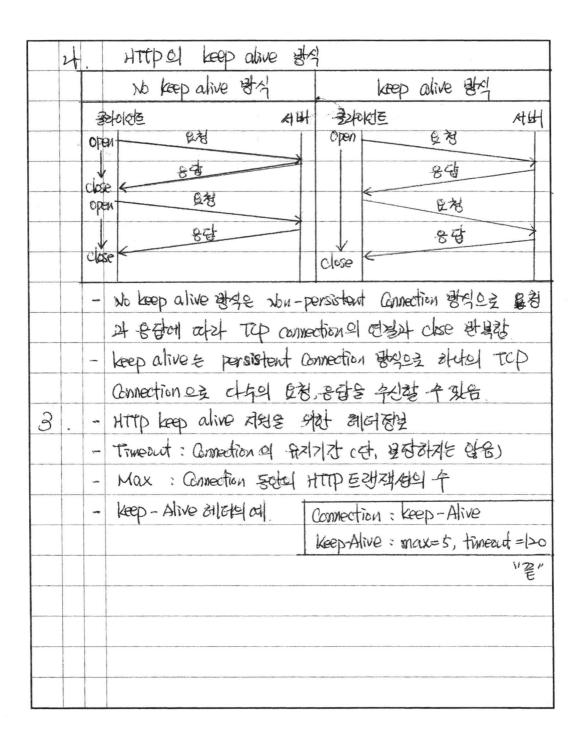

	No keep alive 방식	keep alive 방식

- No keep alive 방식은 non-persistent Connection 방식으로 요청과 응답에 따라 TCP connection의 연결과 close 반복함
- keep alive는 persistent Connection 방식으로 하나의 TCP Connection으로 다수의 요청, 응답을 수신할 수 있음

3.
- HTTP keep alive 지원을 위한 헤더정보
- Timeout : Connection의 유지기간 (단, 보장하지는 않음)
- Max : Connection 동안의 HTTP 트랜잭션의 수
- keep - Alive 헤더의 예.

Connection : keep - Alive
Keep-Alive : max=5, timeout =120

"끝"

문 89) RTSP의 세션수립과정과 주요기능

답)

1. 실시간 데이터 재생을 위한 RTSP의 개요

　가. RTSP(Real-Time Streaming Protocol)의 정의

　　- 다양한 명령을 통해 클라이언트의 미디어 플레이어에서 데이터 스트림의 전송을 제어할 수 있게 하는 응용계층 프로토콜

　나. RTSP의 특징

　　- 요청/응답 구조 : 서버가 클라이언트의 요청에 대해 응답하는 구조

　　- HTTP와 유사한 구문 : 스트리밍에 적합한 새로운 요청메시지 추가

　　- Out of band Control : 데이터스트림과 다른 포트 번호(554)사용

　　- Stateful Protocol : 세션ID(Session ID)를 통해 세션의 관리

2. RTSP의 세션 수립 및 종료 절차 와 RTSP의 기능

　가. RTSP의 세션수립 및 종료절차

웹 브라우저	1. HTTP-GET →	웹서버	2.SDP 획득 ←	SDP file
	← 3. SDP 정보 전달 (DESCRIBE)			
↓ 4.SDP전달				
미디어 플레이어	5. SETUP →	미디어 서버		*SDP (Session Description Protocol)
	6.RTSP 동작(Play, Pause) →			
	7. TEARDOWN →			
	8. Terminate			

　　- 웹 브라우저를 이용하여 웹서버로 부터 SDP를 획득한 후 미디어 플레이어와 미디어 서버 간 세션 수립 이후 데이터 스트림 수신

　　- 서비스 종료시 미디어 플레이어에서 미디어서버로 Teardown 전송

4. RTSP의 주요기능

주요기능	상세설명
DESCRIBE	- RTSP URL (rtsp://...)과 수용 가능한 데이터어림 전달 - 응답 데이터는 해당 스트림의 SDP 도멘 정보 도함
SETUP	- 스트림의 전송방법 전달 (Play 동작 전에 수행)
PLAY	- 미디어 스트림의 재생기능을 담당함
PAUSE	- 미디어 스트림의 일시중지 기능을 수행함
RECORD	- 서버내 저장을 위한 스트림 전송에 사용됨
TEARDOWN	- 미디어 스트림의 세션을 종료하는데 사용됨

"끝"

문 90)		RTP의 개념과 헤더구조	
답)			
1.		실시간 데이터 전송을 위한 RTP의 개요	
	가.	RTP (Real-Time Protocol)의 정의	
	-	인터넷 또는 네트워크 상에서 오디오 또는 비디오와 같은	
		실시간 데이터를 전송하기 위한 응용계층 프로토콜(RFC 3550)	
	나.	RTP의 특징	
	-	전송계층 프로토콜 무관: TCP 또는 UDP 모두 사용 가능함	
	-	동적포트번호 할당: 통상 16384~32767 사이에 포트 번호사용	
	-	RTCP와 함께 사용: RTCP는 RTP로 전송되는 데이터의 QoS 모니터링	
2.		RTP의 헤더구조 및 필드별 기능	
	가.	RTP의 헤더구조	

Bit 0 .... Bit 31

V	P	X	CC	M	PT	Sequence Number
Time Stamp						
SSRC (Synchronization Source ID)						
CSRC (Contributing Source ID)						
Additional Fields (예. G.729 frame)						

	-	RTP 헤더는 16 bytes의 고정된 크기와 추가적인 필드로 구성됨	
	나.	RTP 헤더의 각 필드별 기능	

필드명	상세 설명
V	- Version. RTP 버전 정보를 나타냄

		P	– Padding : Byte alignment을 위한 필드
		X	– Extension : 고정헤더 다음에 오는 확장헤더 정보
		CC	– CSRC Count : 고정헤더에서 CSRC ID의 갯수
		M	– Marker : 멀티미디어 정보에 대한 프레임영역
		PT	– Payload Type : RTP payload 포맷지정 (예. 33→MPEG2)
		Sequence Number	– RTP 패킷이 송신될 때 마다 1씩 증가함
		Time Stamp	– RTP 패킷의 첫번째 octet이 샘플링될 시점
		SSRC	– 카메라 또는 마이크등의 데이터 원천지 식별자
		CSRC	– RTP 패킷이 중간시스템에서 혼합될 경우 소스구분식별자

"끝"

문	91)	RTCP 개념과 동작 방식
답)		
1.		RTP의 QoS 모니터링 담당하는 RTCP의 개요
	가.	RTCP (Real-Time Control Protocol)의 정의
	-	RTP와 함께 사용되어 RTP flow에 대한 QoS 모니터링,
		수신 정보수집, 전송율 계산등의 기능제공하는 응용 계층 프로토콜
	나.	RTCP의 특징
	-	주기적 check : RTP세션에서 주기적인 RTCP 제어 패킷 전송
	-	통계정보제공 : 미디어 세션에 대한 통계정보(보낸 byte수, 손
		실된 패킷수 , jitter, feedback 및 RTT 등의 제공
	-	QoS 모니터링 : 전송상황에 따른 코덱변경, bit-rate 변경
2.		RTCP의 동작과정 및 제어패킷의 종류
	가.	RTCP의 동작과정 (RTP와 연동)

통계정보제공(송수신 패킷수등)

- RTCP은 수신측의 RTP세션에 대한 QoS정보를 모니터링하고
전송 상황에따라 Codec을 제어하여 QoS 제공 기능 수행함

| | 나. | RTCP의 제어 패킷의 종류 |

종 류	상 세 설 명
Sender report Packet	- 주기적으로 송신자가 수신자에게 전달하는 정보 - SSRC, 현재시간, 보낸 패킷 수, 보낸 byte 수
Receiver report Packet	- 수신자가 송신자에게 QoS에 관한 정보 제공 - 손실 패킷정보, 최종 시퀀스넘버, 지연 등
Source description Packet	- 소스 (Source)에 관한 정보를 주기적으로 전달함 - 이름, e-mail, 전화번호, Source controller 정보 - 미디어 콘텐츠의 소스 정보에 대한 수신측 전달

- RTCP는 RTP 세션의 대역폭 중 5% 만을 사용하도록함.

"끝"

문 92)		DHCP (Dynamic Host Configuration Protocol)에 대해 설명하시오.

답)

1. 동적 IP 임대 기법, DHCP의 개요.

　가. DHCP(Dynamic Host Configuration Protocol)의 정의
　　- Client에서 별도의 IP Setting 없이 일정기간 IP주소를 할당

　나. DHCP의 등장배경및 특징

등장 배경	특징
- IPv4주소고갈 대응	- 고정IP방식대비 IP망 설계 변경용이
- 주소Pool 활용 할당 방식	- PC ON경우만 IP할당 (IP절약 효과)

2. DHCP의 개념도및 동작절차

　가. DHCP의 개념도

　　- Client에서 DHCP Server로 IP할당 요청

　나. DHCP의 동작순서

순기	내용	설명
①	Discover	HostA는 통신용IP주소를 위해 DHCP서버 탐색
②	Offer	Discover에 대한 응답, 가용IP중 하나 선택 통보
③	Request	HostA는 IP주소요청(Broadcast Packet전송)
④	Ack.	임대기간, DNS, Default Gateway등 사용정보 승인

3.			IPv4 주소 사용성 향상위한 DHCP와 NAT간의 비교		
			분류	DHCP	NAT
			IP구분	공인된 IP 주소들	1개의 공인IP와 사설 IP들
			응용 제한	응용제한이 없음	P2P등 일부서비스 제한
			해킹추적	가능	어려움
			사설망보호	불가능	가능
			지연 요소	상대적 유리	상대적불리(NAT동작지연)

"끝"

문 93) DHCP(Dynamic Host Configuration Protocol) IP 주소 할당과정

답)

1. 고정(Static)아닌 가변(Dynamic) IP설정, DHCP의 개요

| DHCP의 정의 | IP주소, Subnet Mask, Default Gateway IP주소, DNS 서버 IP주소, 임대기간(Lease Time)등의 다양한 N/W 정보를 DHCP서버가 PC와 같은 이용자 단말에 자동(PC 전원 ON시 IP 할당)으로 할당해 주는 protocol |

2. DHCP의 IP주소 할당과정및 설명

Host와 DHCP서버간 통신	설 명
PC client DHCP서버 ⌐DB ① DHCP Discovery (발견) ② DHCP Offer(제안) ③ 사용가능 IP인지 자체점검 (ARP Request) ④ 이미 사용중인 IP이면 Decline→ (재할당요구) ⑤ DHCP Request (요구) → ← ⑥ Ack(승인) ⑦ Release (해제) Inform ----→	① DHCP서버 찾는 요청 ② DHCP Discovery를 받은 DHCP서버는 사용가능한 IP주소를 제안(Offer) ③ 사용가능 IP인지 점검 ④ N/W상 해당 IP 사용중 이면 재할당요구(Decline) ⑤ 해당 IP사용요청 ⑥ IP및 관련 설정과 정보 할당 ⑦ Lease time 경과 & 새로 Lease 절요서

		- Inform은 Client에서 DHCP 서버에게 Subnet Mask, DNS 서버주소, Lease Time (임대기간) 등의 정보 확인
3		DHCP의 장단점
	장점	① 관리의 용이성 : N/W 설정 자동 제공
		② 신뢰성 높은 DHCP IP 주소 구성 : IP 충돌 미연에 방지
		③ IP 주소 체계의 유연성 : IP 주소 체계를 손쉽게 변경
	단점	① DHCP 서버 다운(Down) 시 N/W 사용 불가능
		② DHCP 인증과정을 거치지 않아 사이버 공격에 취약

"끝"

문 94)	네트워크(Network)에서의 Non-Blocking I/O
답)	
1.	무중단 처리, Non-Blocking I/O의 개요
가	Network 상에서 Non-Blocking I/O의 정의
-	N/W 상, I/O 작업을 진행하는 동안 User process의 작업을 중단시키지 않고 다른 처리를 수행할수 있는 I/O처리
나	Non-Blocking I/O 특징

다중 처리	N/W에서 Non-Blocking I/O에 기반 하나이상의 Thread를 통한 다중 접속을 지원하는 서버 구축가능
효율성	I/O 작업 진행 동안 작업을 중단시키지 않음. 중지됨 (Blocking 방식에서는 I/O 작업시 해당 프로세스 작업)

2.	Non-Blocking I/O 처리절차 및 절차상세
가	Non-Blocking I/O 처리절차 (예시)
-	Recvfrom 함수 예시 : datagram 소켓으로부터 Data를 수신

Application   Kernel

① Recvfrom 함수호출 — System call → ② datagram 준비안된 상태 ③ ← EWOULDBLOCK 리턴

④ 폴링 (poll-ing) Recvfrom 함수호출 → ⑤ datagram 준비 ⑥ datagram 복사

⑦ OK Ref(리턴) ← 복사완료 → Process datagram

피이터 대기 / 피이터 복사

4. Non-Blocking I/O 처리 절차 상세

	①	APP. 에서 User Process recvfrom 함수호출
	②	커널은 recvfrom으로 부터 System Call을 받으면 recvfrom에 데이터가 있는지 확인수행
	③	recvfrom에 데이터가 없을 경우 (데이터 준비중 상태) 커널은 'EWOULDBLOCK' 리턴 (데이터 준비중 상태)
	④	Application은 OK 리턴(Return)이 수신될때까지 반복적으로 recvfrom 함수호출 (일정 시간 간격으로)
	⑤ ⑥	recv Buffer에 데이터가 있을 경우, Buffer로 부터 데이터 복사 수행후 데이터 복사완료상태로 전환
	⑦	APP. 에 OK Return

- Non-Blocking I/O에서는 반환이 I/O시간과 상관없이 동작하므로 유저 Process 자신의 작업중지 없이 I/O 처리수행가능

3. Network 상에서 NON-Blocking I/O 활용예시

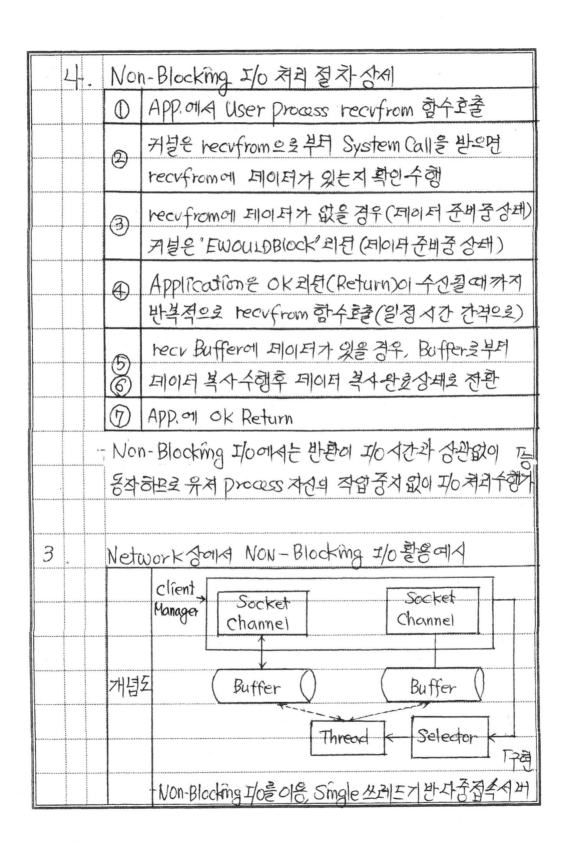

개념도

- Non-Blocking I/O를 이용, Single 쓰레드기반 사중접속서버

		기술 요소	-Client Manager: 클라이언트 Session으로 생성 된 Accept된 Socket을 연결된 Client로 관리, 순회하면서 recv 호출, I/O 수행 처리 -비동기 Network 함수 사용 (Select, poll, kqueue등) -Accept, recv, send 함수의 대기상태에서 non-Block 설정
		장점	-Single Thread 공유통한 많은 Connection 지원 -적은 메모리(Memory) 및 적은 Resource 사용 -적은 Context Switching overhead -Blocking I/O의 Blocking 현상 해결가능
		단점	-Source Code 복잡도 증가 -부분적으로 수신되는 메시지 처리 Routine 필요

4. Non-Blocking I/O와 Blocking I/O 비교

가. Non-Blocking I/O 방식

개념		
특징	-Thread 사용, 병렬처리가능, 다수폴링수행, -I/O 종료와 상관없이 결과 Return, 여러 Client 병렬처리	
활용	병행 서버에 활용, node.js, Netty 등	

4	Blocking I/O 방식	
	개념	
	특징	- I/O 종료까지 process 대기, 동시 접속자수 제한 - 이해하기 쉬운 직선적 Code 수행, 소량작업시 고성능
	활용	접속한 Client 하나씩 순차적 처리, 아라치 http 프로토콜용

"끝"

문 95)		Network에서 Non-Blocked I/O와 Blocked I/O에 대해 비교 설명하시오

답)

1. Network 상, I/O (Input/Output)의 개요

가. Non-Blocked I/O와 Blocked I/O의 정의

Non-Blocked I/O	다른 Job 수행여부 차이	Blocked I/O
- I/O System Call을 요청한 Process는 일정간격으로 Ready 상태를 Monitoring 하면서 다른 Job 수행		- I/O System Call을 요청한 Process는 다른 Job 수행 없이 요청이 완료되기를 지속 Waiting (대기)

나. Non-Blocked I/O 사용배경

병렬 처리	I/O 동작중이라도 다른 Job 수행가능
CPU 효율적 사용	Blocked I/O의 Blocking 현상 제거

2. Non-Blocked I/O와 Blocked I/O의 동작 설명

Non-Blocked I/O	Blocked I/O

APP. 커널 / Read 명령 → Not Ready, 폴링 BUSY BUSY (polling), Ready ← Ready, 수행순서 완료 ← Data 전송 ← Data
- 여러번의 polling 수행

APP. 커널 / Read 명령 → Not Ready, Waiting, 블록킹 수행순서, Ready ← Ready, 완료 ← Data 전송 ← Data
- polling 없이 Blocking

3.	Non-Blocked I/O와 Blocked I/O의 장/단점, 활용		
	분류	Non-Blocked I/O	Blocked I/O
	장점	- Thread사용 병렬처리 가능	- 적은수 작업수행시 고성능
		- 작업수행시 Debugging 용이	- 이해하기 쉬운 직선적 Code 수행
	단점	- 다수의 Polling 수행	- I/O 대기 지연 발생
		- System 효율저하	- 작업수행시 debugging 어려움
	활용	- 병행서버에 활용	- 반복서버에 활용
		(여러 Client 병렬처리)	(접속한 Client 하나씩 처리)

"끝"

문	96)	ISP (Internet Service Provider)로 부터 192, 192, 9, 0
		C Class Network ID 하나를 할당 받았다. (IPv4 에
		해당). 회사에서는 6개의 물리적인 Network로 나뉘어
		있다. 6개의 네트워크를 지원하기 위한 Subnet ID와
		각 Subnet 별 Host ID의 범위를 구하시오 (해당 IP는
		문제의 풀이과정으로 만 적용되는 예제 IP임)

← —— Network ID —— →|← Host ID →

192	192	9	0
1 1 0 0 0 0 0 0	1 1 0 0 0 0 0 0	0 0 0 0 1 0 0 1	0 0 0 0 0 0 0 0

답)

1. Network의 논리적인 분할, Subnet의 개요

　가. 할당된 주소의 체계적인 관리, Subnet의 정의
　- 큰 Network가 작은 네트워크로 분할되는 단위이며, 논리적
　으로 분할 가능. 즉 Network가 세분화된 단위를 말함

　나. Subnet (Sub Network) 구성을 위한 Subnet ID (Subnet
　Mask)의 정의 - TCP/IP protocol에서 IP주소 체계로
　Network를 나누는 (분할하는) 논리적인 수단

　다. Subnet (Sub network)을 구성하는 이유

항 목	설 명
주소절약효과	한정된 주소 자원을 논리적으로 분할→효율적사용
Broadcasting 영역을 줄이는 효과	전체 사용자에게 보내는 Broadcasting을 최소화 하여 Network 비용절감. (효율적사용)

3.		Subnet 별 Host ID 범위 및 결과
	가.	Subnet 별 호스트 ID 범위 (Scope)

Host ID		Host ID		범위
////	0 0 0 0 0	////	1 1 1 1 1	
000	0	000	1	∅ ~ 31
001	0	001	1	32 ~ 63
010	0	010	1	64 ~ 95
011	0 ~	011	1 →	96 ~ 127
100	0	100	1	128 ~ 159
101	0	101	1	160 ~ 191
110	0	110	1	192 ~ 223
111	0	111	1	224 ~ 255

- Host ID의 상위 3 Bit 조합에 따른 범위를 계산

4.		Subnet 별 Host ID 결과

Nw	HostID	
Group	Host ID 범위	IP의 활용
1	192.192.9. ∅ ~ 31	첫번째 IP | Network ID용
2	192.192.9. 32 ~ 63	두번째 IP | Gateway용
3	192.192.9. 64 ~ 95	마지막 IP | Broadcast용
4	192.192.9. 96 ~ 127	ex)
5	192.192.9. 128 ~ 159	192.192.9. ∅ - N/w ID
6	192.192.9. 160 ~ 191	192.192.9. 1 - Gateway
7	Reserved	192.192.9. 31 - Broadcast
8	Reserved	

- Group 7, 8은 Reserve 하여 Test 검증 장비나 향후에 사용
- Supernet은 Subnet의 반대 개념으로 여러 N/w를 통합하는 개념

4.	Subnet 관련 주요 기술	
	기술	설 명
	NAT	1개의 실제공인 IP주소에 다량의 가상 사설 IP를 교대로 할당및 매핑(Mapping)하는 주소변환방식
	VLSM	각 Subnet마다 가변 길이의 Subnet Mask 적용기법
		IPv4의 주소고갈및 라우팅 Table 대형화 해소책
	CIDR	-IP주소를 Class A, B, C등와 같이 크기가 규격화된 규격없이 Bit 단위의 Subnet Mask 정보로 Network 라우팅(Routing).
	VLAN	2계층에서 논리적이고 유연한 망을 구성하는 가상 LAN
	DHCP	Network상에서 동적(Dynamic)으로 IP주소및 구성 정보등을 부여하고 관리하는 Protocol
	Supernet	Subnet의 반대 개념으로 여러 N/W를 통합

"끝"

- NAT : N/w Address Translation
- VLSM : Variable Length Subnet Mask
- CIDR : Classless Inter-Domain Routing
- VLAN : Virtual LAN
- DHCP : Dynamic Host Configuration Protocol

문 97) 네트워크 서브네팅 (Subnetting)과 관련하여 아래 사항들을 설명하시오.

1) 수퍼네팅 (Supernetting)과 서브네팅 개념을 설명하시오.

2) 192.168.100.0/24 네트워크 대역을 동일한 IP 개수를 가진 4개의 서브넷(Subnet)으로 분할하고자 한다. 해당 절차에 대해서 상세히 설명하고, 서브넷 마스크 값을 구하시오. 그리고 하나의 Subnet에서 할당 가능한 IP수량을 제시하시오.

답)

1. Supernetting과 Subnetting의 개요

가. Supernetting의 정의와 특징

정의		다수의 작은 Network를 하나의 큰 Network로 통합하는 방법으로 네트워크 정보를 요약하여 라우팅 Table의 크기 축소 및 Routing 수를 줄이는 방법
특징	통합	다수의 작은 C클래스 결합으로 하나의 큰 N/W로 통합
	연속적주소	블록은 연속적인 주소를 가짐
	CIDR	슈퍼네팅을 지원하기 위한 Routing Protocol

나. 서브네팅 (Subnetting)의 정의와 특징

정의		각 IP Address의 Broadcasting 범위를 지정하기 위해 사용, 하나의 N/W class를 여러개의 N/W Segment으로 분기하여 IP주소를 효율적으로 사용할 수 있게 하는 방법
특징	분할	N/W를 분할하여 체계적으로 관리 가능

			보안성	네트워크(Network)를 사용목적에 맞게
				분할하여 할당하기 때문에 보안성 향상
		특징	브로드캐스트 도메인 축소	네트워크에 속한 Host의 개수가 분할에 의해 적어지기 때문에 브로드캐스트 도메인의 크기도 축소되어 Broadcast로 인한 문제 해결
			라우팅 Table 정보 축소	AS(Autonomous System : 동일 N/W ID 갖는 집합) 의 Edge Router의 라우팅 테이블의 간소화 가능

2. 주어진 문제의 Subnetting의 풀이 설명

가. 주어진 문제의 요구사항

주어진 대역	네트워크 구성	도출 내역
192.168.100. 0/24 (C클래스)	총 4개의 N/W로 구성	-N/W ID, 사용가능 Host수 -서브넷 Mask, IP수량, B/Address

- B/Address = Broadcast Address

나. 주어진 문제의 Subnetting의 절차

순서	절차	설명
1	필요 N/W 조사	-192.168.100.0/24 IP대역에서 4개의 네트워크 구성 (4개 = 2^2이므로 2Bit 필요)
2	Subnet Bit 결정	(table below)

	Network ID			Host ID
	192	168	100	0
	11000000	10101000	11001000	00000000

4개 네트워크 구성 : 2Bit 필요

		2	Subnet Bit수 결정	∅∅∅∅∅∅∅∅ ← Host ID → 4개 Network 만들기위한 Bit수결정 → 4개의 Network Bit수 : 2개 (2²) - Host ID를 이용해 N/W를 만들기위한 Bit수결정 (4개 N/W를위해 2Bit 필요)
		3	Network ID도출	Subnet ID값 Host ID의 상위 2Bit 사용 Network ID | Host ID 192 | 168 | 100 | XX∅∅∅∅∅∅ 192 | 168 | 100 | ∅∅∅∅∅∅∅∅ | 192.168.100.∅ 192 | 168 | 100 | ∅1∅∅∅∅∅∅ | 192.168.100.64 192 | 168 | 100 | 1∅∅∅∅∅∅∅ | 192.168.100.128 192 | 168 | 100 | 11∅∅∅∅∅∅ | 192.168.100.192 - 각각의 Subnet ID를 제외한 Host ID를 모두 "∅"으로 변경하면 네트워크 ID도출
		4	Subnet Mask 계산	Network ID | Host ID 255 | 255 | 255 | 192 | ∅ 11111111 11111111 11111111 11 000000 - 네트워크 ID의 모든 Bit을 "1"로 바꾸어 Subnet Mask 계산 - CIDR 표기법은 '/(slash)'에 Subnet mask Bit수. 255.255.255.192/26으로 표기

5	사용가능 Host수계산	-Host ID bit수가 6Bit이므로 $2^6 - 2 = 62$개 Host 사용 가능. -Network ID와 Broadcast 주소는 제외

		Network ID			HostID		Broadcast Address
6	Broad- Cast Address 계산	192 168 100 00	111111				192.168.100, 63
		192 168 100 01	111111			→	192.168.100,127
		192 168 100 10	111111				192.168.100.191
		192 168 100 11	111111				192.168.100.255

Host ID bit를 모두 "1"로 바꾸어 Broadcast 주소 계산

-Subnetting에서 필요한 Network수에 맞게 기존의 Host.ID 에서 필요한 Bit를 도출하고, 도출된 Bit로 Network ID를 구하는 것이 가장 먼저해야 할 절차이고 중요한 과정임

| 3 | 주어진 문제에서 Subnet Mask, 할당가능한 IP수량 등 |

구분 네트워크 ID	192.168.100.0	192.168.100.64	192.168.100.128	192.168.100.192
Subnet Mask	255.255.255.192	255.255.255.192	255.255.255.192	255.255.255.192
Broadcast 주소	192.168.100.63	192.168.100.127	192.168.100.191	192.168.100.255
사용가능 Host 범위	192.168.100. 1~62	192.168.100 65~126	192.168.100 129~190	192.168.100 193~254
사용가능 Host수	62개	62개	62개	62개

"끝"

문 98)	인터넷에서 Subnet 개념이 적용된 배경을 설명하고 subnet mask 255. 255. 255. 224 인 네트워크를 예를 들어 설명하시오

답)

1. IP주소의 효율적 사용 Subnet의 개요

　가. IP주소의 분할, Domain 축소 개념, Subnet의 정의

　- 각 IP Address의 Broadcasting 범위를 지정하기 위해 사용되며 하나의 N/W class를 여러개의 N/W Segment로 분리하여 효율적으로 사용할수 있게 하는 방법

　나. 서브네팅(Subnet)의 특징

분할	N/W를 분할하여 체계적으로 관리 가능
보안성	네트워크를 사용목적에 맞게 분할하여 할당(Allo-cation)하기 때문에 보안성 향상, 관리 편이성
브로드캐스트 도메인 축소	네트워크에 속한 Host의 개수가 분할에 의해 적어지기 때문에 Broadcast 도메인(Domain)의 크기도 축소되어 브로드캐스트로 인한 문제 해결
라우팅 Table 정보축소	Edge Router의 라우팅 Table의 간소화 가능

　　　　　　　　　　　　　　　　　　　　　　〈서 장점〉

2. Internet 에서 Subnet 개념이 적용된 배경과 적용

　가. Subnet 개념 적용된 배경

IP주소 최적공간	IP주소 공간의 낭비문제를 해결하기 위해 IETF 에서 'RFC950, 인터넷 표준서브네팅 절차'

			에서 Subnet의 개념을 설계하여 발표		
		라우팅관리	Internet 라우팅 테이블의 크기 증가 해소 필요		
		IP관리	Local 네트워크관리자의 효율적인 IP관리		

4. Subnet 사용시의 장점

Class Ip Address를 체계적으로 나누어 관리		보안성 우수(N/W를 나 누어서 관리 가능)
	Subnet 장점	
LAN의 Broadcasting 트래픽 감소 효과		효과적 Routing (Routing 정보 줄임)

- IP주소의 체계적 관리와 라우팅 정보 감소 등의 장점이 있음

3. Subnet을 사용한 N/W구성과 Subnet mask의 개념

가. Subnet을 사용한 Network 구성

Network + Subnet

| Network | | Host |

↙ subnet

Subnet을 생성하기위해 Host
로부터 Bit를 빌려옴

Network

| Network | Subnet | Host |

↓ Host로부터 Borrowed bits

- Subnet을 이용하여 Host bit을 Network로 이용함

- Host 주소를 Subnet mask를 사용하여 Subnet으로 구성하여 사용함

4 Subnet mask의 개념

- Subnet을 표시하는 체계로서 Network bit와 Subnet bit의 사용위치를 명확히 하여 이들을 구별함
- IP주소 중 Network Bit와 Subnet Bit의 사용 비율을 나타내고 이를 이용하여 Subnet을 생성

4. Subnet mask 255.255.255.224인 N/W 예제 풀이

가. Subnet mask 255.255.255.224 의 2진수 표현

- Class C Network

2진수	11111111	11111111	11111111	xxxxxxxx
10진수	255	255	255	X

- X = Don't care로 0 또는 1의 값

나. Subnet mask 224 값의 분해및 표현

Bits	7	6	5	4	3	2	1	0
구분	Subnet(3bit)			Host Address (5bit)				
자리값(2^N)	128	64	32	16	8	4	2	1
누적	128	192	224	X	X	X	X	X
2진수	1	1	1	X	X	X	X	X

- Host 주소 8bit중 상위 3bit는 Subnet으로 사용함, 224에 해당되는 Bit는 상위 3Bit모두 1임

다. Subnet Host ID 범위계산

Network	Network subnet								~	subnet								범위
255.255.255	0	0	0	0	0	0	0	0	~	0	0	0	1	1	1	1	1	0~31
255.255.255	0	0	1	0	0	0	0	0	~	0	0	1	1	1	1	1	1	32~63
상동	0	1	0	0	0	0	0	0	~	0	1	0	1	1	1	1	1	64~95
상동	0	1	1	0	0	0	0	0	~	0	1	1	1	1	1	1	1	96~127
상동	1	0	0	0	0	0	0	0	~	1	0	0	1	1	1	1	1	128~159
상동	1	0	1	0	0	0	0	0	~	1	0	1	1	1	1	1	1	160~191
상동	1	1	0	0	0	0	0	0	~	1	1	0	1	1	1	1	1	192~223
상동	1	1	1	0	0	0	0	0	~	1	1	1	1	1	1	1	1	224~255

⇓ subnet Host ID 범위 FIX

Group	Host ID의 범위
1	255.255.255.0 ~ 255.255.255.31
2	255.255.255.32 ~ 255.255.255.63
3	255.255.255.64 ~ 255.255.255.95
4	255.255.255.96 ~ 255.255.255.127
5	255.255.255.128 ~ 255.255.255.159
6	255.255.255.160 ~ 255.255.255.191
7	255.255.255.192 ~ 255.255.255.223
8	255.255.255.224 ~ 255.255.255.255

Subnet mask 224에 대해 8개 Group으로 할당가능

	차	실제 Network 환경에서의 범위
		- 각 Group에서 첫번째 IP는 Network ID, 두번째 IP는 Gateway, 마지막 IP는 Broadcasting ID로 예약(Reserved)하여 사용할수 있음
		(예서 255.255.255.0은 Network ID, 255.255.255.1은 Gateway ID, 255.255.255.31은 Broadcasting ID로사용)
		- Supernet은 Subnet의 반대 개념으로 여러개의 Network를 종합하는 개념임.
		"끝"

문 99) 192.168.4.∅ ~ 192.168.7.∅/24 IP 대역을 슈퍼네팅하여 NW ID, Subnet Mask, 유효 IP 호스트 수를 산출하시오.

답)

1. 큰 Network로 통합, Supernetting의 정의 & 특징

정의	다수의 작은 Network를 하나의 큰 Network로 통합하는 방법으로 네트워크 정보를 요약하여 라우팅 테이블의 크기 축소 & 라우팅 수를 줄이는 기법

특징	통합	다수의 C class 결합으로 하나의 큰 N/W로 통합
	연속적 주소	블록은 연속적인 주소(Address)를 가짐
	CIDR	Supernetting을 지원, Routing Protocol

및 Subnet Mask

2. 192.168.4.∅ ~ 192.168.7.∅/24 IP 대역의 분석

가. 분석

항목	상세 분석
Class 확인	192.∅∅.∅ ~ 255.255.255.255에 포함되어 C 클래스(Class)에 해당
N/W ID	C class는 상위 24 bit (/24)가 N/W Bit 임
Subnet Mask	255.255.255.∅ 임
유효 IP Host(호스트)수	[192.168.4.∅], [192.168.5.∅], [192.168.6.∅], [192.168.7.∅] 각각 유효 IP Host 수는 $2^8 - 2 = 254$ 개임

Class, N/W ID, Submask, 유효 IP Host수의 분석

| 4. | Subnet Mask의 개념과 Subnet 사용 Network구성 |

Subnet Mask - Subnet를 표시하는 체계. Network

Bit와 Subnet Bit의 사용위치를 명확히하여 이들을 구별

- IP주소중 Network 비트와 Subnet 비트의 사용 비율을

나타내고 이를 이용하여 Subnet을 생성

Subnet을 사용하여 Network 구성 방법

① Subnet을 이용하여 Host Bit의 일부를 Network Bit

로 이용함 ② Host 주소를 Subnet mask를 사용하여

Subnet으로 구성하여 사용함

- Host Bit의 일부 (상위 Bit들)를 Networ Bit로

Mask (고정) 하여 사용하는 개념이 Subnet Mask 임

「끝」

| 3. | 192. 16. 4. ∅ ~ 192. 16. 7. ∅ /24 IP 대역의 슈퍼네팅 |

가.	N/W ID 도출	

절차	상세 분석
공통 Bit 도출	192.168.4.0 = 11000000. 10101000. 00000100. 00000000 192.168.5.0 = 11000000. 10101000. 00000101. 00000000 192.168.6.0 = 11000000. 10101000. 00000110. 00000000 192.168.7.0 = 상등 . 상등 . 00000111 . 상등 첫 22 Bit가 공통임
최종 N/W ID	첫 22 Bit을 제외한 나머지 10 Bit는 0으로 Set 되어 192.168.4.0이 최종 N/W ID임 (11000000. 10101000. 00000100. 00000000)

- Supernetting 이전은 24 bit의 각각 4개의 개별 ID가
  존재 했으나 Supernetting 이후는 1개의 단일 22 bit로 통합

나.	Subnet Mask의 도출	

절차	상세 분석
N/W ID 식별	22 bit 모두 1로 Set 하여 11111111. 11111111. 11111100. 00000000 에 해당
최종 Subnet Mask	최종 255. 255. 252. 0이 Supernetting 된 Subnet mask 임

다.	유효 IP Host 수 도출	

절차	상세 분석
Host Bit 식별	슈퍼네팅 되어 기존 8 bit에서 10 bit로 증가 (재선 N/W bit 수는 24개에서 22개로 감소)

			192. 168. 4. $\phi \sim 255$ (256개)
	최종유효		192. 168. 5. $\phi \sim 255$ (256개)
	IP		192. 168. 6. $\phi \sim 255$ (256개)
	Host		192. 168. 7. $\phi \sim 255$ (256개)
	수		$2^{10} - 2 = 1022$개 ($256 \times 4 - 2$)가 최종 유효 IP 호스트(Host) 개수임

- 최종 유효 IP Host 수에서 2개를 뺀 이유는 네트워크 주소(ϕ)와 Broadcast(255) 주소를 제외했기 때문

4　Supernetting의 장단점과 제언

가　|슈퍼네팅의 장단점|

- IPv4의 포화된 IP를 효율적으로 사용함으로써 더 많은 호스트(Host)에게 IP 주소 부여 가능
- N/W ID가 통합되어 별도의 라우팅(Routing) 통신 필요 없이 직접통신이 가능하므로 성능 향상

나　|제언| - 소규모 Host를 가진 조직의 경우는 서브 네팅을 수행하고 C class 이상인 조직 경우는 Supernetting 필요
- 향후 확장성 고려서 IPv4 기반 슈퍼 네팅 보다는 IPv6를 사용하는 것이 필요함

"끝"

문100) Socket (소켓) 통신 방식에 대해 설명하시오

답)

1. 응용 program 간 실시간 정보교환, Socket의 개요

구성 (개념)	정의
응용#1(client) ← Data전송 → 응용#n(서버)	물리적으로 상호연
Socket(Active/Passive mode)	결된 Network상에
Transport Layer(TCP/IP)	응용 program간
Network Layer (IP Address)	Data 송수신 가능한
〈OSI 7 Layer 제층 서비스 프로토콜〉	N/W 프로그래밍 기술

2. Client/Server 아키텍처 구조, Socket 통신방식의 구성

서버side App.
Client side App
- Passive open
- IP Address
- Port Number
Client#1(포트900)
Client#2(포트901)
Client#3(포트 N)
〈서버/client 구조, 1:N관계, 실시간 양방향〉

TCP 소켓
(TCP/UDP)
→ Web으로 확장
Web 소켓
(HTML5에 포함)
대기

- Server side App.에서 Passive모드로 소켓 open → Client연결
- Client side App.에서 Active모드로 소켓 open → 서버연결요청

3. Socket 통신방식의 유형

유형	개념	특징
TCP Socket	양방향 Data전송, 실시간 Data 전송, 연결 지향 통신기술	신뢰적, TCP 연결형서비스

		UDP Socket	단방향 데이터 전송, 대용량 Data 전송, 비연결성 기반 통신 기술	비신뢰적, UDP 비연결형서비스
		Web Socket	Web 서버와 Web 브라우저가 지속적으로 연결된 TCP 통해 실시간 Data 통신 가능 기술 (programming 기술)	HTML5 API 포함, Web 브라우저 인터페이스지원

"끝"

문 101)	TCP 소켓 (Socket) 함수에 대해 설명하시오			
답)				
1.	Network Programming, Socket의 개요			
가.	Data 송수신, 소켓(Socket)의 정의			
	물리적으로 연결된 Network상에서 데이터 송수신에			
	사용할수있는 네트워크 Programming 기술			
나.	Socket 함수 통신 방식 유형			

소켓유형	개념	특징
TCP	양방향 데이터 전송이 가능하고 실시간으로 데이터를 빠르게 전송하기 위한 연결지향 통신 기술	신뢰적, TCP 연결형 서비스
UDP	단방향 데이터 전송으로 대용량의 데이터를 빠르게 전송하기위한 비연결성 기반의 통신기술	비신뢰적, UDP 비연결 형 서비스
Web	웹(Web) 서버와 웹 브라우저가 지속적으로 연결된 TCP 라인을 통해 실시간으로 데이터를 주고 받을 수 있도록 하기 위한 기술	HTML5 API포함, 웹 브라우저 인터페이스지원

- Network Application은 Socket을 통하여 통신망 으로 Data를 송수신 가능 -. 구축 System의 특성을 고려하여 TCP Socket 또는 Web Socket 기술 활용가능
2.	Network Socket의 구성도 및 구성요소

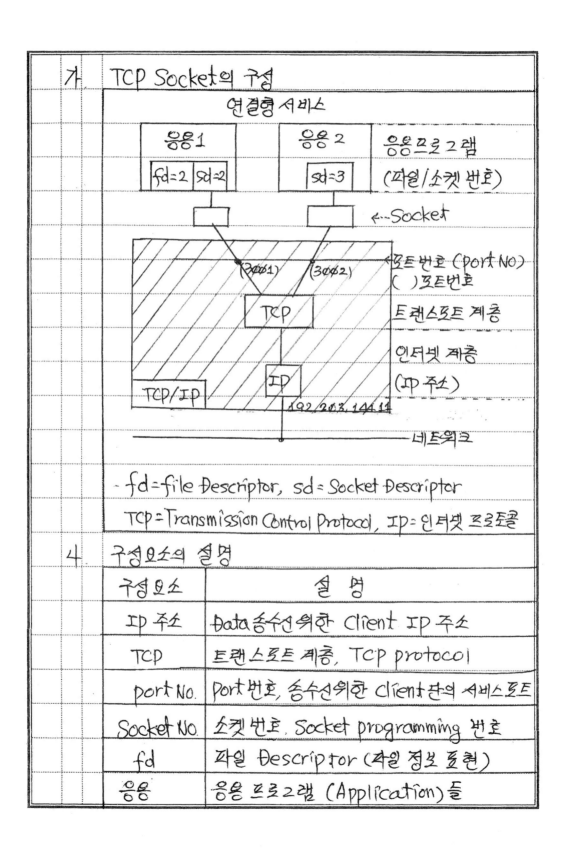

가. TCP Socket의 구성

연결형 서비스

- fd=file Descriptor, sd=Socket Descriptor
- TCP=Transmission Control Protocol, IP=인터넷 프로토콜

나. 구성요소의 설명

구성요소	설명
IP 주소	Data송수신 위한 Client IP 주소
TCP	트랜스포트 계층, TCP protocol
port No.	Port 번호, 송수신 위한 Client간의 서비스포트
Socket No.	소켓 번호, Socket programming 번호
fd	파일 Descriptor (파일 정보 표현)
응용	응용 프로그램 (Application)들

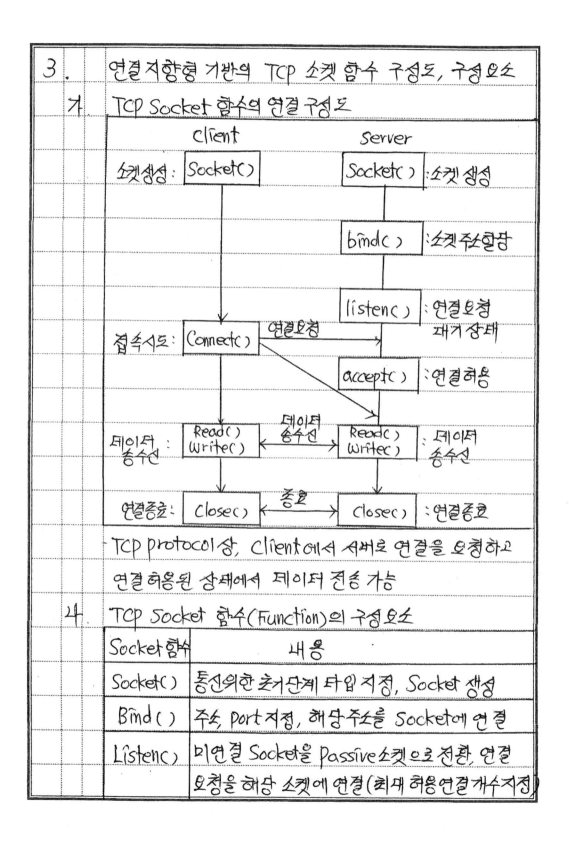

3.	연결지향형 기반의 TCP 소켓 함수 구성도, 구성요소

가. TCP Socket 함수의 연결 구성도

TCP protocol상, Client에서 서버로 연결을 요청하고 연결 허용된 상태에서 데이터 전송 가능

나. TCP Socket 함수(Function)의 구성요소

Socket 함수	내용
Socket()	통신위한 초기단계 타입 지정, Socket 생성
Bind()	주소, port 지정, 해당주소를 Socket에 연결
Listen()	미연결 Socket을 Passive 소켓으로 전환, 연결 요청을 해당 소켓에 연결(최대 허용연결 개수지정)

		Connect()	TCP Client에서 Server와 연결위해 사용, Socket과 목적지 Address + Port를 지정
		Accept()	Connect()에서 받은 정보를 기준, 접속 요청한 Client와 연결하는 Socket 생성
		Send()	Write() 함수로 보낼 Data의 추가 정보 (필요시)
		Receive()	Read() 함수로 보낼 Data의 추가 정보 (필요시)
		Read() Write()	연결된 Socket 스트림에 정보(Data) Read & Write
		Close()	생성했던 Socket 종료

4. TCP Socket 함수와 UDP Socket 함수의 비교

구분	TCP 소켓 함수	UDP 소켓 함수
연결	연결기반, 1:1 연결, 양방향	비연결 기반, 1:1, 1:N, M:N 연결
순서제어	안전성과 순서보장	순서 미보장, 중복 허용
오류제어	유실시에 재전송 요청	데이터 유실시도 재전송(X)
특징	-회선 처리 가능 속도로 송수신 -Byte 스트림 protocol로 데이터의 경계를 구분하지않음	목적지의 IP와 Port만 알면 누구든지 Data 전송 소량 Data, 실시간 서비스
표준	RFC793, 1323, 2581 등	RFC768에 거술

"끝"

문102)	UDP 소켓(Socket) 함수에 대해 설명하시오
답)	
1.	UDP Network Programming, UDP Socket 개요
가.	UDP protocol상 Data 송수신, UDP 소켓의 정의
	- 물리적으로 연결된 Network상 Data 송수신에
	사용할 수 있는 Network Programming 기술
나.	Socket 함수 통신 방식 유형
	- Socket 함수는 UDP/TCP/Web 소켓으로 분류 가능
2.	UDP Socket 함수의 구성 및 구성 요소
가.	UDP Socket 함수의 구성도

TCP
- 신뢰적 연결형
- 양방향전송
- TCP protocol

UDP
- 비신뢰적
- 단방향
- UDP protocol

Web
- HTML5
- Web 브라우저
- 인터페이스

응용1 [Sd=2] 응용2 [Sd=3] 응용 Program (소켓 번호)

2001 2002 port 번호 Transport 계층
UDP
IP 인터넷(Internet) 계층 (IP주소)
UDP 192.203.144.11 네트워크

Sd = Socket Descriptor,   IP: Internet Protocol

UDP = User Datagram Protocol

4. 구성요소의 설명

구성요소	설 명
IP주소	Data 송수신 위한 Client IP 주소
UDP	Transport 계층, UDP protocol
Port 번호	Port 번호, 송수신위한 Client간의 서비스포트
소켓 번호	소켓번호, Socket Programming 번호
응용	응용 프로그램 (Application) 들

3. 비연결형 기반의 UDP 소켓 함수 (Function) 구성, 구성요

가. UDP Socket 함수의 연결구성도

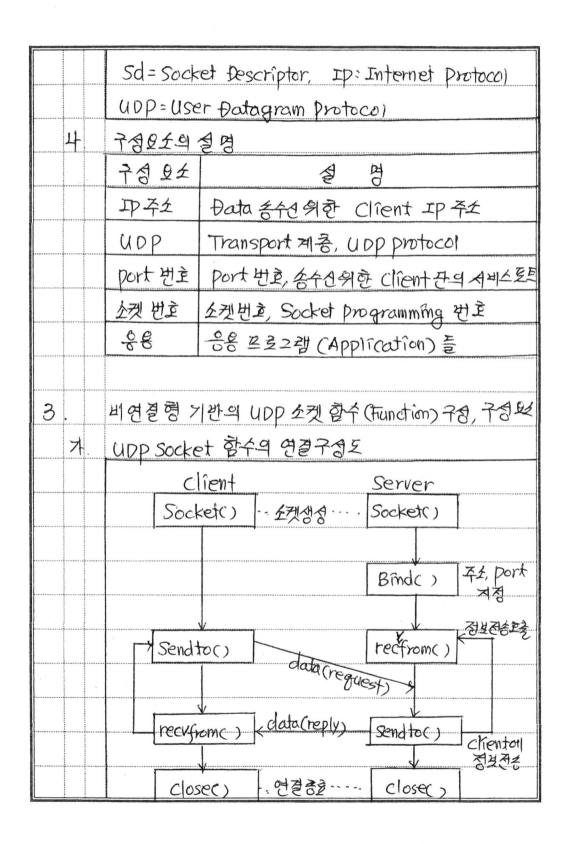

동작설명

1) Server: Bind( ) 함수를 통해 특정 Port를 사용한다고 미리선언, Data 전송대기 ┌전송

2) Client : Server에 출발지 IP, Port를 함께 데이터를

3) Server : Data와 출발지 IP, Port를 분석해 맞는 경우 동작을 수행, 필요시 해당 IP, Port 전송

4) 2) ~3) 작업을 Repeat

4. UDP Socket 함수(Function)의 구성요소

Socket 함수	내용
Socket( )	통신을 하기위해 초기 단계에 타입을 지정하여 소켓(Socket)을 생성
Bind( )	사용할 Address와 서비스 Port 지정, 해당주소를 소켓(Socket)에 연결
Recvfrom( )	UDP를 통한 정보 전송시 호출됨 (별도의 연결 없음)
Sendto( )	대상 Client에게 정보를 전송 (직접적으로 전송), 전송후에 Reply 전송 및 Recvfrom( ) 함수 호출
Close( )	생성했던 Socket 종료

4. Socket 통신방식 구축시 실무자 차원의 고려사항

고려사항	설명	핵심

보안측면	SYN Flooding, UDP Flooding의 DOS, DDOS공격 대응방안 적용	ACL 적용, 꽉차단 등
성능측면	동기 방식보다는 비동기 Thread 방식 적용, 대용량 실시간 통신 처리	비동기방식 으로 성능대응
안정성 측면	-통신이상 발생경우 대비한 Logic -통신 정상상태 지속유지 방안 -전송의 Start와 끝의 명확화	-Log 모니터링 -상태 지속체크 -Protocol 준수

- 외부망으로 서비스시 보안측면 우선 고려 필요
- I/O 발생이 많거나 거거간 통신이 많을 경우는
  비동기 (Asynchronous) 방식처리로 성능 향상 가능

　　　　　　　　　　　　　　　　　　　　"끝"

문103)	Web 소켓 (Socket) 함수에 대해 설명하시오
답)	
1.	Web상 Data송수선, Web Socket의 정의
	- Web서버와 웹 브라우저가 지속적으로 연결된 TCP Line을 통해 실시간으로 데이터를 송수선 가능 기술
	- N/W 응용프로그램은 Socket을 통해 통신망으로 송수선 가능
2.	Web Socket의 Flow 및 설명
가	Web Socket의 동작과정 (Flow)

Web 브라우저 — Web 서버

① Websocket

② Socket send()
Socket onMessage()
← Event 1/2 ..

③ Socket onMessage() PUSH

나	Web Socket 동작과정(Function) 설명
①	Web 브라우저와 Web서버간 Handshaking 통한 연결, Client에서의 WebSocket 객체 생성통한연결수행
②	Send() 함수를 이용하여 웹서버로 데이터전송. OnMessage() 핸들러를 이용하여 웹서로부터 데이터수선
③	서버에서 특정 상황혹은 정보에 대한 데이터를

		③	브라우저로 Push, 브라우저(Browser)에서는 Polling 없이 Data를 수신 가능

3.		Web Socket 함수의 설명	

함수	Function 설명
onopen()	웹 Socket이 연결되면 호출(Event handler)
onMessage()	Message가 도착하면 호출 (Event 핸들러)
onError()	Error가 발생되면 Call (Event 핸들러)
onclose()	Socket이 닫히면 Call (Event handler)
Send()	Message 전송 함수
close()	Web socket 종료 함수

- Web Socket은 JSON을 이용하면 복잡한 Message를 캡슐화하여 Easy 보낼수 있음.
- Socket 통신 실무에 적용시 보안, 성능, 안정성 측면 고려 필요

"끝"

PART
2

무선통신

무선랜 기술인 IEEE 802.11 규격의 다양한 버전들에 대해서 학습하고 근거리
PAN 기술인 Bluetooth, Zigbee, UWB와 관련 유사 프로토콜에 대해서 학습합니다.
특히, IEEE 802.11ad, IEEE 802.11af, Miracast, Bluetooth 4.0(BLE), NFC,
WBAN 등에 대해서 학습합니다.   [관련 토픽 – 24개]

문 104)	WLAN (Wireless Local Area Network)

답)

1. 무선주파수를 이용한 Data 송수신 기술, WLAN의 개요

  가. IEEE 802.11 (Wireless LAN)의 정의

    - 무선 주파수(Radio Frequency) 기술을 활용하여 무선랜 Card와 AP(Access Point)를 통해 물리적 회선없이 유선처럼 Data를 송수신 가능한 기술

  나. IEEE 802.11의 구성 및 구성요소 설명

<무선단말기> PC, Smart TV, phone, USB wifi, CCTV 등 Wifi Device 안테나 (Wifi 모듈 내장) Beacon AP SSID AP AC Router WIMS 인터넷 망 Gateway DNS Wifi 모듈내장(Card 내장)

무선랜 영역 ← 인터넷 Backbone 구간 → N/W 망

구성요소	내용	특징
AP (Access Point)	기지국역할, 단말기와 정보송수신	Gateway 역할
AC (Access 제어기)	인증, 과금, 기타 정보 제공	AAA 기능
WIMS 기능	Wireless Internet 관리 System	BSS, ESS
	무선 LAN 서비스 관리 기능 수행	관리
Wifi 모듈	2.4/5GHz, 안테나 지원	MIMO 기술
무선랜 카드 (내장)	무선통신을 위한 Card 내장 (802.11 b/a/g/n/ac/i 등)	Ad-Hoc, Mesh 구조로 형성

- BSS : Basic Service Set , ESS : Extended Service Set

2. IEEE 802.11의 동작원리 (CSMA/CA 방식 사용)

가. Wireless LAN의 Data 전송원리

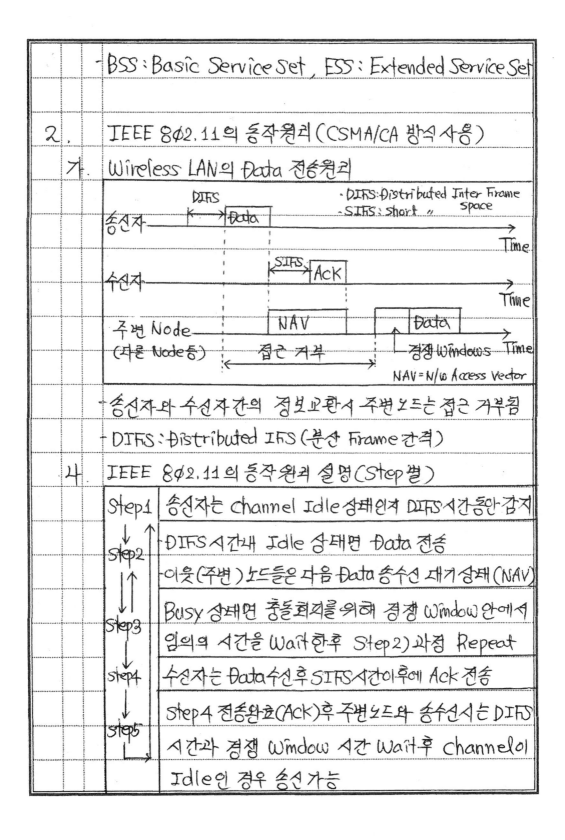

- 송신자와 수신자 간의 정보교환시 주변노드는 접근 거부됨
- DIFS : Distributed IFS (분산 Frame 간격)

나. IEEE 802.11의 동작원리 설명 (Step별)

Step1	송신자는 Channel Idle 상태인지 DIFS 시간동안 감지
Step2	- DIFS 시간내 Idle 상태면 Data 전송
	- 이웃 (주변) 노드들은 다음 Data 송수신 대기 상태 (NAV)
Step3	Busy 상태면 충돌회피를 위해 경쟁 Window 안에서 임의의 시간을 Wait 한후 Step2) 과정 Repeat
Step4	수신자는 Data 수신후 SIFS 시간이후에 Ack 전송
Step5	Step4 전송완료 (ACK)후 주변노드와 송수신시는 DIFS 시간과 경쟁 Window 시간 Wait후 Channel이 Idle인 경우 송신 가능

3. IEEE 8Φ2. 11 b/a/g/n Version의 주요기술과 비교

가. IEEE 8Φ2. 11 b/a/g/n의 주요기술

기술	설 명
DSSS (Data 확산방식)	Direct Sequence Spread Spectrum 하나의 신호심벌을 일정한 Sequence로 확산전송 [CDMA에 사용] ·장점: Easy 통신거리 연장이 가능함
MIMO (Multiple Input Multiple Output)	·전송대역폭 확대 : 다수의 입출력 안테나를 이용 하여 양단간 Space Diversity 와 Spatial Multiplexing 이용
OFDM (직교성 부여 대역폭 절약)	하나의 Data를 일정간격의 다수의 반송파로 분할하고 직교성을 부여하여 전송효율을 높임
Beam Forming	전파 수신측의 Smart phone 등 모바일 거기를 감지, 최적의 전파를 쏘아주는 기술 (8Φ2.11n 부터)
채널 Bonding	여러 채널 묶어 속도향상 & 송수신 거리 향상효과
Link Adaption	채널 상태의 변화에 적합하게 변조와 채널 Coding 기법을 변화시켜 주파수 효율 향상

Frame Aggregation	우선순위가 같고 동일한 목적지로 향하는 다수의 MSDU를 하나의 MSDU로 Aggregation(집약)하는기술

4. Version 간의 비교   *MSDU : MAC Service Data Unit

구분	802.11b	802.11a	802.11g	802.11n
주파수	2.4GHz	5GHz	2.4GHz	2.4/5GHz
도달거리	~100m	~40m	~80m	~250m
최고속도	10Mbps	54Mbps	54Mbps	600Mbps
변조방식	DSSS	OFDM	OFDM	OFDM
대역폭	20MHz	20MHz	20MHz	20/40MHz
장점	저가 기기의 급속 보급	저 기기와전파 간섭없음	802.11b와 호환성	성능UP, QoS보장 · 802.11b/g호환
단점	전파간섭 (Bluetooth)	5GHz 통신위성	전파 간섭	WEP, WPA TKIP 지원안함

4. IEEE 802.11의 보안취약점 & 해결방안

구분	보안 취약점	해결 방안
물리적 취약점	AP도난, 파손, 전원 차단	무선 IDS 이용
기술적 취약점	-전파수집, 불법 접속 (attack) -중간자공격 (Man In The Middle) -SSID 노출	-WPA2, WIPS등 전문무선보안시스템 도입 -SSID 브로드캐스팅 금지
관리적 취약점	AP전파관리 미흡 패스워드 & 정보유출	AP전파 출력 조절 보안위협에 대한 인지

"끝"

문105)	ISM (Industrial, Science, Medical) Band		
답)			
1.	ISM Band의 정의 - 산업계, 과학계, 의학계에서 공통적으로 사용 가능한 공유 무선 주파수 대역, 보통 900MHz, 2.4GHz 주파수 대역을 사용		
2.	ISM Band의 특징		

구분	주요특징	내용
기술적 특징	저전력(Low power)&저출력	장시간 사용위한 저전력, 근거리통신망 구성
	근거리 통신망 구성(LAN)	100m 이내의 근거리 통신 (Local area N/W)을위한 무선주파수
	충돌& 보안(Security)문제	주파수 대역공유 & 공개로 충돌 및 보안 취약점발생 (대응필요)
Biz적 (비지니스)특성	사전 인가 불필요	이미 인가된 주파수 대역으로 별도사전 인가 행위 불필요
	이용범위 확산	과거연구용 → 실생활에 활용됨
	무료 사용	관리 대상 대역이 아니므로 사용료 자체가 없음

3.	ISM Band의 활용분야		
가.	Industrial 부문		
	- 산업계 전반에서 적용, Home Network에도 적용		

활용영역	활용분야	특징

		WPAN	Blue tooth	2.4GHz, 24Mbps, 피코넷/스캐터넷, PC주변 기기
			Zigbee	2.4GHz, 250kbps, CSMA/CA, 초저전력
		WLAN	IEEE 802.11 b/a/g/n/ac	2.5GHz, 100Mbps, 1.3Gbps(AC ver에서) 대역확산, 보안취약
		USN	RFID, 모바일 RFID	900MHz, 사물인식, B2B/B2C 보안기술중요

4. Science, Medical 부문

- 기초과학연구분야, BT/NT등 차세대 연구과제,

U-Heathcare 적용등

"끝"

문 106)	IEEE 802. 11ac (기술요소를 충분히 나열하시오)		
답)			
1.	Miracast 대응 802. 11ac의 개요		
가.	전송속도 Gaga Bit, 802. 11ac 의 정의		
	160MHz의 대역폭, 5GHz사용, 1.3Gbps Data전송		
	Coverage 확장지원하는 802. 11n 이후의 WLAN 규격		
나.	WLAN의 발전 (전송속도, 대역폭, MIMO 기술확대)		
	.11b → .11a → .11g → .11n → .11ac → Super WiFi		
다.	IEEE 802. 11ac의 등장배경		

배경 (.11n 한계)	설 명 (802. 11. ac 에서 대응)		
대역폭의 한계	802. 11n에서 최대 40MHz 대역폭에서 의무적 80MHz, 선택적 160MHz로 대역폭 증가		
전송속도	HD급 초고화질 영상의 실시간 전송필요성 (무선)		
동시접속 자 한계	다중 사용자 환경에서 MIMO 기술로 AP(Access Point)로 다수사용자 → 동시전송		
기기간의 Data공유	Miracast(WiFi Alliance), All share (Samsung) Airplay (Apple), WiPi (Intel) 기술 접목		

2.	IEEE 802. 11ac 의 핵심기술및 규격간의 비교		
가.	IEEE 802. 11ac의 핵심기술요소		

핵심기술	설 명	비고
대역폭확대	802. 11n에서는 40MHz 사용	전송속도

Wider Channel Bandwidth	802.11ac에서는 Max 160MHz까지 Channel 대역폭 지원 간섭신호회피 → 우회전송가능 장점			전송속도 증가효과
256-QAM변조	위상과 진폭의 혼합 변조 적용 -256-QAM 기술로 전송속도 증가			1.3Gbps 지원
동적 대역폭 운영	-Dynamic Bandwidth 동작 가능 -무선망내에서 간섭신호의 주파수를 선별적으로 제거하여 교란에 적응가능			신규기능으로 통신 보안 강화
Multi-User MIMO	-하나의 AP가 여러개 STA에 대해 안테나 전송을 실격하는 방법(STA= Station) -최대 8 spatial streams 지원			Downlink 에서 망 제공
Beam-Forming (Station의 위치는dB (소리크기)로 측정이 가능함)	수신측의 위치와 거리를 감지하여 전파의 강도를 조절하여 전송속도와 안정성을 향상시킴			Narrow, Wide 방식(신호 Focusing 또는 Tracking)
	802.11n 신호 분산	802.11ac 전파 집중 (Focusing)		
Multi-Channel MAC	하나의 AP가 다수의 Station에 대해 주파수 대역을 다변화하는 방식 (4 channel 자동이격)			기존 기능 에서 성능 향상
OFDM	하나의 Data를 일정 간격의			기존기능

		OFDM (직교성)	다수의 반송파로 분할하고 직교성을 부여하여 전송효율 높임		기존기능
		Fast Session 연결	기존무선랜과 호환성을 위한 2.4G, 5G/60GHz 지원		기존기능 호환성유지
		GigaBit전송	64QAM → 256QAM 재응		전송속도
		Channel Bonding	물리적 N/W Interface를 논리적으로 조합하여 N/W 개수만큼 대역폭 확장 하는 기술(100M I/F 2개 → 200M)		전송속도 증가효과

4	IEEE 802.11 규격간의 비교		
구분	802.11b	802.11n	802.11ac
주파수	2.4GHz	2.4/5GHz	5GHz
도달거리	~100m	~250m	~50m
최고속도	10Mbps	600Mbps	1.3Gbps
변조방식	DSSS	OFDM	OFDM
대역폭	20MHz	20/40MHz	~160MHz
안테나	2T×2R	4T×4R	8T×8R
장점	저가기기 급속보급에 따른 활성화	타기기와 전파 간섭없음 (Bluetooth)	성능 Up, 802 b/a/g/n과 호환, 전송속도증가
단점	전파간섭 (Bluetooth 2.4GHz사용)	WEP, WPA, TKIP 지원 안함	Coverage의 한계(도달거리 극복숙제)

3.		국내외 IEEE 8¢2.11ac chipset 적용
	-	Broadcom (社) chipset Release 탑재
	-	삼성 Smartphone 갤럭시에 8¢2.11ac chip 탑재
	-	Miracast, All share, Airplay, chrome cast 등에서
		무선 동영상 전송에 8¢2.11ac 규격 적용
	-	WiFi 유무선 공유기 제품에 적용후 출시
		"끝"

문 107)	IEEE 802.11ad (WiGig) 프로토콜 구조 및 경쟁기술비교

답)

1. 초고속 무선랜 기술, WiGig의 개요

가. WiGig (Wireless Gigabit)의 정의

- 국제 공통 비면허 대역으로 분배된 60 GHz 대역에서 기존 와이파이 보다 10배 이상 빠른 속도를 제공하는 무선랜 규격

나. WiGig의 특징

구 분	상세 설명
초고속전송	- Unlicense 대역에서 1~8Gbps 속도 제공
하위호환성	- 802.11 기가초을 기존 802.11 b/a/g/n 지원
범포밍 지원	- 범형성 기술을 통하 10cm이상거리의 고속통신지원
강력한보안	- AES 알고리즘의 Galois/Counter 모드 사용

2. WiGig의 프로토콜 스택 구성 및 기능

가. WiGig의 프로토콜스택

- WiGig는 Physical layer, MAC Layer, Protocol abstraction

Layer로 구성되고 기존 native Wi-Fi (802.11 b/a/g/n/ac)지원

나. WiGig의 프로토콜 계층별 기능

계층	기능	상세설명
Physical Layer (PHY)	Modulation & Coding Scheme (MCS)	- OFDM기반으로 최대 8Gbps 전송가능 - 저전력 휴대용기기에 적합한 SC (Single Carrier) 이용 4.6Gbps지원
Medium Access Control (MAC) Layer	네트워크 구조 (Network architecture)	- 2개 장비사이에 직접 통신지원 - 종래 Access Point 사용을 포함해서 기존 802.11 네트워크 구조지원
	Seamless Multi-band Operation	- 60 GHz 채널과 다른 저주파 2.4GHz/5GHz 채널 전환 가능
	Power Management	- 전력관리를 통해 전력소모 감소시킴
	Advanced Security	- AES 알고리즘의 Galois/Counter 모드를 사용해서 강력한 보안지원
Protocol Abstraction Layer	Audio-Visual (AV)	- 오디오-비디오의 무선전송 가능 - 무선 HDMI, Display Port 지원
	Input-Output (I/O)	- 고성능 무선 USB와 PCIe 지원

3. WiGig의 경쟁기술의 비교 및 향후 전망

가. WiGig의 경쟁기술 비교

구분	Wireless HD	WHDI	WiGig
주파수	- 60GHz 대역	- 5GHz 대역	- 60GHz 대역

	전송속도	- 최대 4Gbps	- 최대 3Gbps	- 최대 8Gbps
	조달거리	- 1~10m	- 1~30m	- 1~10m
	주요기술	- MIMO - OFDM	- MIMO - OFDM	- OFDM - Single Carrier
	특징	- HD기기간 무 선데이터 전송 (예.TV↔DVD플 레이어)	- 비압축기술:인 코딩/디코딩 없이 직접적인 영상 전송가능함	- HDTV 또는 모니터 등의 다수 플레이 장치들간 의 무선접속지원
	장점	- 대형TV 업체 의 참여	- 장애물 통과 가능함 (5GHz3개역)	- 하위 호환성 (802.11 b/a/g/n lac)
	단점	- 벽과 같은 장 애물통과 어려움	- 5GHz는 통신위 성주파수대역	- 장애물 통과 어려움 (60GHz증상)
	활용	- 모바일 기기 및 TV오디오 등의 연결 - 스트리밍서비스	- PC나 스마트폰 에서 고화질 영상 의 실시간 전송	- DVD 플레이어 와 TV연결. - 디지털카메라등

4. WiGig의 향후 전망

- 간섭 회피 기술 적용 : 2016년말 까지 간섭 회피 기술을 적용해서 서비스 활성화를 지원하기로 되어 있음.

- 출력 기준 상향 : WiGig 무선기기의 출력기준을 27dBm에서 43dBm 으로 상향하여 통신 범위 확대에 따른 서비스활성화

- 신규사업 활성화 : WiGig와 WiFi의 협력을 통해 향후 칩 개발 및 홈네트워크 시스템에서 WiGig 규격의 시장선도 "끝"

문 108) IEEE 802.11af (Super Wi-Fi) 동작원리

답)

1. 광역무선랜, IEEE 802.11af의 개요

　가. IEEE 802.11af의 개념
- TV 방송용으로 분배된 주파수 대역 (54~698MHz)에서 비어 있는 TV 화이트 스페이스 대역을 이용하는 무선랜 규격

　나. IEEE 802.11af의 구성요소
- Geo-Location DB : 미연방 장비에 유효한 TV 채널정보 제공
- GDC E-STA : 자신의 위치정보 계산 및 Authorized GDB통신
- GDC D-STA : GDC E-STA로부터 beacon 드레인 수신함

2. IEEE 802.11af의 동작원리

　가. IEEE 802.11af의 동작과정

Authorized GDB	GDC E-STA	GDC D-STA
	2) Enabling Signal	
	Secure Association	
1) TV채널정보 제공	3) GDB Enablement Request	
	4) GDB Enablement Response	

- GDC E-STA (Geo-location DB Controlled Enabling STA)은 Authorized GDB로 부터 TV 채널·정보 획득하여 GDC D-STA에 제공

　나. IEEE 802.11af의 상세동작설명

단계	상세 설명
1) 채널 정보전달	- Authorized GDB는 GDC E·STA에게 사용가

3			능한 TV채널정보, 최대 출력각위 , 시간정보제공		
		2) Beacon 프레임 전송	- GDC E-STA는 운용 TV채널 선택후 해당 채널에서 GDC D-STA로 enabling signal 전송		
		3) 사용허가 요청	- GDC D-STA는 Beacon 프레임 수신후 사용허 가 요청 프레임을 GDC E-STA에 전송함		

3. IEEE 802.11af와 기존 무선랜의 비교

구 분	2.4GHz Wi-Fi	5GHz Wi-Fi	IEEE 802.11af
주파수	- 2.4GHz	- 5GHz	- 54 ~ 698MHz
채널수	- 4개	- 19개	- 미정
간섭 요인	- 블루투스, 무선AV 전송등	- 레이더 DSRC	- TV 방송, 무선마이크
출력제한	- 10mW/MHz	- 10mW/MHz	- 미정
커버리지	- 100m 이하	- 50m 이하	- 300m 이하
간섭최소 화 방안	- 없음 (Contention 기반)	- 없음 (Contention 기반)	- DB 또는 스펙트럼 센싱

"끝"

문109)	IEEE 802.11ax와 IEEE 802.11be 비교		
답)			
1.	802.11ax와 802.11be의 정의		
	802.11ax (Wifi6)	다중 접속환경에 최적화되어 최상의 인터넷 품질을 제공하는 것을 목표로 IEEE의 wifi 규격		
	802.11be (Wifi7)	다중접속환경에서 저지연성과 광활한 전송속도를 목표로 하는 IEEE의 802.11ax 이후 Version		
	광활한 전송속도 = 대역폭이 클수록 전송속도가 빠름의 의미		
2.	802.11ax(Wifi6)와 802.11be(Wifi7)의 상세비교		

구분	IEEE 802.11ax	IEEE 802.11be
Technology	WiFi 6	WiFi 7
Data Rate	9.6Gbps	46Gbps
주파수	2.5G/5GHz	2.4G/5G/6GHz
단일채널폭	160MHz	320MHz
Security	WP3	WP4
변조 (Modulation)	1024 QAM with OFDMA	4096 QAM with OFDMA (extensions)
MIMO	지원 MU-MIMO(8스트림)	지원 MU-MIMO(8스트림)
Access Point	단일	Multiple
연결성	수동연결	Multi AP coordination
특징	지하철과 같은 밀집지역에서도 끊김없는 서비스	다중접속환경 저지연성과 전송속도 높임

3.		사용자 측면에서의 802.11ax와 802.11be 비교	
	구분	802.11ax (wifi 6)	802.11be (wifi 7)
	기술	더 빠른 전송속도로 인공지능 상호작용 기술, 가정용자능향상에	8K 비디오 제품의 온라인 재생 & 재중화
	사용자경험	지능적 제품기능과 경험확장	사용자의 새로운 시청각경험

"끝"

- CMU-MIMO (Coordinated Multiple User Multiple Input Multiple Output) : 16×16 MIMO 지원
- 8K Ultra High Definiton : 가로 해상도가 8000 픽셀(Pixel)의 해상도

문	110)	IEEE 802.11i 개념, 보안과정 및 주요기술
답)		

1. 무선랜 보안체계의 고도화, IEEE 802.11i의 개요

　가. IEEE 802.11i의 개념

　　- WEP 취약점을 보완하기 위해 사용자 인증방식, 키교환 방식
　　　및 향상된 무선구간 암호알고리즘을 정의한 무선랜 보안 표준

　나. 무선랜 보안 표준의 발전과정

IEEE 802.1 계열	IEEE 802.11 계열	Wi-Fi Alliance
IEEE 802.1x-2001 IEEE 802.1aa IEEE 802.1x-2004	IEEE 802.11i D3.0 → Subset → IEEE 802.11i → based → IEEE 802.11r	WPA (Wi-Fi Protected Access) WPA2

　　- IEEE 802.11i 을 기본으로 무선랜 장비 호환성 검증단체인 Wi-Fi
　　　Alliance에서 WPA와 WPA2의 표준을 제정함

2. IEEE 802.11i 기반의 무선랜 보안 접속 과정

　가. IEEE 802.11i 기반 무선랜 보안 접속 상세설명

단 계	상 세 설 명
1) Association	- 무선 단말과 액세스 포인트 간의 연결 수립
2) EAP 기반 인증 절차	- 단말과 액세스 포인트간에 EAP기반 인증수행 - 액세스 포인트와 인증서버 (예. RADIUS)간에는 802.1x 기반의 Radius 메시지 이용한 접근제어 수행

	3) 키교환	- IEEE 802.11i 기반으로 4-way 핸드쉐이크를 통	
	(4way handshake)	해 단말과 액세스 도인트간의 key를 교환함	
		- EAPOL을 이용한 메시지 교환 수행	

4.   IEEE 802.11i 기반 무선랜 보안 접속 절차

무선단말		액세스 포인트		인증서버
	1) Association 수립			
	2) 802.1x 이용한 인증 (EAP기반)	Radius 이용한 접근제어 수행		
	EAPOL-key (ANonce)			
	EAPOL-key (SNonce)	} 3) 802.1x 이용한 키 교환		
	EAPOL-key (RSC, MIC)	(4-way handshake)		
	EAPOL-key (MIC)			

- 무선단말은 액세스 포인트와 association 수립 이후 802.1x 이용
한 인증절차를 완료한후 4-way handshake로 key를 교환함.

3.   IEEE 802.11i 표준의 핵심기술

가.   IEEE 802.11i 의 인증 방식

인증 방식	상세 설명
IEEE 802.1x (필수구현)	- 사용자 인증을 위한 다양한 인증 프로토콜 (예. EAPOL)을 수용하면서 접속 포트기반 접근제어
	- 인증서버가 존재하거나 AP 자체의 인증서버기능 필요
PSK (Pre-Shared key) (선택구현)	- 별도의 인증서버가 불필요하고 무선단말 과 AP간에 사전에 공유된 특정키가 있어야 함
	- 소규모 활용에 적합함 (pseudo-random함수로 키 생성)

나	IEEE 802.11i 표준의 키 교환 방식	
	교환 방식	상세 설명
	PTK	- Pairwise Transient key - 단말과 AP간 일대일 통신 보호용 대칭키교환 (2-way)
	GTK	- Group Transient key - AP가 다수의 단말과 일대다 통신에 사용하는 그룹키

STA key handshake - 단말간 통신에 사용되는 키 교환 (단말키 랜드되어로)

- EAPOL-key Prescription을 이용하고 4-way handshake에 RSN (Robust Security Network) 정보를 포함함

다. IEEE 802.11i 표준의 암호화 알고리즘

	알고리즘	상세 설명
	TKIP	- Temporal Key Integrity Protocol - WEP를 확장하는 방법을 사용하여 H/W교체없이 구현 - WEP에 적용되는 키값이 각 데이터 프레임마다 변경됨 - 데이터 프레임마다 증가되는 IV 시퀀스 값을 WEP키와 혀쳐씀
	CCMP	- Counter mode with CBC (Cipher Block Chaining) - MAC proto - CCM 모드를 사용하는 AES 알고리즘을 사용함 - 재시도 습격방지 : 패킷 번호를 증가시켜 동일 임시 키중복방지 - 위조 방지 : MAC 헤더 일부인 추가 인증 데이터를 CCM 암호화에 사용

- TKIP는 S/W적인 계산으로 인증속도 저하와 암복호화 지연 발생

4.	IEEE 802.11i 기반의 de facto standard, WPA 의 비교

구분		WEP	WPA	WPA2
암호화	키	-40비트로 쉽게 해독	- TKIP	- CCMP
		- Static	- Dynamic	- Dynamic
		- 수작업 배포	- 자동 배포	- 자동 배포
	알고리즘	- RC4	- RC4 CH/w 변형입음)	- AES
인증		-취약(동일 WEP키)	- IEEE 802.1x / PSK	- 802.1x / PSK
무결성	데이터	- CRC-32	- MIC	- CCM
	헤더	- None	- MIC	- CCM
	재생방지	- None	- IV sequence	- IV sequence

- WEP의 보안 취약점 해결을 위해 WPA/WPA2 개발됨

"끝"

문 111) Miracast에 대해 설명하시오

답)

1. WiFi 기술활용, 실시간 Data 전송, Miracast의 개요

　가. WiFi Alliance Display 기술사양, Miracast 정의
- WiFi 장치간의 실시간 무선 비디오 Streaming 및
Display Mirroring 지원 가능 기술

　나. Miracast의 특징 (802.11xx Ver.사용, xx=최신 ver.적용)

구성	Source Smart Phone ·))) 무선 (((Smart TV 화면공유 목적지
특징	- WiFi Alliance Display 기술사양 Program - WiFi Direct 기술연결을 통한 P2P (D2D) 방식의 Screen cast 기술 (Screen Mirroring 기술) - 1080 HD 비디오 이상과 5.1 channel 오디오 지원 - 모바일 기기→TV화면 전송, N/B PC→Projector 화면공유

2. Miracast 기술 stack 구성과 동작설명

　가. Miracast의 기술 stack의 구성과 설명

기술 Stack	설명
Layer ↑ ① WiFi Miracast ② WiFi Direct TDLS	①WiFi Direct를 통해 AP 없이 상호 직접연결 가능 ②TDLS(Tunneled Direct

		↑Layer 구성	WiFi Direct / TDLS	Link Setup)를 통해 상호간의 직접 Link 구성가능
			③WiFi Protected Setup / ④WMM Power Save	③ WPS 지원 (간편 Setup)
			802.11xx, WMM⑤	④모바일장치 전력소모 최소화
			WPA2⑥	⑤실시간 콘텐츠 우선권 보장

⑥ Contents 보안을 위해 WPA2 연결을 필요로 함

4. Miracast의 동작및 Scope, 설명

구성도

① Source 장치 — 저장,다운로드 생성된 콘텐츠 → ② 오디오, 동영상 Frame 구성 → ③ 인코딩 →Data→ ④ 디코딩 → ⑤ 렌더링 (Display 장치)

⑥ Miracast의 범위 → 장치기능비교 및 Session 유지 / 장치기능 비교 및 Session유지

동작설명

① Source 장치에 공유할 Content가 위치함
(장치에 저장되어 있거나 장치에서 생성된 콘텐츠)

② Source 장치가 이용가능한 Display 장치를 탐색
하고 해당장치의 기능을 파악(WiFi, Session연결)

③ Source 장치와 Display 장치간의 연결구성

④ 소스 장치는 전송할 Contents를 규격에 맞게 인코딩

⑤ Display 장치는 Contents를 수신후 Decoding
하여 이를 화면에 Rendering → Display

⑥ 장치간 기능 Negotiation (절충) 및 Session 유지

3.		Miracast의 Session 관리기술 & 지원 Format 사양		
	가	Miracast의 Session 관리기술 & 설명		

	세션 관리 기술	① 장치탐색, 서비스탐색 → ② 장치선택, 연결설정 → ③ 기능 Nega ↓ ⑥ Data제어, 세션해제 ← ⑤ 세션구성, 사용자입력 ← ④ 콘텐츠보호 설정

	설명	① 장치간 탐색및 장치간의 Miracast 기능탑재 여부격악
		② 장치선택 & 결정, 연결 Link개시, TCP연결시작
		③ 소스및 Display 장치가 Miracast 세션의 매개변수결정
		④ Content 보호 (CHDCP ver 대응) 기능 ON
		⑤ Miracast Session설정, 소스장치 인코딩 Data 전송
		⑥ Data 전송, 매개변수(제어기능) 조정, Session 종료

	나	Miracast 지원 Format (표준 사양)	
		Display 해상도	-1080 HD 비디오 이상 -초당 Frame : 24 ~ 60 Frame
		Video 사양	-H.264 (Advanced video coding - AVC) -고화질 동영상으로 CBP및 CHP 지원
		Audio 사양	-필수 : LPCM 16Bits / 48 KHz / 2 channels -선택 : LPCM 16Bits / 44.1KHz / 2 channels -Format : AAC, AC3 (Dolby Advanced code 3)

- CBP : Constrained Base Line Profile
- CHP : Constrained High Profile

4. 유사기능의 비교

구분	DLNA	WiDI	Airplay	WHDI	Chrome Cast
업체	DLNA(다수)	Intel	Apple	다수	Google
개요	기기간 디지털미디어 공유서비스	Intel 제공 무선 Display 기술	Apple 독자 서비스 형태	무압축 HD 영상 무선 채널로 전송	휴대용기기 영상→TV 화면에 전송
방식	서버에 등록 된 미디어 파일스트리밍	송신장치 → 수신장치로 Mirroring	Apple TV를 통해 미디어 파일스트리밍	압축되지않은 Source장치 의 영상전송	HDMI 단자 연결, 소스장치 Data 스트리밍
Mira cast 와 차이점	Mirroring 방식이 아닌 서버등록 파일만 스트리밍	Intel Chip 안 지원 WiDI 3.5에서 Miracast 지원	Apple 기기 만 대응 (Miracast 와 유사)	5G 주파수 큰 대역폭 필요, 이용거리 짧음. 견고성 떨어짐	소스장치는 YouTube, Netflix 등 의 Internet 동영상 스트리밍

"끝"

문 112) WiFi Direct

답)

1. Device와 Device 간의 직접통신, WiFi Direct의 개요

　가. P2P, D2D 통신 WiFi Direct 정의

　　AP (Access point)를 사용하지 않고 기기간 무선접속

　　을 지원하고 250Mbps 전송속도, 100m 범위내 통신

　　가능한 무선기술

　나. WiFi Direct의 특징

802.11n/ac 무선기술 활용	Ad-Hoc 통신	보안문제 해결(개선)	하위 Version 호환
- Bluetooth 대비 빠른속도 - 넓은 전송범위 - 표준기술사용	- AP 미사용 - 기기간 Direct 통신가능	- WPA2 보안 - 강력한 보안기술 장착	- b/a/g/n Version 호환성 - 한대만 지원하면 가능

2. WiFi Direct의 개념도 및 Bluetooth와 비교

　가. WiFi Direct의 개념도

모바일기기, printer, Internet, Direct 연결, PCC (Personal Area N/W), 프로젝터, tablet, TV, Note book, AP

AP (Access point) 미사용

- AP 필요없이 기기간 WiFi에 의한 통신가능
- 다양한 가전기기에 적용가능 (Home N/W에 적용)
- 100m 범위내 기기간 통신구성
- 기존 WiFi 기기에 Firmware Upgrade후 사용 가능

4. WiFi Direct와 Bluetooth의 비교

구분	WiFi Direct	Bluetooth V3.0 HS
전송속도	250 Mbps	24 Mbps
전송범위	100 이내	10m이내
전력소모	저전력	초저전력
보안	WPA2	단순숫자등을 통한 페어링
특징	다양한기기와 연결가능	저전력/장시간 운용가능

3. WiFi Direct 기술의 적용현황

· Smartphone, TV등 휴대기기 & 가전제품에 적용
· Mirocast는 WiFi-Direct 기술을 적용하여 Smartphone 기기의 화면을 대형 TV에 Mirroring 해서 사용

"끝"

문 113) WPAN (Wireless Personal Area Network)의
Bluetooth, UWB, ZigBee 비교

답)

1. 근거리 (10m) 무선 N/W 기술, WPAN의 개요

- Bluetooth, UWB, Zigbee의 정의 (기술비교)

기술비교기준	Data 전송속도, 소비전력, 변조방식, MAC 방식차이
Bluetooth	IEEE 802.15.1, 2.4G, ISM 밴드, Master-Slave 구조
UWB	IEEE 802.15.3, 3.1~10.6GHz, 480Mbps (초-광대역)
Zigbee	IEEE 802.15.4, 저소비전력, 2.4GHz, 868MHz

2. WPA의 주요특징

전송거리 의 전송거리	통상 10m 이내	N/W 구성	Ad-Hoc N/W, 고정된 유선망없이 망구축
소비전력 저전력화 필수	Battery 내장	저비용	저가 통신용 chipset 사용, 설치및 유지보수 용이

(WPAN)

3. UWB, Bluetooth, Zigbee의 비교

구분	UWB	Bluetooth	Zigbee
표준	IEEE 802.15.3	IEEE 802.15.1	IEEE 802.15.4
주파수	3.1~10.6GHz (7.5GHz)	2.4GHz	2.4GHz 868/915MHz
전송속도	480Mbps (최대)	24Mbps (V3.0)	250kbps (저속)
일반특성	고속 대용량	음성 지원	저전력
변조방식	Baseband (무변조)	DSSS	FHSS

전송거리	<10m	<10m	<최대 175m
MAC	CDMA	TDMA	CSMA/CA
활용분야	Data전송 (Multi-Media)	음성, Data	Sensor간 통신
전력소비/ 배터리수명	<0.1Watt/수일	<0.1w/수일	<0.04w/수년
응용분야	Home Network WUSB, W1394	휴대폰, 헤드셋, 외장형기기	USN, 센서 N/W, 산업&자동화

"끝"

문 114)	WPAN(Wireless Personal Area Network)의 관련 표준과
	UWB, Bluetooth, Zigbee, Binary CDMA를 비교하시오
답)	
1.	근거리 무선 네트워크 기술, WPAN의 개요
가.	WPAN(Wireless Personal Area N/W)의 정의
-	통상 10m 이내의 짧은 거리에 존재하는 컴퓨터와 주변기기,
	휴대폰, 가전기기등을 무선으로 연결하는 Ad-hoc 형태의 N/W
나.	WPAN의 부각이유
	- 개인 정보 단말 활용의 발전으로 다양한 기기간 상호연동 필요
	- 유비쿼터스환경 발달로 이동성을 보장하는 개인화 서비스 지원
다.	WPAN의 주요 특징 (저비용, 저출력, 근거리, 소형화, 저전력)

특징	설명
전송거리(단거리)	통상 10m 이내 짧은 전송거리 (통화간섭 최소화)
소비전력(저전력)	Battery 통한 전력공급, 저전력화가 필수
Network 구성	Ad-hoc N/W 형태, 고정된 유선망 없이 망구축
저비용	저가의 통신용 chipset 사용, 설치&유지보수 용이

| 2. | WPAN의 Scope(범위)와 관련 표준 |
| 가. | WPAN의 Scope (Range) |

```
         ←————————→ WBAN
         ←—————————————→ WPAN
         ←————————————————————————→ WLAN
         ←—————————————————————————————————→ WMAN
         ←————————————————————————————————————————→ WWAN
        0m      3m       10m      100m     도시(수Km)  전국
```

- WPAN 기술은 통상 10m 내외의 개인 영역 내에서 다양한 정보기술 장치들의 Ad-hoc 통신 연결 가능

4. WPAN 과 타 무선네트워크 비교

구분	WBAN	WPAN	WLAN	WMAN	WWAN
Working Group	802.15.6	802.15	802.11	802.16	802.20
전송거리	인체(3m)	주변(10m)	지역(100m)	도시(4km)	전국
주요기술	인체 N/W	Bluetooth	WiFi	Wibro	WCDMA

다. WPAN의 관련 표준 (Standard Committee)

워킹 그룹	Task Group	명칭
WLAN	IEEE 802.11 a/b/g/n/ac/ad/..	와이파이 (WiFi)
	IEEE 802.15.1	블루투스 SIG
WPAN	IEEE 802.15.3	UWB
	IEEE 802.15.4	Zigbee 연합
WBAN	IEEE 802.15.6	인체 N/W
WMAN	IEEE 802.16	와이브로 (WiMAX)
WWAN	IEEE 802.20	4G, LTE-A, 5G

3. WPAN 기술의 비교와 활용

가. UWB와 Bluetooth와의 비교

- 데이타 전송속도, QoS, 소비전력(Battery)에 따라 구분

구분	UWB	Bluetooth
표준	IEEE 802.15.3	IEEE 802.15.1

SIG : Special Interest Group
UWB : Ultra wide Band

			주파수	3.1~10.6GHz (7.5GHz 사용대역)	2.4GHz
			전송거리	< 10m	< 10m
			전송속도	100~480Mbps	최대 24Mbps (ver 3.0)
			일반특성	고속 대용량	음성 지원
			변조방식	Baseband (무변조)	FHSS
			소비전력(Watt)/Battery수명	< 0.1 Watt / 수일	< 0.1 Watt / 수일
			MAC	CDMA / OFDM	TDMA
			활용분야	데이터통신 (멀티미디어)	음성, Data
			응용분야	Home Network, WUSB, W1394	휴대폰, 헤드셋 외장형 기기
			구분	높은 QoS를 요구하고 멀티미디어 서비스에 대한 응용을 목표로 함	Computer & 주변기기 간의 근거리 통신 → 다양한 응용분야로 확대중

사. Zigbee와 바이너리 CDMA 비교

- Data 전송속도, QoS, 소비전력 (Battery)에 따라 구분됨

구분	Zigbee	바이너리 CDMA
표준	IEEE 802.15.4	ISO
주파수	868/915MHz, 2.4GHz	2.4GHz
전송거리	< 최대 75m	< 500m
전송속도	최대 250kbps	최대 55Mbps (V2.0)
일반특성	저전력	국산
변조방식	DSSS	Fsk/psk

WUSB (Wireless USB)

			전력소비(Watt) Battery 수명	< 0.04 / 수년	< 0.1 Watt / 수일
			MAC	CSMA / CA	Binary CDMA
			활용분야	센서간 통신(전송안정)	음성, Data
			응용분야	USN, Sensor N/W, 산업및 자동화	CCTV, 후방 카메라 무선 관제 System
			구분	Sensor N/W 등의 응용을 목적으로 소묘전력과 제조비용 (저가)에 재한 제약이 엄격	CDMA와 TDMA의 장점 을 복합적으로 사용, 이진 화된 파형을 전송하는기술 2009년 전자부품연구원→국제표준화함
4.			WPAN의 활용분야		
			활용	설명	
			산업용 제어	산업용 장비 모니터링 (Monitoring) 및 자동화	
			재난관리 (인식 & 위치 파악후 대처)	TETRA : 재난통신 무선통신망 iDEN : 전화, 무선, 문자, 팩스기능을 단일통신망화 디지털 TRS : 다수의 사용자가 공동으로 채널을 활용	
			원격 제어	Game 분야 & 가전 제품 원격 제어	
			자동차 제어	타이어 압력 센서, 자동차 내 통신 (CCAN)	
			Home N/W	가정내 PC 주변기기들 간의 통신	
			가전분야	난방, 에어컨, 출입문 등의 제어	
					"끝"

TETRA (TErrestrial Trunked RAdio System)
iDEN (Integrated Dispatch Enhanced N/W)
TRS (Trunked Radio System) : 무선 주파수 공용통신 시스템.

「연결동작에 대해 설명하시오.

문 115)	Bluetooth ad-hoc Network 구성 방법과 Master-slave간의
답)	
1.	근거리 무선통신기술(WPAN), Bluetooth의 개요.
가.	현(14년 6月) Bluetooth 4.0까지 Up-version, 블루투스의 정의
	- 2.4GHz 사용 (ISM 주파수 대역), 10~100m (4.over) 이내의
	근거리 Device 간 통신을 지원하기 위한 무선접속규격(802.15.1표준)
나.	Bluetooth의 주요특징 - Bluetooth SIG 에서 제정

	전송방식	FHSS: 주파수를 시간축에 가변시켜 송신하는 스펙트럼확산방식
	주소체계	48bit 주소체계, IEEE 802.15.1 표준
☆	연결방식	Scatternet, Piconet, Master/slave구조, P2P, P2 Multipoint
	오류제어	ARQ: 수신측 에러검출, FEC: 송신측 에러보정 bit 송신 (해밍코드)
	구성및속도	Master가 최대 7개의 slave와 망구성, 1M~100Mbps

2.	Ad-hoc N/W 구성 방법과 Bluetooth Master/slave간 연결동작
가.	Bluetooth의 (ad-hoc Network) 구성 방법

point to Multipoint 통신 / scatternet / M: Master Unit / S: slave unit / piconet A / point to point 통신 / piconet B

- 하나의 piconet (Bluetooth기본 N/W 단위)은 1개의 Master와 7개의 slave 지원. (Slave unit)-Master unit에 응답하는 기기 (Master Unit)-Data교환에 필요한 통신을 주도하는 Unit.

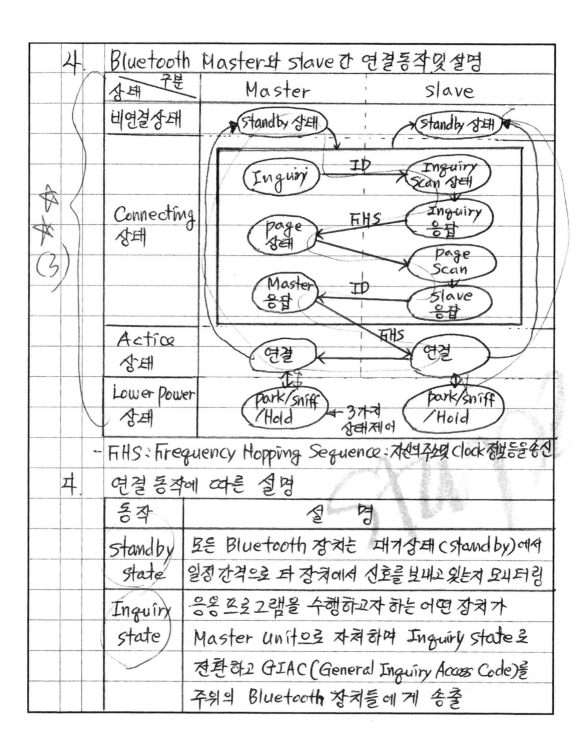

사. Bluetooth Master와 Slave간 연결동작 및 설명

상태 \ 구분	Master	Slave
비연결상태	Standby 상태	Standby 상태
Connecting 상태	Inquiry → (ID) → Inquiry Scan 상태 / Page 상태 ← (FHS) ← Inquiry 응답 / Page Scan / Master 응답 ← (ID) ← Slave 응답	
Active 상태	연결 ← (FHS) ← 연결	
Lower Power 상태	Park/Sniff /Hold	Park/Sniff /Hold

← 3가지 상태제어

- FHS : Frequency Hopping Sequence : 자신의 주소 및 Clock 정보등을 송신

자. 연결 동작에 따른 설명

동작	설 명
Standby state	모든 Bluetooth 장치는 대기상태 (Stand by)에서 일정 간격으로 타 장치에서 신호를 보내고 있는지 모니터링
Inquiry state	응용 프로그램을 수행하고자 하는 어떤 장치가 Master Unit으로 자처하며 Inquiry State로 전환하고 GIAC (General Inquiry Access Code)를 주위의 Bluetooth 장치들에게 송출

		Page State	부 장치들 가운데 주장치는 응용프로그램이 수행될 장치들에게만 자신의 정보를 차례로 송신
		Slave 응답	page 신호 수신후 주 장치의 Timing에 맞게 페이저에 대한 응답실시.
		Master 응답	주장치는 piconet이 형성될 AM-ADDR (주장치의 주소) 송신 → 호설정, Connection 완료.

"끝"

문116) Bluetooth 4.0 LE(Low Energy)에 대해 설명하시오.

답)

근거리

1. ☆ Dual mode 채용, Low Energy 무선통신, Bluetooth 4.0 개요

가 ø Dual mode(V 3.0 고속전송), Single(저전력)채용, 블루투스4.0 LE 정의

  - 2.4GHz ISM 대역에서 적은 Peak/평균/대기전력(V 3.0 대비 10%이상)으로 에너지 사용을 효율화하여 헬스케어, Sensor 등에서 사용할수 있는 차세대 Bluetooth 규격

나 Bluetooth 의 (발전과정) ☆(2)

Ver1.0+AFH 2000	Ver2.0+EDR 2001	Ver3.0+HS 2009	Ver4.0+LE 2010
1M (10m)	3M (30m)	24M (50m)	-24M (100m이내)
-Adaptive 주파수-호핑 Spread Spectrum	Enhanced Data Rate <6sec	High speed	- Low-Energy <3m응답 -dual/single 모드

→고속 전송과 저력화로 발전됨.

2. Bluetooth 4.0의 protocol stack 및 상세 설명

기존Bluetooth	V4.0 Dual 모드		V4.0 싱글모드	
profile	BT	LE	LE	(GAP)일반제어 profile : 디바이스검색,연결,보안절차
L2CAP	L2CAP	PAL	GAP/GATT , PAL/L2CAP	(GATT) Generic 속성 프로토콜 : 서비스절차(검색, 알림등)
		Admission Control	속성 프로토콜 , Security Manager	
→HCI	HCI		HCI	속성 프로토콜 - 프로토콜 동작 명령
Link 관리	LM	LL	Link Layer	(SM) -인증, 암호화 관리
Link Cordinator	LC	LL		(L2CAP) -상하위 프로토콜 중재
RF	RF		RF	(HCI) -H/W제어 (LL) -링크설정.

Host 재어기 Interface

PAL : protocol Adaptation Layer.
L2CAP : Logical Link control & Adaptation protocol

문 117)	Zigbee 통신에 대해 설명하시오
답)	
1.	저속, 저전력, 저가의 무선기술, Zigbee의 개요
가.	(Zigbee의 정의): 저속, 저전력으로 HomeNetworking, 산업용 N/W 제어망 홈 N/W에 활용되는 WPAN기술 (802.15.4)
나	Zigbee (Zigzag +Bee의 합성어) 등장 배경
	유비쿼터스 N/W Computing 환경대두, Smart 가전, 센서건통신 초소형, 초저전력, 초저비용, 다수 연결장치, 저속기술요구
2.	Zigbee의 Protocol 구조및 핵심기술
가.	Zigbee의 protocol stack

- Application, N/W, MAC, physical Layer로 구성됨

나.	Zigbee의 핵심기술	
	기술	설 명
	저전력	Battery 이용한 저전력기술 (하나로 수년간사용)
	저간섭	충돌 회피 위해 CSMA/CD 기법 사용
	주파수사용	868MHZ, 915 MHZ, 2.4GHZ

		전송속도	20Kbps, 40kbps, 250kbps
		SoC	RF, Digital, Analog의 SoC화, 기판 잡음 최소화
		DSSS	송신 심볼을 일정한 pattern으로 확산시켜 거리 연장
3		Zigbee 활용및 발전 방향	
	가.	HomeNetwork 및 Home/산업용 Automation 분야에서	
		Zigbee 단말과 리모콘, 전등및 Sensor로 활용	
	나.	Zigbee Chip이 휴대폰등 휴대 장비에 내장되어	
		원격검침, 빌딩 자동화등에 활용됨.	
			"끝"

문 118) UWB기술, MB-OFDM/DS-CDMA UMB 비교

답)

1. UWB (Ultra Wide Band)의 개요

가. 광대역 무선통신 UWB의 정의 : 무선 반송파를 사용하지 않고 초광대역 (3.1~10.6GHz)을 사용하여 통신이나 레이더 등에 응용되는 무선통신기술

나. 다중 접속 방식에 따른 무선통신의 분류

구분	UWB	Bluetooth	WLAN 11n
다중접속방식	MB-OFDM DS-CDMA	주파수 Hopping	MIMO-OFDM
특징	고속 Data 전송	다양한통신 (음성,맥)	고속 Data 전송
거리	2~10m	10m	1km
전송속도	500Mbps	1Mbps	500Mbps
주파수 대역	3.1~10.6GHz	2.4GHz	5GHz
응용분야	근거리 고속통신	근거리 유선 대체	Hot-Spot (PC, Mobile)

- UWB는 다중접속방식에 따라 MB-OFDM, DS-CDMA로 구분

다. UWB 기술과 유사기술간의 인식거리 & 전송속도 비교

2.		UWB 기술의 개념도 및 특징
	가	UWB 기술의 구조

협대역, 광대역CDMA, UWB의 스펙트럼 비교

| | 나 | UWB의 특징 |

구분	설명
주파수 Band	3.1G ~ 10.6GHz, 총 7.5GHz의 광대역
전송속도	500Mbps, 고속Data전송, 간섭에 강함
전력사용	저송신출력, 소형화, 저전력화 가능
Coverage	2 ~ 10m, 근거리 고속통신에 적당
보안성	초기 군사목적으로 개발되어 높은 보안성
간섭현상	간섭없이 주파수 공유 사용가능
사용형태	근거리 개인 통신망 적용(WPAN) 가능

3.		MB-OFDM과 DS-CDMA UWB 방식 및 비교
	가	MB-OFDM UWB의 방식

3.1 ~ 10.6GHz 주파수 대역을 528MHz 간격으로
14개 대역으로 분할하여 Channel 할당

전계강도

〈MB-OFDM UWB 시스템 운용주파수 대역〉

Band#1 #2 #3 .... #13 #14

Band 1 2 3 .... 13 14

3432 MHz 3960 MHz 4488 MHz ...... 9 68 MHz 10296 MHz

→ f

- 채널 중심주파수 $= 2904 + 528 \times nb \, MHz \quad nb = 1, 2 \cdots 14$

4. DS-CDMA UWB방식

전계강도

Low Band   High Band

4.85 GHz   6.2GHz   9.7GHz

3.1 4 5 6 7 8 9 10 → f

- Low Band 주파수 대역은 $3.1 \sim 4.85 GHz$, $28 \sim 1320 Mbps$

- High Band 주파수 대역은 $6.2 \sim 9.7 GHz$, $55 \sim 1320 Mbps$

다. MB-OFDM과 DS-CDMA 기술비교

구분	MB-OFDM	DS-CDMA
제안사	WiMedia Alliance	UWB Forum
주파수 운용방식	-14개 (대역폭 : 528MHz) -3개 (Mandatory) : 3168 ~ 4752 MHz	-Single Band : $3.1 \sim 4.9 GHz$ -Dual Band : $3.1 \sim 4.9 GHz$ $6.2 \sim 9.7 GHz$
변조방식	OFDM / QPSK	CDMA/BPSK or 4-BOK
데이터 전송률	$53.3 \sim 480 Mbps$	$27.5 Mbps \sim 1.32 Gbps$

다중 Access	FDM/TF-interleaving	FDM/CDM/TDM
Piconet 수	4 ~ 16개	6 ~ 12개
전송방식 특성	Peak to Average ratio 문제	- 채널 간섭에 강함 - Full Digital 구현 어려움

4 향후방향

가 MB-OFDM 기술은 UWB 안테나 소형화와 고성능화,

저전력화, 고성능화 등으로 지속 개발됨

나 DS-CDMA UWB 기술은 차량용 Radar와 Imaging

Sensor 등 응용분야에 적용.

"끝"

문 119) 6LoWPAN의 등장배경과 프로토콜 구조

답)

1. M2M의 하부인프라 네트워크, 6LoWPAN의 개요

가. 6LoWPAN (IPv6 Low power WPAN)의 개념

- 저전력 WPAN 상에 IPv6을 탑재하고 IEEE 802.15.4 규격을 MAC/PHY로 하는 센서네트워크

나. 6LoWPAN의 등장 배경 및 특징

• 데그모 확장 (IP망 연결)	• 제한된 패킷크기 (l2byte)
• 지적 재산권 문제 해결 (Zigbee)	• 작은 대역폭 (~50kbps)
→ 6LoWPAN ←	• IPv6 주소 체계 지원
	• 저전력 동작, 저가형 센서

2. 6LoWPAN의 프로토콜 스택구조 및 Zigbee와 비교

가. 6LoWPAN의 프로토콜 스택구조

Application Layer			
SNMP 관리	Service Naming	Sensor Application	IETF 정의
Transport Layer (TCP, UDP)			
Network Layer (IPv6, ICMPv6)			
Adaptation Layer			6LoWPAN WG정의
IEEE 802.15.4 MAC/PHY			IEEE 802.15.4

- MAC/PHY 계층과 네트워크 계층사이에 IPv6 패킷을 처리할 수 있는 adaption Layer를 이용함.

- adaptation Layer : IPv6 헤더 압축/해제, IPv6 주소 자동생성

나.　6LoWPAN과 Zigbee의 비교

구 분	Zigbee	6LOWPAN
MAC/PHY규격	- IEEE 802.15.4	- IEEE 802.15.4
표준단체	- Zigbee alliance	- IETF (Internet Engineering Task Force) 6LOWPAN 워킹그룹
주소유일성	- 한 PAN 내에서 유일함	- 전 세계적으로 유일함
토플로지확장성	- 낮음	- 높음 (Tree구조)
라우팅계층	- Network 계층에서 최적의 경로를 선택함	- Adaptation 계층에서 패킷의 경로를 제어함
통합망 관리	- 어려움 (별도의 관리 기능을 지원하지 않음)	- 용이함 (SNMP v3 을 지원함)
이동성지원	- 어려움 (별도 기능없음)	- 지원용이 (예. Mobile 가능)

3.　6LOWPAN의 적용 분야와 기대효과

- 적용분야 : U-City 도시 통합관제 서비스, U-빌딩관리 서비스, U-건강관리, LBS 서비스등 다양한 유비쿼터스 망지원

- 기대효과 : 확장성, 이동성 등의 차별화된 기술로 BcN, USN 등의 인프라를 효과적으로 통합가능함

"끝"

문 120)		WiBEEM의 개념과 구성

답)

1. U-City의 무선인프라기술, WiBEEM의 개요

    가. WiBEEM (Wireless Beacon-enabled Energy Efficient N/W)의 정의

    - U-City에서 필요로 하는 저전력, 이동성 지원, 확장성, 동기식 메쉬네트워크을 지원해 주는 무선네트워크 프로토콜

    나. WiBEEM의 등장 배경

	WiBEEM ← Bluetooth 단점	{ - Master/Slave 수 제한
		- 거리간 페어링 지연 (3초 이상)
(Bluetooth와 Zigbee단점극복) ← Zigbee 단점		{ - 주소의 제한 (16bit)
		- 확장성 및 Beacon 사용제한

2. WiBEEM의 프로토콜 스택 및 핵심기술

    가. WiBEEM의 프로토콜 스택

Higher Layer			
WiBEEM Network Layer			
Security	Network manage	Network Message Broker	Routing manage
WiBEEM MAC Layer			
WiBEEM Physical Layer			
2.4GHz Radio Interface			

    - WiBEEM은 2.4GHz지원 PHY, MAC 계층과 네트워크관리 및 라우팅을 담당하는 Network 계층 위에 상위계층이 있음

    나. WiBEEM의 핵심 기술

구분	상세 설명
저전력 기술	- 노드의 Active / Sleep 모드 지원
경쟁자유구간	- 실시간 데이터전송을 위해 Contention-free period 할당
LAA기반 주소할당	- Last Address Assigned 기반의 주소할당 방식
	- 16bit 주소 공간의 효율적 사용, 확장성 수용
Relation change	- 노드들의 이동성을 지원해 주기 위한 기법
계층적 토폴로지	- 단일 WiBEEM Coordinator가 다수의 WiBEEM Routable Coordinator를 관장함

3. WiBEEM의 활용

 - U-City, U-home 구성의 핵심 하부 인프라로 활용

 - Wireless Health care Service, Home appliance Control에 활용

"끝"

문 /2/)		Binary CDMA에 대해 설명하시오
답)		
1.		유효 전송로의 효율성을 높인 Binary CDMA의 개요.
	가.	(Binary CDMA의 정의)-CDMA와 TDMA의 장점을 복합적으로 사용, Multicode CDMA에서 나타나는 멀티레벨의 신호를 위상정보로 전환하여 이진화된 파형을 전송하는기술
	나.	국산기술로 개발된 개발의 의미

세계최초개발	전자부품연구원이 세계 최초로 개발
상용화 성공	2009년 국제표준화 만료, 원천기술확보됨

2.		Binary CDMA System의 개념도및 주요기술
	가.	Binary CDMA System의 개념도

- Data를 Binary CDMA화 해서 송수신

	나	주요기술

기술	설 명
PW-CDMA	-Pulse Width-CDMA ← Binary 형태 변환
	-신호 Level증가에 따른 전송신호대역록 커지는 잔점
MP-CDMA	-Multi phase-CDMA 위상변조 ←Binary형태
	- 전송 신호 Level이 증가해도 대역록 일정

		CS-CDMA	Code Selection, Code 선택하여 변조
3.		Binary CDMA의 특징	
		간단한 구조	수신기 / 동기 알고리즘 / RF회로 (TDMA)
		저 가격	경제적으로 System 구축 가능, 최소 비용
		우수한 성능	15Mbps, 60Mbps, 주파수 Band 별 최대 32대
		저전력 소비	증폭기로의 입력 신호의 레벨이고정, 비선형증폭기사용

"끝"

문	/22)	NFC 개념, 특징, RFID와 비교	
답)			
1.		Mobile 결재서비스의 핵심기술, NFC의 개요	
	가.	NFC(Near Field Communication)의 정의	
		- 13.56MHz 주파수를 이용하여 10cm 이내의 거리에서	
		낮은 전력으로 전자기기간 비접촉 근거리 무선통신기술	
	나.	NFC의 특징	
		구분	내용
		주파수/속도	13.56MHz 주파수 / 최대 424 Kbps
		통신거리	최대 20Cm (통신 10cm), 노출방지필요
		관련표준	ISO/IEC 18092, ECMA, ETSI 국제표준
		저전력	Battery 기반의 저전력 설계
		보안	카드와 판독기 사이 비밀키 기반 암호화
		호환성	Bluetooth, Wifi, UWB와 호환
		통신방식	Point to Point (p2p) 통신 방식
		운영모드	Active Type, Passive Type
		운용방식	-단말기반(Smartcard 단말기에 내장)
			-SIM 기반 (SIM Card에 탑재)
2.		NFC의 구성, 동작원리, 운용방식의 설명	
	가	NFC의 동작방식 (발신기:Reader, 목표기:tag)	
		동작방식	NFC의 동작방식설명

		능동통신	-발선기와 목표기가 자체 RF 필드생성
		모드	-리더와 리더 간에는 P2P통신 (Peer 2 Peer)
		수동통신	-발선기가 RF 필드 생성하여 통신
		모드	-목표기는 발선기 명령에 Load Modulation scheme 응답

4. NFC System의 구성도

ⓞTA : Over The Air

〈NFC 휴대폰〉　　　　　　　　　　〈서비스제공자〉

- NFC Chipset과 NFC 리더/tag/기기들간 통신하여

서비스 제공자로 정보전송 또는 Service를 제공받음

다. NFC의 운용방식

운용방식	설 명	활용
Card Read/ Write	-RFID tag 정보 인식 -Smartphone이 카드리더기로 동작 -ISO 14443A 규격사용	-교통카드 -Mifare 카드
Wired Mode	Banking 칩과 Banking App. 사이의 통신을 NFC칩 중계	-뱅킹 System
Virtual Card Mode	-스마트카드와 NFC칩간 접촉식 통신 -각 VAN사 제공 결제 System 사용	-Card 결제 System

		P2P Mode	NFC 장치간 직접 데이터 전송 능동모드(전력소모가 큼)	데이터 전송 (사진,주소록)

3. NFC와 타 기술간 비교 (RFID, Bluetooth)

가. NFC와 RFID 간 비교

구분	NFC	RFID
규격	ISO/IEC 18092	정해진 규격 별도없음
인식방법	전파이용	전파이용
주파수	13.56MHz	다양함(국내 900MHz)
인식거리	10cm 내외 (보안)	0~100m
Setup시간	0.1초(100ms) 내외	0.1초 내외
읽기/쓰기	읽기와 쓰기 가능	읽기만 가능
보안성	암호화 적용	암호화 미적용(보안취약)
장치간 Data교환	장치간 Data 교환 가능함	불가능
인식속도	0.1ms 이하	0.01~0.1 sec
활용	결재, 교통카드, 전자여권등	-물품 추적 -자산, 재고관리

나. NFC와 Bluetooth 간 비교

구분	NFC	Bluetooth
표준	ISO/IEC 18092	IEEE 802.15.1
주파수	13.56 MHz	2.4GHz (ISM 밴드)

	통신거리	10cm 내외	10cm 내외	
	토폴로지	Point to Point	Point to Multipoint	
	전송속도	424kbps	-Ver 1.1 (723 kbps) -Ver 2.0 (3M bps) -Ver 3.0 (24M bps)	
	RFID호환	호환 가능함	불가능함	

4. NFC 활성화를 위한 해결과제

- Killer Application 부재: 기존 비접촉식 RFID기술과
  NFC의 차별성을 보여주는 Application 필요

- 원가상승: NFC 탑재후 원가 상승부담 해결 필요

"끝"

문/23)	단말간 직접통신, D2D (Device to Device)통신
답)	
1.	단말(기지국 Infra 없이)간 직접통신, D2D의 개요
가	D2D (Device 2 Device) 통신의 정의
	- 기지국(eNB) Infra를 사용하지 않고 인접한 단말(UE) 사이에 트래픽을 직접 전달하는 분산형 통신기술, 단말간직접통신
나	D2D 통신의 필요성

	- 3GPP에서는 D2D통신을 SA2룹에서 Prose 명칭으로 표준화
2.	3GPP SA(Service & System Aspects)의 D2D 표준화
가	Prose(Proximity-based System)의 정의
	- 3GPP정의, 근접거리의 단말간 직접통신하는 D2D 방식
나	SA Group에서 정의한 Prose의 Data 경로

- UE : User Equipment (사용자 단말) (ex : Smartphone)

- eNB : Evolved Node B (기지국)

- SGW : Serving Gateway

3　D2D 기술의 비교와 해결과제

구분	Bluetooth	WiFi-Direct	FlashlinQ (이동원-Direct)
개념	근거리 무선표준	WiFi 기술	동거리 TDD OFDMA
주요 특징	-주파수 Hopping : 전파간섭회피 -저전력 통신	-WiFi 기반 직접통신 -AP/단말역할구분	-자동탐색 -DLNA 활용
주파수	2.4GHz	2.4G, 5GHz	5G이상 System
모델거리	10 ~ 100m	100m	1km
주관단체	Bluetooth Alliance	WiFi Alliance	Qualcomm

- DLNA : Digital Living Network Alliance

- D2D통신의 해결과제 : 주파수 재 사용에 따른 간섭문제,

　단말간 직접통신 결정문제, 과금문제, 오류검사/보안문제등

"끝"

문124) 단말간 직접통신(Device to Device Communica-tion)의 운용 시나리오 3가지와 활용분야를 설명하시오

답)

1. 통신망 부하 경감과 높은 QoS 제공, D2D 통신의 개요

가. Device 간 Direct(직접)통신, D2D의 정의

| | - 이동통신망에서 기지국 또는 코어망을 경유 하지 않고 두 모바일 사용자 간 직접통신
- 기지국, AP 인프라를 거치지 않고 D2D간 통신 |

나. Device 2 Device 통신의 필요성

모바일 단말 폭증	스마트폰, 태블릿, 센서 등 IoT 기기의 폭증
기존 통신방식 한계	BT, WiFi P2P통신기술 대역폭&QoS 한계
응용기술의 요구	근접 통신 서비스 기반한 응용기술의 요구증가

2. 단말간 직접통신의 운용 시나리오 3가지 설명

가. D2D 통신운용 시나리오 3가지 유형분류

In-N/W 커버리지	Out-of N/W 커버리지	Partial N/W 커버리지
- 시간/주파수 동기화 필요	- 동기신호설계	- 기지국 커버리지
- 기지국과 하향/상향 링크 동기화	- 동기화 절차요구	- 새는 기지국 동기화
	- 분산/중앙집중식 방식 존재	- 기지국 커버리지 밖은 단말간 동기화

사. D2D 통신운용 시나리오 3가지 시나리오 상세 설명

시나리오	구성도	상세 설명
In- Network 커버리지	기지국 / 단말	단말간 에너지 효율적인 D2D 탐색 또는 직접통신을 수행하기 위해서는 단말간 동기를 수행하기 위한 동기신호의 설계 및 이에 따른 시간/주파수 동기화 절차가 필요함
Out-of Network 커버리지	단말	-동기신호를 제공할수 있는 주체가 없기 때문에 단말간 동기를 수행하기 위한 동기신호의 설계 및 동기화 절차가 요구됨 -동기화를 위한 방법은 단말들간 분산적수행 또는 동기 노드의 선출을 통한 중앙 집중식 방식 존재
Partial Network 커버리지	기지국 / 단말	-기지국 커버리지내 존재하는 D2D 단말들은 기지국과 동기화 유지 -기지국 밖 D2D 단말들간 별도의 동기화 수행, 상호간섭 유발가능. 이를 미연에 방지할수 있는 상호 간섭 제어 (기지국동기화, D2D동기화) 방안 필요

3. 단말간 직접통신의 활용분야

가. 상업용 서비스측면의 활용분야

구분	활용분야	설 명
미디어	광고 (Advertisement)	D2D 직접통신망운영자에게 사전등록된 상점, 카페, 영화관, 식당 등이 단말간 탐색 통신하여 근접거리에 위치한 D2D 단말에 광고
	디지털 사이니지	테이블에서 자신이 원하는 음식 선택 후 주문, 미술관, 전시회 등 관객과 호응 가능 새 유형 인터페이스 제공, 관심 등을 D2D 단말에서 서비스
Social	SNS	- 자신의 관심사항을 근접 지역에 위치한 다른 사용자들에게 전송 할 수 있음. - 단말간 탐색을 거친 후 각자 보유한 콘텐츠 등 단말간 통신 통해 공유
	협업의사소통	부서 정보, 팀 정보 기반 정보를 송출하고 이용자 개입없이 단말간 인식 통해 관련성 있는 단말끼리 단말간 공지 & 업무자료 공유
엔터-테인먼트 (오락)	Game	근접 단말거리 모바일 게임 진행 가능. Device 탐색을 통해 참여자 & 게임 App. 탐색, 게임 결과 Data 상호공유
	OTT	단말간 Multimedia와 같은 대용량 콘텐츠 공유에 적합하여 N/W 사업자들의 Traffic 부담을 덜어줄 것으로 기대됨

4. 공공 안전망 서비스측면의 활용분야

구분	활용분야	설 명
생활 안전	미아방지	아이의 부모는 미리 정해놓은 영역(fence) 밖으로 아이가 이동시 이를 알림서비스를 통해 수신받음으로써 아이의 안전 보장. 미아 찾기, 전파세기통한 물건 찾기등
	범죄예방	성범죄자가 특정영역(거리) 안으로 진입시 Device 알림 서비스를 수신함으로써 사전에 범죄 예방가능
공공 안전	치안	경찰관등 공공안전의 목적을 위해 Device to Device 통신기술 활용
	소방	화재등 긴급상황시 구조, 재해 대응, 구난에 D2D 통신 활용
재난 안전	재난망 서비스	지진, 해일, 산불, 산사태 등과 같이 재난 재해시 기존 이동통신망이 파손되어 통신불가시 D2D기술을 활용하여 인접한 동료를 발견, 긴급상황 정보를 인접 사용자들 간 공유

- 단말간 D2D 통신은 IEEE, WFA, 3GPP, ETRI등에서 지속적으로 성능및 고도화 진행

4. D2D 성능및 고도화 동향

단체	동향	설명
IEEE	IEEE 802.15. 8 PAC	근접 Device들간의 직접통신 가능 새로운 PHY 및 MAC 구성
	IEEE 802. 11ag PAD	BSS(Basic Service Set) 환경, Device들의 서비스 탐색 성능개선
WFA	WiFi Alliance NAN	-단말간 저전력 탐색 지원 -동기방식의 protocol 사용
3GPP	3GPP Prose	TSG-RAN(Radio Access N/W)에서 단말간 통신 규격화
ETRI	Zing	-차세대 NFC Zing 기술 -저전력, 전송속도 개선등

"끝"

문	125) IEEE 802.15.3c 프레임 구조

답)

1. 차세대 근거리 무선통신기술, IEEE 802.15.3c의 개요

　가. IEEE 802.15.3c 의 개념
- 비면허 대역인 57~66GHz 대역(mmWAVE)을 사용하여 근거리에서 1Gbps 이상의 속도를 제공하는 MAC/PHY 기술

　나. IEEE 802.15.3c의 특징
- mmWAVE 대역: 전세계적 unlicensed 대역의 무허가 사용
- Gbps급 속도: 근거리에서 HD급 무압축 동영상의 실시간 전송
- 근거리통신: 도달거리 10m 이내 및 적은 간섭현상

2. IEEE 802.15.3c의 프레임 구조 및 핵심기술

　가. IEEE 802.15.3c의 프레임구조

Superframe #m-1	Superframe #m	Superframe #m+1

Beacon #m	Contention access period	Contention time allocation period				
		MCTA 1	MCTA 2	CTA 1	...	CTA n

- Quasi-omni 슈퍼 프레임 것으로 directional 장비 지원을 위해 여러 방향으로 동일한 내용의 beacon을 전송함

　나. IEEE 802.15.3c의 핵심기술

핵심기술	상세 설명
Beamforming	- 전송 이득과 커버리지를 높이기 위해 높은 데이터

			이득을 가지도록 빔 폭을 조절하여 통신함.	
		Frame aggregation	- 데이터 전송율 향상을 위해 다수의 MSDU 를 하나의 MPDU로 aggregation 하여 전송함.	
		Channel Probing	- 통신 주체들간 채널 상태 정보를 주고 받으면서 채널 환경에 적합한 MCS를 사용하는 기법.	
		Common Mode Signaling	- 통신 시스템들간의 공존성 (Coexistence) 보강 을 위해 공통된 형태의 시그널링 기법사용	
		Multiple PHY	- SC (Single Carrier) PHY: 낮은 복잡도, 저전력 - HSI (High Speed Internet) OFDM: 낮은 지연	
3			IEEE 802.11ac 와 IEEE 802.15.3C의 비교.	
		구 분	IEEE 802.11ac	IEEE 802.15.3C
		유형 및 주파수	- WLAN, 5GHz	- WPAN, 57 ~66GHz
		요소기술	- OFDM - Multi-user MIMO	- 다양한 전송모드 - 공통 비콘 모드
		직진성	- 없음	- 있음 (장애물투과어려움)
		전송속도	- 최대 1Gbps	- 최대 6.4Gbps
		활용분야	- 초고화질 HD영상 전송 - N스크린, 키오스크	- 키오스크 HD영상 전송 - N스크린, 홈네트워킹

"끝"

문 126)	WBAN 서비스 구조, 핵심기술, 활용사례
답)	
1.	U-health를 위한 무선통신기술, WBAN의 개요
가.	WBAN(Wireless Body Area Network)의 개념
-	인체 내부와 외부(약 3m 이내)에 장착 되는 장치들을
	무선 네트워크로 연결하여 기기간 통신하는 무선통신 네트워크(802.15.6)
나.	WBAN의 특징
-	인체영향 고려 : 의료용의 경우 전파의 영향을 고려하여
	주파수 대역을 할당하고 최대전력을 25W EIRP로 규정
-	MICS 대역 : 인체에 무해한 402~405 MHz 대역사용
-	저전력 기술 : 체 내에 이식된 장치의 경우 배터리충전이나
	교체가 어려우므로 저전력으로 설계해야 함.
2.	WBAN의 서비스구조 및 기술적 요구사항
가.	WBAN의 서비스 구조

```
┌─────────────────────────┐        ┌──────────────────────────────────┐
│         Medical         │        │          Non-medical             │
│ ┌──────────┐ ┌────────┐ │        │ ┌────────┐ ┌────────┐ ┌────────┐ │
│ │ Wearable │ │Implant │ │        │ │실시간  │ │데이터  │ │엔터테인│ │
│ │   BAN    │ │  BAN   │ │        │ │AV 전송 │ │ 전송   │ │먼트    │ │
│ └──────────┘ └────────┘ │        │ └────────┘ └────────┘ └────────┘ │
└─────────────────────────┘        └──────────────────────────────────┘
                    │                        │
                    └───────────┬────────────┘
                                ▼
        ┌───────────────────────────────────┐      WBAN
        │  ┌─────────────────────────────┐  │    ┌ - Low battery
        │  │    Application Support      │  │    { - Low power
        │  └─────────────────────────────┘  │    └ - High security
        │  ┌─────────────────────────────┐  │
        │  │      IEEE 802. 15. 6         │  │
        │  └─────────────────────────────┘  │
        └───────────────────────────────────┘
```

| - | WBAN은 PHY와 MAC 표준을 제공하고 의료용 서비스와 |

비의료용 서비스를 위한 인터페이스를 지원함.

나. WBAN의 기술적 요구사항

구분	인체 외부	인체 내부
용도	- 비디오/오디오, 데이터	- 데이터, 이미지
도달거리	- 3m 이내	- 2m 이내
수명	- 응용 분야에 의존	- 5 ~ 10년
전송속도	- 10kbps ~ 10Mbps	- 10kbps ~ 6Mbps
Duty Cycle	- 1% ~ 100%	- 0.1% ~ 50%
안전성	- 중간 정도 수준	- 매우 높음

3. WBAN의 핵심기술 및 활용사례

가. WBAN의 핵심기술

구분	핵심 기술	상세설명
PHY 기술	초저전력 기술	- 전력사용 최소화 클럭 사용
	Coexistence 기술	- 동일 주파수간 간섭 해결
	주파수 대역	- MICS (402~405 MHz), ISM대역
MAC 기술	액세스 제어	- CSMA/CA 기반의 다중접속기술
	링크 제어	- 토폴로지 및 링크퀄리티 제공
응용 네트워크 기술	라우팅 프로토콜	- 센서 장치간 상호 정보 교환
	보안 기술	- 인체에 대한 보안이 매우 중요함
	Framework	- 주소체계, app간 통신원리 제공

나. WBAN의 적용 사례

구 분	사 례	상 세 설 명
Non-medical 영역	Entertainment	- 휴대용 MP3, 몸에 탈부착 기기 - 탈착식 이어폰 및 센서와 통신
	운동	- 운동상황 체크, 주변상황 체크
	여가생활	- Wearable sensor 이용한 게임
Medical 영역	U-health	- 원격진료, 원격환자, 상태 모니터링 - 헬스케어 라이프의 기반 기술
	건강증진	- 당뇨병, 심전도 체크, 관심환자 모니터링 - 자가진단, 치료 처방등 다양한 복지 증진

4. WBAN과 WPAN의 비교

구 분	WPAN	WBAN
전력소모	- 저전력 기반	- 초저전력 기반
전력원	- 일반 전력원	- 초저가, 초소형 전력원
요구사항	- 낮은 지연 보장	- 응용에 따른 지연 보장
주파수 대역	- ISM (2.4GHz)	- MICS 대역 (인체 통신용)
채널 (전송)	- 공중	- 공중과 인체 내외부

"끝"

문 127) LiDAR (Light Detection And Ranging)와
RADAR (RAdio Detection And Ranging)

답)

1. 자율주행자동차의 핵심기술, LiDAR와 RADAR의 개요

　가. LiDAR(라이다)의 정의 - 레이저 펄스 (Laser Pulse)
를 쏘고 반사되어 돌아오는 시간을 측정하여 반사체의
위치 좌표(x, y, z 공간정보)를 측정하는 기술

　나. RADAR(레이다)의 정의 - 강한 전자기파를 발사하고
그것이 물체에 맞고 반사되어 되돌아오는 전자파를 분석
하여 대상물과의 거리를 측정하는 기술

　- LiDAR와 RADAR는 자율주행자동차 및 주행보조 System
의 핵심기술임

2. LiDAR의 구성도와 구성요소

　가. LiDAR의 구성도

4. LiDAR의 구성요소

구분	구성요소	설명
Source	LD(Laser Diode) 조명란, 광학모듈	레이저 빔을 광학모듈을 통해 레이저 빔을 발광하도록 구성된 모듈
Optics (광학계)	광학렌즈, 거울, 프리즘 (prism)	Source와 Detector의 시야각 확보 및 정밀한 각 해상도 확보를 위해 광학적 특성을 활용하는 모듈
Detector	PD Array, 신호처리/제어부	반사되어 돌아오는 다수의 Laser 점군을 통하여 사물을 인식하는 모듈

-PD (photo Diode) = 빛이 닿으면 전류가 발생

3. RADAR의 구성도 및 구성요소

가. RADAR의 구성도

- 송신기, 수신기, 신호처리, 전시기 등으로 구성

4. RADAR의 구성요소

No.	구성요소	설명
①	송신기	신호를 생성, 원거리까지 전송할수 있도록

	①	송신기	전력을 생성 혹은 증폭하는 기능 수행
	②	안테나	생성된 전기신호를 공중으로 전파하거나 공중의 전파신호를 전기신호로 전환
	③	수신기	안테나로 수신된 신호를 증폭하고, 신호처리가 가능한 주파수 대역으로 변환하는 기능 수행
	④	신호처리기	레이다의 주요한 기능과 성능을 담당, 핵심 장치
	⑤	통제기	모든 장치 통제 담당, 신호처리된 정보를 활용 목적에 맞게 후속 가공하는 역할 수행

4. LiDAR와 RADAR의 비교

구분	LiDAR	RADAR
공통점	주변에 신호를 보내 감지되는 물체의 반사시간측정(거리)	
사용신호	레이저 (Laser)	라디오 전파
주행속도감지	RADAR보다 성능 떨어짐	LiDAR보다 성능우수
유효감지거리	RADAR보다 감지거리 짧음	LiDAR보다 2배거리(최대 200m)
역할	반경 360도 및 3D공간 정보 취득, 보행자 감지, 자동주차 시스템에 활용	물체와의 거리, 각도측정 -크루즈 컨트롤 전후방 충돌경보 -충돌방지 System에 활용

"끝"

PART 3

이동통신

이동통신의 기본 이론인 MIMO, AMC, Handover, Roaming 등에 대한 내용과 차세대 이동통신의 필요성 및 핵심기술, 모바일 엣지 컴퓨팅, 네크워크 슬라이싱 등에 대해서 학습합니다.

[관련 토픽 – 16개]

문 128)		MIMO 개념, 구조, 핵심기술
답)		
1.		4G 이동통신 핵심기술, MIMO의 개요
	가.	안테나 구성에 따른 개념도

<SISO> <MISO> <SIMO> <MIMO>

	-	송수신 안테나의 수에 따라 SISO, MISO, SIMO, MIMO로 구분
	나.	안테나 구성에 따른 분류

구분	상세 설명
SISO	÷ 송신자와 수신자 모두 안테나를 1개씩 사용함
MISO	- 송신자는 안테나를 2개 이상 수신자는 1개를 사용함
SIMO	- 송신자는 안테나를 1개사용하고 수신자는 2개이상 사용
MIMO	- 송신자와 수신자 모두 2개이상의 안테나를 사용함

2.		MIMO의 개념 및 시스템 구조
	가.	MIMO (Multiple Input Multiple Output)의 개념
	-	송신자와 수신자의 안테나를 2개 이상으로 늘려 데이터를 여러 경로로 전송하고 수신단에서 경로별 신호검출하여 간섭을 줄이고 전송속도를 높이기 위한 안테나 기술

나. MIMO의 시스템 구조

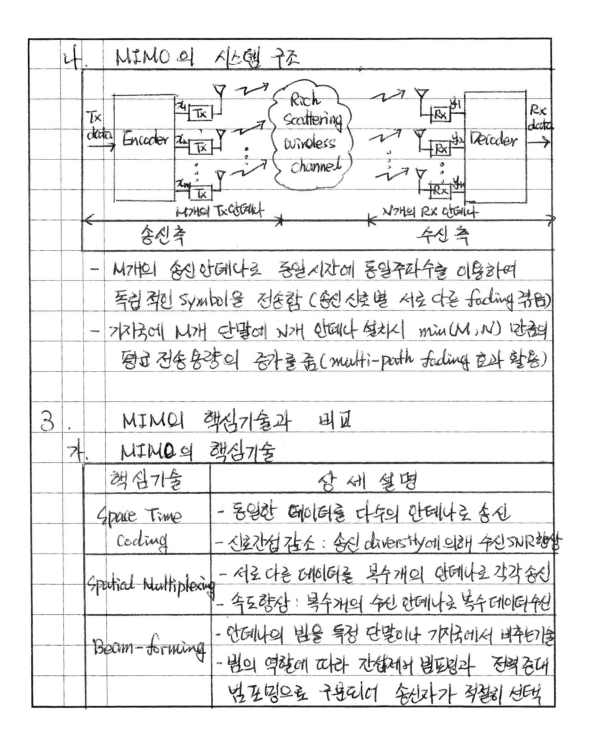

- M개의 송신 안테나로 동일시간에 동일주파수을 이용하여 독립적인 Symbol을 전송함 (송신 신호별 서로 다른 fading 겪음)
- 기지국에 M개 단말에 N개 안테나 설치시 min(M, N) 만큼의 평균 전송용량의 증가를 줌 (multi-path fading 효과 활용)

3. MIMO의 핵심기술과 비교

가. MIMO의 핵심기술

핵심기술	상세 설명
Space Time Coding	- 동일한 데이터를 다수의 안테나로 송신 - 신호간섭 감소 : 송신 diversity에 의해 수신 SNR향상
Spatial Multiplexing	- 서로 다른 데이터를 복수개의 안테나로 각각 송신 - 속도향상 : 복수개의 수신 안테나로 복수 데이터수신
Beam-forming	- 안테나의 빔을 특정 단말이나 기지국에서 비추기술 - 빔의 역할에 따라 간섭제어 빔포밍과 전력증대 빔포밍으로 구분되어 송신자가 적절히 선택

4. MIMO의 핵심기술 비교

구분	Spatial Diversity	Spatial Multiplexing
개념도	Tx [3][2][1] Rx	Tx [5][3][1] [6][4][2] Rx
원리	- 복수안테나 통한 동일데이터 전송 - 수신 안테나를 이격 하여 수신되는 신호들이 다른위상 갖음 - 한신로가 깊은 페이딩에 빠질 때 다른 신호는 양호할 확률이용	- 안테나별 서로 다른 데이터 전송 - 송신단: 안테나 별로 서로 다른 데이터를 전송함 - 수신단: 적절한 간섭제거 및 신호처리를 통한 데이터 분리
장점	- BER을 줄여서 전송의 신뢰성 향상 (수신 SNR향상) - 전송오류율이 낮아짐	- 다수의 송수신 안테나을 통한 전송률의 향상 - 전송효율성이 높아짐
단점	- 전송 용량의 증대불가	- 전송오류의 극복불가

- 근본적으로 두가지 기술을 동시 사용 불가하므로 Trade-off 관계
- 환경변화에 따라 두가지 기술을 빠르게 스위칭 하는 것이 필요

"끝"

문 129) AMC의 개념과 동작 방식

답)

1. 적응적 Link adaptation 기법, AMC의 개요

　가. AMC(Adaptive Modulation and Coding)의 개념
　　- 데이터 전송시 채널 환경에 맞게 적절한 변조 방식과 채널코딩율을 가변적으로 사용하여 전송률 제어하는 무선링크 적응기법

　나. AMC의 핵심 기법
　　- **변조(Modulation)** : 전송 파형을 일정한 약속대로 변형시켜서 정보를 담는 행위 (예 : 아날로그 신호 ⟷ 디지털 신호)
　　- **채널코딩** : 원본 데이터에 에러정정 코드를 추가하여 채널에서 발생하는 잡음에 따른 오류를 수신측에서 검출 및 정정 기법

2. AMC 기법의 동작원리 및 핵심기술

　가. AMC 기법의 동작원리

상향링크 (단말 → 기지국)	하향링크 (기지국 → 단말)

　　- 전파 상태 양호 : 높은 데이터 전송속도 (고속변조 및 낮은 코딩율 적용)
　　- 전파 상태 불량 : 낮은 데이터 전송속도 (오류확률 낮은 변조기술 적용)

　나. AMC 기법의 핵심기술

구분	기술	상세 설명
변조 기법	BPSK	- 단순 PSK (Phase Shift keying), 180도 위상
	QPSK	- 한 심볼에 2bit 코딩 (BPSK의 2배 전송율)
	QAM	- ASK + PSK의 결합 형태, 한 심볼에 Nbit 코딩
		- 16QAM (4bit 전송), 64QAM (6bit 전송)
코딩 기법	Block Code	- 데이터를 일정 블록 단위로 묶어서 부호화와 복호화를 수행하는 코딩기법
	Convolution Code	- 전송되는 전후 비트들간의 상관관계 고려
		- 한 비트 오류시 전후 수신된 비트 패턴으로 오류추정
	Turbo Code	- Convolution Code의 일종으로 쉽게 부호화 할 수 있는 것들을 조합해서 랜덤부호생성

3. AMC의 활용사례

- 이동통신 시스템: 3G (HSDPA, HSUPA), LTE, WiMAX에 사용
- 무선랜: IEEE 802.11n에 link adaptation 기법으로 사용됨

"끝"

문 130)	Array Antenna 개념과 종류		
답)			
1.	안테나 빔형성 기술을 위한 Array Antenna의 개요		
가.	Array Antenna의 개념		
-	특정 방향의 방사 패턴을 얻기 위해 복수의 안테나 소자를 배열하여 각 안테나 소자의 여진조건 제어하여 원하는 지향성인 안테나		
나.	Array Antenna의 특징		
-	마이크로파 대역 이용 : 마이크로파 대역에서 고이득이면서 빔조작이용		
-	SNR 향상 : 수신측에서 신호대 잡음비의 향상		
-	간섭 억제 : 다중 사용자 환경에서 동일 채널의 간섭억제		
2.	Array Antenna의 개념도와 종류		
가.	Array Antenna의 개념도		

단일 안테나	Array Antenna
안테나 / 단일 안테나의 빔형태	안테나 / 개별 안테나의 빔패턴을 공간적으로 합성하여 샤프한 빔 형성

-	다수의 안테나를 특정한 Rule에 의해 배열하면 각각의 안테나 빔패턴이 합쳐져서 더욱 Sharp 하게 생성할수 있음		
-	빔 : 안테나가 전자기파를 복사 또는 감지할수 있는 유효영역		
나.	안테나 배열 방법에 따른 Array Antenna의 종류		
	종류	개념도	상세 설명

		Broad side array		- 안테나 소자의 배열축에 수직인 방향으로 날카로운 지향성 획득 안테나 - Main lobe 만 생성됨 - 빔패턴이 샤프하지 못함
		End fire array		- 안테나 소자의 배열축 방향으로 날카로운 지향성이 얻어지는 안테나 - 날카로운 빔형성이 가능함 - Side lobe가 생성됨
		Phased array		- 안테나 배열 소자의 위상차이을 조절하여 최대 복사 방향 각을 0도에서 180도 사이에서 변환이 가능한 array antenna.
	- array antenna는 이동통신시스템에서 안테나 빔형성 기술을 이용한 스마트 안테나 (Smart Antenna) 구현에 사용됨.			

"끝"

문 131) Handover 유형과 비교

답)

1. 서비스 연속성 제공 기술, 핸드오버의 개요

　가. 핸드오버 (Handover) 의 정의

　- 이동 단말이 서비스중인 상태에서 셀과 셀을 이동하는 경우 서비스의 끊김이 없지 유지되도록 지원하는 절차

　나. 핸드오버의 발생조건

발생조건	상세설명
무선 채널 상태불량	- 수신 감도 및 품질 미달 - 관련파라메터: RSRP, RSRQ, SINR, CINR 등
로드 밸런싱 수행	- 단말이 접속한 셀의 부하가 증가하는 경우 - 관련기술: Mobility Load Balancing Optimization

2. 핸드오버의 유형 및 설명

　가. 채널전환 방식에 따른 핸드오버 유형

유형	상세 설명
Hard Handover	- 이동 단말이 핸드오버할 때 사용중인 현재 채널을 끊고 다른 채널을 연결하는 방식
Soft Handover	- 이동단말이 핸드오버 영력일 때 기지국간 2개의 인접채널을 운영하고 핸드오버 이후 1개 채널 중단
Softer Handover	- 이동 단말이 섹터간 이동할 때 현재 셀섹터의 채널을 이동할 셀섹터의 채널로 교환하는 방식

　나. 망의 특성에 따른 핸드오버 유형

Horizontal Handover

- Horizontal Handover는 동일망 내 이동단말의 핸드오버를 의미하고 Vertical Handover는 이기종망간 핸드오버를 의미함

3. Horizontal Handover와 Vertical Handover의 비교

구 분	Horizontal Handover	Vertical Handover
개 념	- 동종망간 이동	- 이종망간 이동
관련표준	- 3GPP, IEEE 802.16e	- IEEE 802.21 (MIH)
단말구조	- 싱글모드 단말	- 듀얼모드 단말
채널전환방식	- Hard/Soft/Softer handover	- Hard handover
패킷손실	- 상대적으로 적음	- 상대적으로 많음
장 점	- 통화품질 우수	- 다양한 서비스 창출
단 점	- 이종망간 연동 문제	- 이동시 서비스 품질문제
활 용	- 음성위주의 이동통신	- N-Screen, FMC

"끝"

문 132) 핸드오버와 로밍 비교

답)

1. 단말의 이동성 지원을 위한 핸드오버와 로밍의 개념

핸드오버 (Handover)	로밍 (Roaming)
- 단말이 통화 중 인접 셀로 이동하는 경우 신규 통화채널을 할당 받아서 seamless 하게 통화를 유지하는 기술	- 단말이 자신이 속한 교환기의 서비스 영역을 벗어나 다른 사업자 영역으로 이동하여도 통화가 가능하게 하는 서비스

- 핸드오버는 통화의 끊김이 없으나 로밍(Roaming)은 통화가 끊어지므로 재접속 과정이 필요함.

2. 핸드오버와 로밍의 동작방식과 기술적 특징 비교

　가. 핸드오버와 로밍의 동작 방식

핸드오버	로밍
교환기 (동일 사업자) → 기지국 / 기지국 → 단말 이동 단말	교환기(사업자A) ─ HLR ─ 교환기(사업자B) VLR → 기지국 / 기지국 → 단말 이동 단말

- 핸드오버는 동일 사업자 망 내에서 하드 핸드오버, 소프트 핸드오버, 소프터(Softer) 핸드오버 등의 방식으로 단말이동
- 로밍은 단말이 서로 다른 사업자 영역간 이동함 (재접속 필요)

　나. 핸드오버와 로밍의 기술적 특징 비교

구분	핸드오버	로밍
목적	- 통화의 연속성 보장	- 통신 서비스 영역 확장
동작 방식	- 동일 사업자 내 기지국/셀간 이동	- 서로 다른 사업자간 이동 (국내↔해외사업자)
통화품질	- 매우 좋음 (seamless이동)	- 나쁨 (통화 끊어짐)
유형	- 채널전환방식 : Soft, Hard - 망유형 : 수평적, 수직적	- 국내 사업자간 로밍 - 국제 사업자간 로밍
주요기술	- Mobile IP, MIH	- HLR, VLR

3. 핸드오버와 로밍의 활용사례

- 핸드오버 : 이동통신 서비스 (LTE/WiMAX), 위성통신 서비스, 무선랜 등에서 사용되고 있음.

- 로밍 : 인터넷 서비스, 국내 휴대폰의 해외 재사용 가능

"끝"

문/33) LTE-Advanced 핵심기술

답)

1. 3GPP 진영의 이동통신기술, LTEA의 개요

　가 LTE(Long-Term Evolution)-Advanced 정의

　- All IP를 백본망으로 음성과 Data를 통합하여 정지시

　　1G bps, 이동시 100Mbps 이상의 초고속 Data 서비스를

　　제공해주는 차세대 이동통신 System

　사 무선통신 기술의 진화 과정

　-LTE/LTE-Advanced 기술이 세계 80% 이상 점유

2. LTE-Advanced의 주요사양과 핵심기술 설명

　가 LTE-A의 주요사양 (All-IP기반, OFDM 기술 적용)

Spec 항목		성능요건
최대 Data 전송속도	하향 Link	1G bps
	상향 Link	500Mbps
최대 전송 효율	하향 Link(8×8)	30 bps/Hz
	상향 Link(4×4)	15 bps/Hz
채널 대역폭	대역폭	최대 100MHz

		이동성	자격	- Up to 350km/h - 기존 LTE 이동성보장
		전송지연 (패캣시간)	제어 영역	5ms
			페이러 영역	4.9ms

4. LTE-A 핵심기술 & 설명

구분	기술 Block Diagram	설명
MC (Multi- Carrier)	→ Data → 통신 채널 → Data → 제 2 고속도로 효과	사용자를 복수의 대역(Carrier)으로 분산 수용
CA (Carrier Aggrega- tion) · 반송파접합기술	Componet Carrier 20MHz 20MHz |← 100MHz →| 20MHz 5개를 묶어서 최대 100MHz 대역폭으로 확장	- Component 캐리어는 연속/불연속 대응 - 다수개의 H-ARQ 관련 MAC요소존재→ 물리계층독립
멀티안테나 전송기술 (DL/UL MIMO)	구분 LTE(R8) LTEA(R10) DL 4×4 MIMO 8×8 MIMO UL 1×2 MIMO 4×4 MIMO 기지국 4×4 단말 기지국 8×8 단말 1×2 4×4	하향 Link에 최대 8×8, UL에 4×4 MIMO 지원 으로 높은 최대 스펙- 트럼 효율값을 얻을수 있음
CoMP	여러 Cell이 서로 협력하여 간섭 최소화	스케줄링 기술 적용

		COMP (Co-operative Multi-Points Tx/Rx) 상호협력 기술 (Cell간)	1) JP-COMP(Joint 프로세싱 COMP) 2) CS/CB-COMP -JP: 두 Cell에서 동시에 한 사용자에게 패킷전송 -CS: 다수Cell이 협력하여 간섭최소화 스케줄링 -CB: 다수셀이 협력, 간섭최소화형태 Beam형성	분산 MIMO -네트워크 MIMO -다중Cell MIMO -Cell간 서로 협력하여 간 섭최소화 스케줄링 -동시 패킷전송 -Cell간 간섭 최소화
		Relay Node (릴레이 노드기술)		-고속 Data전송 -단말(Smart폰) 과 기지국 사이에 Cache Node 추가
		Small Cell 기능	(표 아래)	-주파수 재사용률증가 (Frequeny Reuse Factor) -Small Cell 간 간섭 방지 위해 eICIC도입

구분	종류	내용
기존의 기지국	Macro Cell	30~100km -기지국공백
Small Cell (소형 기지국 개념)	Femto Cell	-10m이내 -20명수용 -특정건물
	Pico Cell	-100~200m -200명수용 -일정범위

- CS/CB CoMP : Coordinated Scheduling
  Coordinated Beamforming CoMP
- eICIC : enhanced Inter-Cell Interference Coordinated

3. LTE-A 전망과 추가 개발 필요사항

필요사항	내용 설명
MIMO, CoMP외 추가기술 개발	Advanced MIMO, CoMP, CA등 향후 5G 도입에 따른 기술향상 필요
LTE-A 생태계 구축필요	N/W 구축이동사. Chip 제조사, S/W 개발, AP. /Modem 제조사 상호협력체운용
연관된 부가 서비스 개발	고용량, 초고속 Biz Model 개발. mHealth 및 홀로그램. Biz등의 서비스
D2D등 추가적인 통신기술 개발	-Traffic 수요 해결위한 기술 개발 -D2D는 LTE-A와 별개로 Traffic 분산

"끝"

문 134)	FMC (Fixed Mobile Convergence)와 FMS (Fixed Mobile Substitution)에 대해 설명하시요.			
답)				
1.	모바일을 이용한 유무선 활용서비스, FMC와 FMS의 개념			
가.	FMC (Fixed Mobile Convergence)의 정의			
	- 하나의 컨버전스 단말기를 통해 인터넷 전화와 이동통신을 이용한 휴대폰을 모두 이용할수 있는 유무선 통합서비스			
나.	FMS (Fixed Mobile Substitution)의 정의			
	-이동통신망을 사용하여 특정 지역에서는 이동통신요금을 무선보다 저렴하게 설정해 모바일의 유선 대체 서비스			
자.	FMC와 FMS의 등장배경			

새로운 시장창출	통신업계의 새로운 수익창출 시장필요
유무선컨버전스	유선과 무선서비스의 경계가 모호해 짐.

2.	FMC와 FMS의 특징 및 서비스 구성			

구분	FMC	FMS
개념도	이동통신 기지국 ← 휴대단말 → AP (WiFi, Bluetooth) / 기존이동통신 / 대내 / HotZone 할인 / 기존이동통신 ↔ AP	기지국 / 휴대단말 → 할인존 할인 적용 / 기존이동통신

			서비스 특징	-유무선 통합 - WiFi Zone 이용	-유선 전화 대체 -기지국내 할인존 이용
			커버리지	-가정내 무선공유기 범위 -무인증 AP(Access point) 및 Hot zone 이용이 가능	-댁내 관할 기지국 커버리지 -수백m ~ 수 km
			단말기	-WiFi 지원 단말기 -인터넷 공유기(AP)이용	-기존 휴대 단말기 이용
			서비스 이용 방식	-밖에선 이동통신, 집안에선 AP 이용 -한 단말기로 모든 통화	-이동통신망만 사용 -특정 지역 통화 요금 저렴
			편의성	인터넷 전화 별도 가입	휴대폰 부가서비스 이용
			이동성	-핸드오버 지원 안함 (통화 단절 현상 발생)	- Handover 지원 (이동 커버리지 높음)
			품질	인터넷 전화 품질 -데이터 서비스 비용절감	-이동 전화 품질 -음성통화 품질 좋음
			장점	-한 단말로 유무선 서비스 -통신융합 추세에 적합	-통화 요금이 저렴함 -시스템 구축의 용이성
			단점	-유무선 통신법상 통합 형태여 요금 인하 어려움	-무선 이동통신만 서비스 함으로 서비스 단편적
			서비스예	KT런 쿡앤쇼 FMC	SKT FMS
			사용기술	Bluetooth / WiFi	CDMA / WCDMA 등
3.			FMC와 FMS의 기술적 / 실용적 가치		

가. FMC의 기술적/실용적 가치

관점	효과	설명
고객 관점	-통화의 연속성 확보 -생산성향상	통신수판 단일화를 통해 연속성 확보 -사무실 전화에서 제공하는 다양한 기능 제공 (예. Call Screening)
기업 관점	고객 만족	고객의 요구를 신속하게 들어줌
	비용감소	핸드폰이와 외부 전화 비용 감소
	업무생산성 향상	이동성 극대화를 통한 업무 생산성 증대 (예. 인스턴스 메시징)
	platform독립	다양한 Mobile 장치 사용
	서비스옵션관리	-End to End Turnkey 솔류션

나. FMS의 기술적/실용적 가치

관점	효과	설명
소비자 측면	통화료절감	할인지역내 통화료 절감 효과
	편리성	휴대폰교체나 별도의 장비 불필요
사업자 측면	시장방어	-유무선 통합을 통한 유선사업자의 무선시장 진출 방어책
	신규수익원 창출	유선시장대체 및 페이더서비스 제공등을 통한 신규수익창출기반마련

//끝//

문 135)		펨토셀(Femto Cell)에 대해 설명하시오	
답)			
	1	옥내 초소형 기지국(이동통신), Femto Cell의 개요	
	가	옥내 음영 지역 해소, 펨토셀(Femto Cell)의 정의	
		- 옥내에 설치된 Broad Band 망을 통해 이동통신 Core망에 접속하는 Cell 반경 10m 이하 커버리지제공, 초소형이동통신기지국	
	나	펨토셀(Femto Cell)의 특징	
		특징	설명
		통화커버리지	실내 지역에서 지하까지 양질의 통화 품질 보장 하며 통화 Coverage 확보 가능
		통화품질향상	-증가된 Data 전송률과 호출시간 감소 -인가된 주파수 대역이용으로 안정적 서비스
		통신비 절감	-유무선 통합에 따른 통신비 절감 -실내에서는 Internet 전화 사용 가능
		다양한 유무선 통합서비스	-유무선 음성및 Data 서비스 통합 제공 -단말기를 통한 다양한 서비스 이용 가능
		트래픽 분산	-Smartphone 증가에 따른 데이터 트래픽분산
	2	펨토셀의 핵심기술과 Network 구성도	
	가	Femto Cell의 핵심기술	
		기술	설명
		SON	Self Organizing Network

		SON	기지국 자체적인 설정, 복구, 관리, 최적화 적응(Adaptation) 기술 제공
		Handover	매크로셀과 펨토셀, 펨토셀 간 서비스의 연속성 제공 기술 (Mobile IPv4/IPv6)
		Access Control	사용자 접속 제어, 서비스 차별화, QoS보장
		charging/Billing	트래픽 서비스 사용량에 따른 요금 부과
		기지국 간 간섭완화	-Macro와 Femto Cell 간 간섭완화를 위한 자원 배분 및 Scheduling 기술 -범포밍(Beam-forming), 구동 제어 기술
		IMS 연동	-기존 단말의 음성호 연속성 제공 -SRVCC(Single Radio Voice Call Continuity)

나. 펨토셀(Femto Cell)의 Network 구성도

- 기존 단말기로 실외에서는 이동통신망에 접속하며 실내에서는 펨토셀 장비를 통해 Internet 망을 경유하여 이동통신망에 접속하는 구조

다. 펨토셀의 Network 구성 유형

1) UMA형(Unlicensed Mobile Acces: 비인가 무선 접속)

UMA(VOIP)

음성← 이동통신 Core N/W ── UNC ── IP망 ── (유선 브로드밴드 Network) → AP

데이터통신

휴대폰

- 유선 IP망을 경유하여 이동통선 IP망에 접속함

2) IMS / SIP형

음성← 이동통선 Core N/W ── SIP Gateway ← IP망 ── AP ── (유선 브로드밴드 Network)

SIP   Data통신

휴대폰

- SIP Gateway로 연결하여 이동통선망으로 연결하는 방법

3. 펨토셀의 설치및 운용을 위한 SON 개념및 주요기술

가. SON(Self Organization Network)의 개념

- System을 구성하는 개체들이 상호 작용함으로써 N/W을 안정적이고 효율적으로 확장 가능하게 하는 기술

나. SON의 주요 기술

구분	설명
Self-Configuration	기지국 설치 각라메터 자체 생성, 초기

			자동설치, 운용중 인접기지국식별, 관계 설정
		Self-optimization	인접기지국간 신호및 트래픽 운행정보 활용하여 신호세기 제어, 핸드오버 파라메터 최적화 (예: MRO : Mobility Robustness optimization)
		Self-Management	장비 또는 Network의 유지관리
		Self-Adaption	주변 환경의 변화에 대한 적응
		Self-Healing	자동적인 탐지, 위치설정, failure 설정

자. 펨토셀에 적용되는 SON의 동작

전원공급 ← 기본설정 ← 초기 Radio설정 → 최적화 적응

Self Configuration ← → Self Optimization

단계	설 명
1)전원공급	펨토기지국 케이블 연결및 전원인가(power on)
2)기본설정	IP주소설정, OAM 탐지, 인증, G/W 설정, S/W설치
3)초기 Radio설정	이웃 펨토기지국 목록설정, 파라메터 설정
4)최적화및 적응	이웃 목록 최적화, 서비스 영역/용량 최적화

4. 펨토셀 활성화를 위한 기술적 해결과제

구분	설명

		N/W 구조	회선서비스(C/S), 패킷 서비스(PS) 구조	
		Radio 이슈	간섭제어, 시스템 선택(Beacon 방식) 방안	
		핸드오버 이슈	매크로셀과 펨토셀간, 펨토셀들간 핸드오버 방안	
		동기화 Issue	IEEE-1588(패킷망 동기분배 방식) 또는 매크로망에서 동기화 신호 받아오는 방법	
		- 3GPP에서는 LTE 시스템에 Femto Cell 기술 적용을 위한 Home eNB 기술 표준화 정립 실시.		
			"끝"	

문 136) mVoIP 등장배경, 서비스 유형, 제공유형

답)

1. 모바일 인터넷 전화, mVoIP의 개요

가. mVoIP (mobile Voice of IP)의 정의
- 모바일 단말기(예. 스마트폰)에서 VoIP 기술을 이용하여 인터넷 망을 통해 음성 데이터 송수신하는 인터넷전화서비스

나. mVoIP의 특징
- 과금 방식 : 인터넷 과금 방식으로 무제한 사용가능함
- 비용절감 : IP 망을 그대로 사용하여 비용절감 효과제공
- 다양한 application : Skype, Viber, Tango, Face time

2. mVoIP의 등장 배경 및 서비스 구성도

가. mVoIP의 등장 배경

외부 · Convergence
· 이동통신전화시장 포화

내부 · 자원효율화
· 소비자 효용증진

→ mVoIP →

· 무제한 사용(Wi-Fi)
· 기존단말이용 (듀얼모드)
· 듀얼모드 단말 보조금 활성화.

- mVoIP는 내·외부 여건에 의해 등장하여 기존 단말(듀얼 모드)을 이용하여 Wi-Fi 이용시 무제한 사용이 가능함

나. mVoIP의 서비스 구성도
- mVoIP는 이동 통신사의 음성망 또는 데이터망과 인터넷

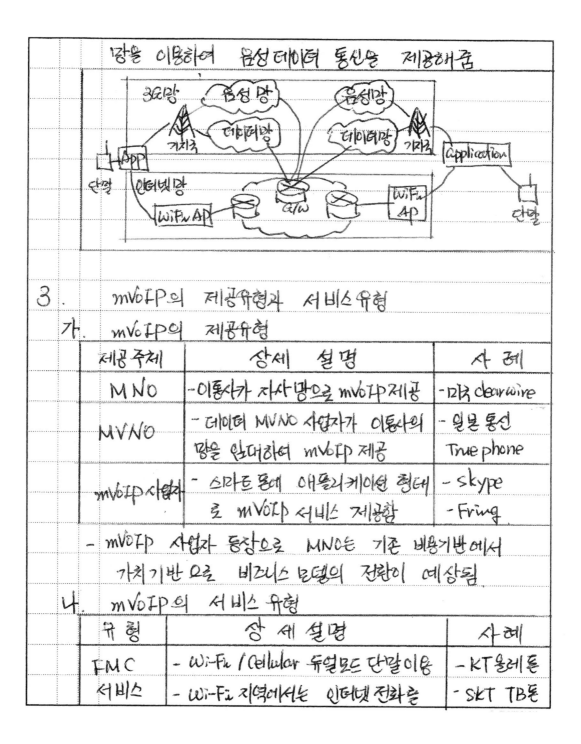

망을 이용하여 음성 데이터 통신을 제공해줌

3. mVoIP의 제공유형과 서비스유형

가. mVoIP의 제공유형

제공주체	상세 설명	사례
MNO	- 이동사가 자사망으로 mVoIP제공	- 미국 clearwire
MVNO	- 데이터 MVNO 사업자가 이통사의 망을 임대하여 mVoIP 제공	- 일본 통신 True phone
mVoIP사업자	- 스마트폰에 애플리케이션 형태로 mVoIP 서비스 제공함	- skype - Fring

- mVoIP 사업자 등장으로 MNO는 기존 비용기반에서 가치기반으로 비즈니스 모델의 전환이 예상됨

나. mVoIP의 서비스 유형

유형	상세 설명	사례
FMC 서비스	- Wi-Fi / Cellular 듀얼모드 단말이용 - Wi-Fi 지역에서는 인터넷 전화를	- KT 올레폰 - SKT TB폰

		사용하고 그외지역에서는 이동통신망을 이용한 음성서비스를 사용함	- LGU+ 오즈
	VoIP 애플리케이션	- Wi-Fi 기능 휴대폰에 가입자가 VoIP S/W을 설치하여 음성서비스 - 이통사와 무관하고 메신저 기능, SNS 등의 부가기능 이용가능함	- Skype - Viper - Tango - 페이스 타임
이동통신 서킷망 이용		- 이동통신의 서킷(Circuit) 망을 이용하여 인터넷 전화 서비스 제공	- SUK Skype 톤
이동통신 패킷망 이용		- 이동통신 패킷(Packet) 망을 이용하여 인터넷 전화 서비스 제공	- Nokia N97 모델

- mVoIP의 서비스 유형은 Wi-Fi 기반의 FMC 서비스, VoIP 어플리케이션 방식이 있고 이동통신 기반의 서킷망, 패킷망있음

4. mVoIP의 활성화 방안

가. 이동통신 사업자들의 mVoIP 딜레마

- 이동통신 사업자는 내·외부 다양한 요인들에 의해 기존 음성

		서비스 수익의 잠식에도 불구하고 mVoIP 수용여부를 고려함
나.		mVoIP의 활성화 방안
	기술적 측면	- 네트워크 환경구축 : LTE / LTE-A 등 4G 기술 대중화
		- All-IP 네트워크인 4G의 경우 저렴한 서비스 비용
	사업적 측면	- mVoIP 사업자의 서비스 품질, 이용자 편의성, 단말기의 다양성 및 구입비용에 대한 문제해결
		- IM, LBS, SNS 등과 연계한 다양한 서비스 개발
		- 이동사는 커뮤니케이션 채널 변화로 유연한 대응필요
	정책적 측면	- 망중립성 논쟁 정책 결정의 가속화 및 해결
		- 이동사들의 mVoIP 애플리케이션 트래픽 제한에 대한 논쟁의 합의점 도출이 필요함

"끝"

문 (37) IMS의 구조와 계층별 기능

답)

1. IP기반 이기종망간의 허브, IMS의 개요.

가. IMS (IP Multimedia Subsystem)의 개념.

- IP 프로토콜을 기반으로 이기종망간의 application 과 서비스를 연동하여 멀티미디어 콘텐츠를 제공하는 프레임워크

나. IMS의 필요성 (장점)

- 컨버전스 서비스: IP기반 멀티미디어 서비스의 복합적 제공
- 가격 경쟁력: 범용 인터넷 기술 사용하여 서비스 가격경쟁력 향상
- 상호연동성: 다양한 세션 관리 기능 기반으로 3rd party 연동가능
- 다양한 액세스망 수용: 이동망과 고정 N/W 이용한 액세스 가능
- 사업영역 확장: 서비스간 글로벌 연동을 통한 사업영역 확장

2. IMS의 구조 및 계층별 역할

가. IMS의 구조 (Architecture)

| Access Layer | Transport Layer | Control Layer | Service Layer |

- All IP와 SIP기반으로 다망(이기종망)의 멀티미디어 서비스 용량

4. IMS의 계층 및 계층별 역할

계층	상세 설명
Transport Layer	- 전송 부분은 IP(Internet Protocol)기반 망 - IP기반 망은 공중인터넷이 아닌 폐쇄 통신망으로 통신사업자 망 내부에 구축된 IP망
Control Layer	- SIP 메시지를 처리하는 호처리 기능 수행 - CSCF (Call Session Control Function)가 핵심적인 호처리 기능을 제공함 - 무선액세스 망과 IM서비스 도메인 사이 패킷전달
Service Layer	- 가입자 별 다양한 형태의 멀티미디어 호처리 구현 - AS (Application Server)는 CSCF와 신호를 교환하며 AS가 지시하는 호처리 동작 수행

3. IMS의 주요 기능 별 블럭 상세설명

가. Transport Layer의 주요기능 블럭

기능 블럭	기능 요소	상세 설명
멀티미디어 제어기능 블럭	MRFP(Mutimedia Resource Function Process)	- 음성, 비디오 등의 Stream을 Mix, 생성, 처리 기능 담당
	MRFC(Mutimedia Resource Function Control)	- SIP메시지를 IMS 내 다른 서버와 송수신하여 MRFP 제어 기능
게이트웨이 블럭	IM-MGW (IP Mutimedia Gateway)	- IP 네트워크와 Circuit Network 간의 음성, 비디오 변환기능

	기능블럭	기능 요소	상세 설명
	게이트웨이 블럭	SGW (Signaling Gateway)	- SIP (Session Initiation Protocol) 을 ISUP 형태로 변환 기능 수행
		BGCF (Breakout G/W Control Function)	- IMS로 전송한 세션요청 메시지가 회선망에 착신할때 전송할 MGCF선택

나. Control Layer의 주요 기능 블럭

기능블럭	기능 요소	상세 설명
게이트웨이 제어블럭	MGCF (MGW Control Function)	- IMS의 SIP와 회선망의 ISUP 간의 Signaling 변환, IM-MGW제어
세션 제어 블럭	P-CSCF (Proxy - CSCF)	- 사용자가 IMS망에 최초 접속하는지점 - 사용자 요청에 따른 다른 CSCF로 전송 - 사용자 접속 없는 경우 세션 종료
	I-CSCF (Interrogating-CSCF)	- 사용자가 위치등록할 때 해당 HSS선택 - 적절한 S-CSCF에게 사용자 메시지전송 - 타 망에 대해 자신의 망을 은폐하는 기능을 옵션으로 탑재하고 있음
	S-CSCF (Serving - CSCF)	- 세션제어 중심의 SIP 서버 - HSS로부터 획득한 가입자정보 보관 - 사용자 정보를 HSS에 전달함
홈가입자 서버 블럭	HSS (Home Subscriber Server)	- 사용자의 물리적 위치정보를 저장하고 있는 HLR과 연동 정보저장
	SLF (Subscriber Locator Function)	- 복수의 HSS 존재시 해당 사용자에 대한 HSS 검색 정보 저장

4. Service Layer의 주요 기능블럭

기능블럭	기능요소	상세 설명
어플리케이션 서버 블럭	AS	- IP 패킷망에서 CSCF / HSS 등과 연동하여 다양한 부가서비스 제공 인프라 - SIP ASE CPL Interpreter 기능지원
	User Profile	- S-CSCF에 의한 다양한 서비스 제공을 위한 SIP 메시지 종류 별 조건 - HSS 내에 User Profile 형태 저장

4. IMS 구조기반 서비스의 전망

- IMS는 향후 BCN / NGN의 일부분으로 자리매김 할 것

- IMS는 공중 인터넷이 아닌 통신서비스 사업자를 위한 표준이므로 과금을 위한 기능이 도량되어 연동

- IMS 기반의 새로운 서비스 어플리케이션이 다양하게 등장

"끝"

문 (138)	5G 이동통신의 필요성과 관련기술을 설명하시오
답)	

1. **5G 이동통신의 필요성**

Big Data 출현	모바일 서비스의 새로운 대량 다양의 콘텐츠 대용량처리
트래픽 제어	N/W 트래픽은 2010년대 비 2030년은 1000배 증가
망사업자부담	급증하는 N/W 트래픽 증가 망사업자부담가중
4G 용량	모바일 기기폭산과 가입자증가 → 4G이동통신 수용불가
품질보장	사용자에게 다양한 통신 서비스별 품질보장
Cloud 환경대비	Cloud Computing 전송속도 대응
대역폭 향상	부족한 이동통신 용량의 확장으로 새로운 주파수 대역폭 요구
I O T	사물무선 Internet 대응, 속도증가 필요.

2. **5G 이동통신 핵심기술의 상세 설명**

가. **무선 전송기술의 요구사항 설명**

관련 기술	상세 설명
주파수 대역	-SHF(Super High Frequency, 30~30GHz) EHF(Extremely High 주파수, 30~300GHz)대역활용 -mmWAVE 대역 (30~60GHz)은 직진성이 강하고 통신주파수 대역 확장용이, 작은 Antenna로 첨예한 Beam을 형성할수 있음
다중빔 형성 (Beamforming)	-다중 Beam을 이용하여 하나의 서비스영역 을 수평/수직 방향으로 여러 섹터 (Sector)

		Beam Forming	로 나누어 동시 서비스 제공
			- 직진성이 강한 Beam의 특성상 건물 주변이나 사물에 의한 '음영 지역은 Relay Node 사용
		D2D (Device to Device)	- 증가하는 Data traffic 제어를 위해 N/W 를 거치지 않고 Device 간 직접통신
			- 사례: Wi-Fi Alliance의 Wi-Fi Direct 기술 QualComm의 Flash LinQ 기술
		M2M (Machine to Machine)	- 주변 사물을 N/W로 연결하여 언제, 어디서든 필요한 정보를 전달하거나 얻을수 있음.
			- 표준화단체: IEEE802.16p, 3GPP RAN 2와 SA 2 등
		CoMP (Cooperative Multi-Points)	- 서비스 영역 경계에서 단말은 여러 Beam 으로부터 동일 정보를 받거나 최적 빔을 선택하여 서비스품질을 향상시킬 수 있음.
		Massive MIMO	- 적은 송신전력과 같은 자원으로 동시에 많은 단말기와 정보교환하여 전송효율 증대
			- 기지국 안테나 수가 많아서 이에 상응하여 큰 Array이득을 가지므로 전력 효율이 높고 셀 반경의 확장이 가능하며 동시에여러단말과 통신가능
4.		5G 이동통신의 Network 기술	

관련 기술	상세 설명
Hetrogeneous Network	- Maro-Cell과 Small-Cell로 구성된 망으로 Coverage 보완 및 확대 효과 제공

				-멀티밴드를 사용하여 Data의 처리용량 및 속도 향상
		서비스 품질보장	-인터넷 접속을 수용하는 관리형 IP Network 품질보장 라우터를 이용한 서비스 품질보장
		플로우 정책	-Flow Control, Group 안에서 각 사용자 별 Traffic이 필요한 대역폭 지정
		연결수락 제어	-CoS 정책의 대역폭을 넘어서는 경우 플로우 단위로 차단시켜 다른 flow 서비스 품질보장
		서비스 등급 정책	-사용자의 Traffic을 Management 가능한 Group으로 분류하여 관리.

3. 5G 이동통신의 시사점

시사점	설명
Giga급 서비스력 진화 및 모바일 트래픽 급증	-UHD급 3D 동영상 및 모바일 클라우드 등 실감형 멀티미디어 서비스제공을 위해서는 개인별 기가급(~1Gbps)초대용량 무선전송 필요
5G 산업의 파급효과 예상	-새로운 실감 서비스 수용에 따른 수요창출 -2026년까지 국내 GDP의 8.7% 시장 창출, 고용 66만 창출 예상
대한민국의 Global 위상 변화 (표준과 선점)	한국식 추진력, 정부주도의 ICT 발전 모델에 힘입어 현재 Global 모바일 기술을 선도하는 상황이므로 이를 계승 발전할 전략 마련 필요.

"끝"

| 문139) | 5G 네트워크 구성 및 핵심기술 |

답)

1. 4차 산업혁명의 핵심기반인프라, 5G의 개요

가. 5G (5th Generation)의 정의

- 최대속도가 20Gbps에 달하고, 초고속, 초저지연, 초연결 서비스를 지원하여 B2C 및 B2B에 최적화된 망

나. 이동통신의 세대별 특성

구분	1G	2G	3G	4G	5G
최고속도	14kbps	144kbps	14Mbps	1Gps	20Gbps
서비스	음성	음성, 문자	화상통신	데이터, 영상	초고해상도
차별성	휴대가능	이동통신	인터넷접근	인터넷 고속화	초고속, 초연결 초저지연

2. 5G 네트워크의 구성도 및 구성요소

가. 5G 네트워크의 구성도

- 5G네트워크는 단말과 기지국간 무선인터페이스인 액세스망과 트래픽 라우팅 및 사용자 접속/연결제어 역할을 하는 코어로 구성

4. **5G 네트워크의 구성요소**

구 분	상세 설명
5G액세스망 (Access Network)	- 단말과 기지국간 무선 인터페이스의 다중 접속 및 무선자원의 효율적 분배를 담당 - 5G기지국: 데이터부(User Plane)과 제어부 (Control plane) 데이터를 단말과 송수신 수행
5G 코어망 (Core Network)	- 데이터 전달, 트래픽 라우팅 및 사용자의 접근 제어 및 연결제어의 역할을 수행 - 범용서버에 가상화 기술을 이용하여 소프트웨어로 기능을 구현하여 QoS 제공

3. **5G 핵심기술**

가. **5G 액세스망의 핵심기술**

구 분	상세 설명
가변적 채널 대역폭 활용	- 서비스의 종류, 주파수 대역 등에 따라 채널 대역폭을 가변적으로 이용하여 주파수 자원의 효율적 활용 (Subcarrier spacing)
Massive MIMO	- 수 많은 안테나 배열을 이용하여 동일 무선 자원을 다수의 사용자가 동시 사용 지원
빔 포밍 (beam-forming)	- 전파 에너지를 집중시켜 5G 신호를 원하는 곳에 선택적으로 전달하는 기술 - Digital / Analog Beamforming.

사. 5G 코어망의 핵심기술

구분	주요 기능	역 할
	AMF (Access & Mobility Management)	- 단말 접속시 인증, 핸드오버, 네트워크 슬라이싱 기능 지원
	SMF (Session Management Function)	- 단말과 데이터망 간의 세션 생성, UPF의 라우팅 설정
	PCF (Policy Control Function)	- 단말 서비스별 세션 관리등 제어부 기능에 대한 정책
제어부	UDM (Unified Data Management)	- 5G인증 및 키랍의 드르토콜 생성, 사용자 식별처리, 구독관리
	AF (Application Function)	- 어플리케이션에 대한 드래픽 라우팅 설정 정보 제공등 지원
	NEF (Network Exposure Function)	- 제3자등 개발자에 안전하고 친화적인 자체네트워크 서비스 제공
	AUSF (Authentication Server Function)	- 네트워크 접속 단말·가입자 인증서버로서 동작
데이터부	UPF (User Plane Function)	- 단말 이동에 대한 앵커 포인트 및 단말과 데이터 네트워크 사이 게이트웨이 역할 수행

4. 5G 통신시장 확대를 위한 제언

가. 글로벌 5G 통신 시장에서 경쟁력을 갖추기 위해서는

전달망 및 액세스망에 고른 투자가 이루어져야 하고 이와 함께 원천기술 확보에 대한 병행이 필요함

4. 통신산업의 경우 중소기업이 다수를 이루므로, 효과적인 기술개발을 위해 산학연 협력사업 형태로 추진

다. 정부에서도 국제 표준화의 중요성을 인지하고 안정적이고 지속적인 지원을 통해 국제 표준화 선도 국가로 발돋움하는데 기여를 할 필요가 있음. "끝"

문140)	5G 특화망
답)	
1.	전용네트워크을 통한 기업의 디지털혁신 가속화, 5G 특화망개요
가.	5G 특화망의 정의
-	전용주파수를 이용하여 특정공간(예, 건물, 시설, 장소)에서
	기업이 도입하고자 하는 최첨단 서비스를 구현가능한 네트워크
나.	5G 특화망의 필요성

	기업적 측면	· 작업공정 고도화 및 업무환경의 디지털전환으로 휴먼에러 최소화, 기업의 생산성 증대, 신사업기획촉진
	국가적 측면	· 5G 융합 서비스가 산업 및 생활 전반으로 확산되어 전통산업의 혁신을 촉진하는 기폭제 역할을 담당

2.	5G 특화망의 구성 및 5G 이동통신망과 비교
가.	5G 특화망의 구성

단말 · (NR) · 액세스망 · OSS · AMF · SMF · UPF · PCF · 코어망

-	5G 특화망은 단말, 액세스망, 코어망 및 운용관리 시스템(Operation Support System)으로 분류하여 구성할 수 있음.
나.	5G 이동통신망과 5G 특화망의 비교

관점	구분	5G 이동통신	5G 특화망
서비스 시장측면	서비스 범위	전국	토지 / 건물
	사업자 수	소수 (3개)	다수
네트워크 구축측면	주파수 이용	전국적 주파수 이용	지역적 공동 사용
	주파수 수요	경합성 높음	경합성 낮음
	설비투자규모	대규모 투자 필요	소규모 투자 가능
통신망 이용측면	주 공급자	이동통신 사업자	수요기업·기관 (자가망)
	주 사용자	이동통신 가입 소비자	기업·기관·서비스이용 고객
	주요 용도	음성, 데이터 등 전송	기업·기관 수요에 의존

3. 5G 특화망의 추진현황

- 독일 : 제조업체 중심으로 3.7~3.8GHz 대역을 지역특화
  면허로 공급, 벤쯔, 폭스바겐등 12개 기업/기관 면허 발급

- 일본 : 5G 지역확산을 위해 28.2~28.3GHz 대역을 특화망
  면허로 공급, NTT, NEC, 도쿄대학 등 45개 기관 면허 발급

- 영국 : 산업체의 특화망 구축, 실내 커버리지 확대를 위해
  3.8~4.2GHz 대역을 산업용 사설망 대역으로 공급.

"끝"

문 141) 모바일 엣지 컴퓨팅

답)

1. 초저지연성과 초연결성 제공을 위한 모바일엣지컴퓨팅의 개요

가. 모바일 엣지컴퓨팅의 정의

- 초저지연, 초대용량이 요구되는 V2X, XR 등의 서비스 구현을
위해 단말과 서버간의 물리적 거리 최단화를 위한 분산 네트워크

나. 모바일 엣지 컴퓨팅의 특성

- | Proximity | : - 모바일 이용자와 근접위치에서 서비스 제공에 따라
네트워크 지연시간 감소 및 백홀 자원 사용 절감

| Location awareness | - 엣지 서버가 지역단위로 분산되어 있어, 지역단
위 서비스 제공이 가능하며 지역특화 서비스 제공

| High QoE | - 기지국에서 수집가능한 무선네트워크의 상황에
따라 송출스트림 품질 조절 및 컨텐츠 캐싱 제공

2. 모바일 엣지컴퓨팅의 개념도와 기술적 이슈

가. 모바일 엣지 컴퓨팅의 개념도

나. 모바일 엣지 컴퓨팅의 기술적 이슈

이슈	상세 설명
이동성	- 모바일 사용자의 이동에 따른 엣지 서비스의 연속성 보장 필요. 엣지 서버 선택 및 핸드오버 처리 요구
자원 제약	- 중앙 집중식 클라우드 환경 대비 엣지 컴퓨팅의 자원의 효율적 관리가 요구됨. (분산처리, 캐싱)
협업	- 핸드오버, VM 마이그레이션 등을 지원하기 위해 Edge system간 협업이 요구됨.
보안	- 다양한 IOT 기기로 수집되는 데이터를 전처리 및 저장하여 사용자의 개인정보 보안이슈 발생
이식성	- 기존 클라우드 환경과 달리 엣지 컴퓨팅 상의 서비스 운용은 서로다른 엣지서버에 대한 이식성 보장
저지연	- 전체 서비스 시간 감소를 위해, 통신 뿐만 아니라 응용처리 시간 개선이 요구됨 (H/W 가속기 등 활용)

3. 모바일 엣지 컴퓨팅의 응용사례

Edge video Orchestration	- 경기장 내 모든 카메라로부터 수집된 실시간 경기 영상을 경기장내 모바일 사용자에게 스트리밍
Unmanned Aero Vehicle	- 비행 물체의 자율주행은 복잡한 연산 및 대량 데이터 처리를 요구하여 엣지 컴퓨팅 활용

"끝"

문142) 네트워크 슬라이싱

답)

1. Network as a service, 네트워크 슬라이싱의 개요.

　가. 네트워크 슬라이싱 (Network Slicing)의 개념.

　　- 하나의 물리적 5G 네트워크를 서비스 특성에 따라 다수의
　　　가상 네트워크로 만들어서 서로 다른 QoS 특성을 제공하는 솔루션

　나. 네트워크 슬라이싱의 등장배경

　　- IoT 시대 도래 : 기존 이동통신망은 주 대상이 모바일폰이였으나
　　　5G와 함께 스마트TV, 인공지능스피커 등의 다양한 디바이스 접속

　　- 서비스 요구사항 다양화 : 자율주행 자동차는 1ms 대의 초저지
　　　연 연결이 중요한 반면 상수도와 같은 유틸리티 시설은 초대용량 요구

2. 네트워크 슬라이싱의 구성 및 주요기술

　가. 네트워크 슬라이싱의 구성 (5G 사례)

　　- 5G 코어망에서 AMF, NSSF, NRF 등은 공통으로 사용하고 서비스
　　　타입에 따라 SMF, UPF 등을 구분하여 별도의 슬라이스 생성

나. 네트워크 슬라이싱의 주요기술

주요기술	상세 설명
네트워크 기능 가상화 (Network Function Virtualization)	- 서버의 컴퓨팅 리소스를 가상화하여 다수의 가상 머신을 만들어서 개별 가상머신에 네트워크구현 - 서버한대가 다수의 서비스를 구분하여 처리할 수 있는 여러 대의 가상 네트워크 장비가 됨
소프트웨어 정의 네트워크 (Software defined Network)	- 네트워크에서 제어부를 관리하여 하나의 서버를 통해 제공함 (동일 서비스의 VM 연결) - 종래 네트워크 장비에 전송부와 제어부를 모두 포함한 것 대비해서 저가의 장비 제조 가능

3. 네트워크 슬라이싱의 보안 취약점 개선 방안

Zero Trust Architecture	다중 계층 보안, 암호화, 격리와 함께 개별 슬라이스내 다수 슬라이스에 걸친 공격에서 보호
지속적인 모니터링	실제 네트워크 로직을 모니터링 해서 악의적인 행위자로부터 네트워크 보호할 수 있는 모니터링 된다

"끝"

문143) 6G 이동통신

답)

1. 초연결시대를 여는 차세대 이동통신, 6G의 개요

가. 이동통신 세대별 특징

1G	→	2G	→	3G	→	4G	→	5G	→	6G
음성 (아날로그)		음성+문자 (디지털)		영상통화 MMS		동영상 스트리밍		VR·AR 자율주행		사용자 초밀접 지능형서비스
영화(2GB) 다운로드 시간		32시간		19분		16초		0.8초		0.016초

나. 6G의 개념

- 초고주파 대역을 사용하여 5G통신보다 50배 빠른 전송속도, 10배 빠른 반응속도, 10배 많은 기기를 연결할 수 있는 차세대 통신인프라

2. 6G의 핵심서비스 및 주요기술

- 6G의 핵심서비스

초 성능 ─────────────── 초대역
　　完全자율차　　초현실 가상서비스
초공간　공중, 해상 자율 비행　초실감 원격진료　초정밀
　　완完全 자율연결　안전한 6G 융합서비스
초지능 ─────────────── 초신뢰

- 5G의 요구사항인 초고속, 초저지연, 초연결의 확장과 같게 초공간, 초지능, 초신뢰를 더한 6가지 기술특성으로 구성

		대분류	소분류	상세 설명
		이동통신	Tbps 무선통신	- 미래 신서비스 실현을 위해 THz 초광대역 신호 대역폭을 사용. 최대 1 Tbps 전송속도 제공
			3차원 공간이동통신	- 에어택시, 스마트 항공, 드론 등 향후 10년 이내 대두될 무인 비행체 서비스 실현 기술
			지능형 무선 액세스	- 단위면적당 대규모 대용량 트래픽 수용과 복잡상황 처리 위한 최적화 기술
		RF	THz RF 부품	- 114GHz ~ 1THz에서 동작하고 30GHz 대역폭을 지원하는 기지국/단말용 부품
			THz 주파수	- 100GHz 이상의 주파수와 최대 40GHz 대역폭이 필요함에 따른 무선시스템설계기술
		광통신	Tbps 광통신	- 대규모 데이터 트래픽으로 인해 발생하는 속도/용량, 에너지 등의 해결 위한 광통신기술
		위성통신	3차원 공간 위성통신	- 저궤도, 정지궤도 위성을 이동하여 커버리지가 전 지구적으로 확대함에 따라 필요한 위성통신
		액세스 네트워크	종단 간 초정밀 네트워크	- 3D 홀로그램, 원격제어/의료 등 실시간 초실감 서비스의 품질 보장을 위한 기술
		코어 네트워크	지능형 모바일 코어네트워크	- 미래의 초분산화되고 복잡해지는 네트워크 환경에 대응할 수 있는 지능형 모바일 네트워크

3. 5G 이동통신과 비교 및 6G 추진 현황

가. 5G 이동통신과 6G 이동통신의 비교

특 징			5G (IMT-2020)	6G
초고속	최고속도		20 Gbps	1 Tbps (1000 Gbps)
	체감속도		100 ~ 1000 Mbps	1 Gbps
초저지연	지연속도		1 ms	0.1 ms
	이동속도		500 km/h	1000 km/h
초연결	접속밀도		10^6/Km^2	10^7/Km^2
	에너지 효율		4G 대비 100 배	5G 대비 2배

나. 주요국 6G 추진현황

국가	추진 현황
한국	- 삼성전자, LG전자, SKT등 6G 연구센터 설립, 협업 강화 - 2028년 상용화를 목표로 관련기관 연구개발 진행
미국	- 연방통신 위원회는 고주파 대역을 최대 10년간 임대 - DARPA 주로 6G 기술과 인프라 조성을 통한 주도권 확보
유럽	- 2030년 6G 생태계 조성을 목표로 6G Flagship 추진 - 6G 분야에서 EU 협력과 글로벌 리더쉽 강조
일본	- 민관 연구회 발족 후, 'Beyond 5G 추진전략' 발표 - 6G 백서를 통해 목표기술과 응용사례 제시
중국	- 과학기술부는 6G 연구개발 시작 발표, 2개의 연구기반 설립 - 2030년 상용화 목표로 화웨이 등은 6G 개발 연구소 설립

"끝"

PART 4

정보통신망

CDN, MPLS, 무선 메쉬 네트워크 등의 네트워크 관련 토픽과 VPN, TOR, WDM, 망 중립성 등의 정보통신망 기술, 물리적 망 분리와 논리적 망 분리 등에 대해서 학습합니다.

[관련 토픽 – 23개]

문/44)	CDN (Contents Delivery Network)
답)	
1.	Fast Response, Contents 제공신속성, CDN의 개요
가.	CDN (Contents Delivery Network)의 정의
	Contents를 다수의 Cache Server에 저장하여 사용자의 요청시 가장 가까운 Cache server에 제공하는 데이터 전송서비스 (전송 Network)
나.	CDN의 필요성 (BigData의 효율적 전송제공)

구분	설 명
병목현상	Network 구간 (Middle Mile)의 전송 지연으로 인한 전체 Network의 속도 저하 초래
트래픽 집중	특정시간대, 특정 Server로의 트래픽 집중 현상으로 인한 Network 장애 초래
고비용	BigData 전송에 따른 N/W 확장 비용 발생

2.	CDN의 구성도 및 구성요소
가.	CDN의 구성도 (IXP, ISP, Cache Server)

Last Mile * Middle Mile * First Mile

- IXP : Internet Exchange Point
- ISP : Internet Service provider (서비스 제공자)
- Contents를 사용자와 가장 가까운 캐쉬서버에 저장 제공
- CP와 캐쉬서버를 직접 연결하여 실시간 Upgrade

4. CDN의 구성요소

구성요소	역할
CP	Contents provider (컨텐츠 제작 & 제공자)
ISP	- Internet Service Provider - Contents 전달 및 N/W 서비스 업체 (대행)
Cache Server	Contents를 저장하고 사용자 요청 (Request)시 Streaming 서비스를 제공해 주는 서버
GLB 라우터	- Global Load Balancing Router - 사용자와 가장 가까운 캐쉬서버 (CDN서버) 탐색
컨텐츠 배포SW	지정된 스케줄에 따라 지정된 캐쉬서버에 전송하여 최신 Contents Version 유지
사용자	실제 서비스를 이용하는 소비자

- IXP (Internet Exchange point) : ISP간 원활한 트래픽 소통위한 Internet 연동서비스

3. CDN의 핵심기술 및 활용분야

가. CDN의 핵심 기술

- Caching, Load Balancing, Streaming 등

핵심 기술	내 용
캐싱 기술 (Caching)	-Edge 서버에 Contents 저장후 제공 (병목 제거) -종류: Forward Caching, Reverse Caching
Global 서버 Load Balancing	-사용자에게 최상의 서비스 (Service) 제공 -캐쉬 서버 선정 & 서비스 연결 기술 제공 -Redirection 종류: DNS. HTTP, L4스위치 등
Load Balancing	-요청 (Request)되는 많은 작업들을 하위의 여러대의 Server에 분배하는 기술
Contents Freshness 보장기술	-Cp의 Contents 변경 내용을 분산된 캐쉬 서버에 즉각적으로 반영하는 기술
Streaming 기술	-전송받은 패킷을 실행하면서 나머지 패킷 수신 -종류: Multicasting, On-demand streaming

4 CDN의 활용분야

활용분야	내 용
Download 서비스	-대용량 File을 빠르고 안정적으로 전송 -Game 설치 파일, 패치파일, 네비게이션 등
Streaming 서비스	-화면 끊김이나 Buffering 최소화 서비스 -온라인 교육, VoD, Internet 방송, UCC 등
Caching 서비스	-다수의 Cache 서버이용으로 트래픽 분산처리 -Web Site Loading 속도 향상 서비스 -이미지가 많은 쇼핑몰, portal, Game 등

4.		CDN의 발전 방향
	-	방송, 통신융합, BigData 출현, Smart TV 활성화에 따른 Contents의 다양화 및 대용량화에 따라 급속가능
	-	Online Game 산업의 성장, UHDTV등 고화질 동영상 도입으로 인한 Network 대역폭증가
	-	투자 및 관리 비용부담에 따른 혼합된 형태의 CDN 전송방식 등장 및 Global CDN의 활성화

"끝"

甘145)	ADN의 개념과 주요기능

답)

1. 고속 데이터 서비스를 위한 통합솔루션, ADN의 개요

가. ADN (Application Delivery Network)의 개념
- L4/L7 스위치, 애플리케이션 가속, SSL VPN 등의 기능을 결합하여 인터넷 서비스를 신속하고 효율적으로 제공하는 네트워크 솔루션

나. ADN의 특징
- Secure : DoS/DDoS 방어, 콘텐츠 방어, 방화벽 기능 제공
- Fast : SSL 가속, WAN 가속, HTTP 트래픽 압축등의 기능 제공
- Available : 시스템 이중화, 로드밸런싱, 실시간 모니터링 및 운영
- Dynamic : 캐쉬 불가능한 JSP/ASP 등의 동적 애플리케이션 가속

2. ADN의 개념도와 주요기능

가. ADN의 개념도

```
┌──────┐                  ┌─────────────────────────────┐   ┌──────┐
│휴대폰 │                  │ Application Delivery Controller│   │Web서버│
├──────┤      ☁           │ - DoS 방어장비                │   ├──────┤
│PDA   │  ☁      ☁        │ - 콘텐츠 가속기               │   │ERP   │
├──────┤                  │ - 트래픽 압축기               │   ├──────┤
│노트북 │                  │ - 웹 방화벽                   │   │CRM   │
├──────┤                  └─────────────────────────────┘   ├──────┤
│PC    │                                                    │SFA   │
└──────┘                                                    └──────┘
  사용자          네트워크                                    애플리케이션
```

- ADN은 Application Delivery Controller에 의해 DoS/DDoS 방어 및 콘텐츠 가속, 트래픽 압축, 웹 방화벽 기능 제공함

4.　ADN의　주요기능

구분	주요기능	상세설명
All-in-one Appliance	Multi-function	-L7스위치, WAN 가속기, 웹 방화벽
	-TCO절감	- 전력, 공간유지, 서버유지 비용절감
Performance	Application 가속	- 애플리케이션 전송속도 향상 (최대 5배)
	-Compression	- 최대 60%의 트래픽압축 전송
	-Monitoring	- 실시간 사용자 레벨의 모니터링
Security	-웹서비스공격	- DoS/DDoS에 대한 공격차단
	-SSL VPN	- L7기반 L4기능 및 Full AAA지원
	-SSL 웜바이러스	- SSL로 암호화되어 전송되는 웜 차단

3.　ADN과　CDN의　비교

구분	CDN	ADN
목적	-정적파일 다운로드 최적화	- 애플리케이션 가속
지원 컨텐츠	- 정적 콘텐츠 지원 (이미지, 문서, S/W 다운로드)	- 정적/동적 콘텐츠 지원 (JSP/ASP등 지원)
주요기술	- QLB, 캐싱(Caching)	-TCP최적화, HTTP압축

- CDN은 확장성에 초점을 두고 ADN은 속도 가속화에 초점을 두어 상호보완적인 활용이 필요함.　　　　　　"끝"

> 기존 3계층라우팅은 머 라우터마다 패킷을 헤더기사 하여 다음경로설정
> 반면, MPLS망 진입시점에 1회 헤더기사 이후 짧은 Label 이용 경로설정

문 146) MPLS 개요, 특징, FEC구성, Label distribution

답)
> → 인터넷 백본망등에서 대용량 트래픽의 고속처리 및 관리방안 (IETF의 추진방안)

1. Label Switching 을 통한 고속 패킷전송기술, MPLS 개요

가. MPLS (Multi-Protocol Label Switching) 의 정의

- 3계층의 IP헤더를 이용한 라우팅 대신 2계층에서 4byte
  크기의 간단한 Label을 참조하여 고속 패킷포워딩 기술

나. 등장 배경 (기존 라우팅 방법의 한계극복)

※ 기존 제3라우팅문제
- Header 내처리지연
(TTL, Checksum)
(Ra... ng table lookup)

Bandwidth	- 대용량 멀티미디어 데이터의 고속전송 필요
Routing	- 서버증가로 인한 라우터의 복잡성 해결
QoS	- IP 네트워크의 QoS 미보장 문제 해결
Traffic	- 라우팅 레이블의 빈번한 Contents Switching

다. MPLS의 특징   → ATM, Frame Relay 등 또른 L2계층에 계층기능

구분	설명
Multi-Protocol 지원	- IPv4, IPv6, IPX, Apple talk, DEC net 등 다양한 네트워크계층 프로토콜 지원
QoS 지원용이	- 각 Label 에 따른 서로 다른 서비스(등급)제공
라우팅확장성	- 3계층 라우팅 정보유지 (기존 overlay model의 인접성 확장성 문제 해결)
고속 레이어전송	- 간단한 H/W적 패킷전송과 Table Look-up 방식을 사용함
Traffic Engineering	- LSR(Label Switch Router) 에 의해 라우팅 경로의 임의 선택가능

많 트래픽에 대한
명, 부분류 일
명시적 라우팅

VPN 제공가능	- VPN 트래픽별 서로 다른 Label 부여로 VPN 서비스 제공 용이함

2. FEC의 구성 및 구성요소/핵심기술

가. FEC(Forward Equivalence Class)의 개념

- 목적지 주소 prefix를 따르나 MPLS 망에서 공통의 경로로 맵핑되는 L3/IP 패킷들의 집합

나. FEC 별 Switching을 위한 MPLS의 구성도

- FEC에 따라 패킷이 분류되고 분류된 패킷은 LER에서 Label을 붙이고 LSR에서 Label Swapping을 통해 고속 전달됨
- LSR간 Switching시 LDP에 의해 로드 변경성이 됨

다. MPLS의 구성요소 및 핵심기술

분류	구성요소	설명
프로토콜	Label (4byte)	- 동일한 FEC 스트림을 지정해 주는 식별자
		- 인접한 두 LSR에서 본 의미를 가지며 사용하기 전 각 노드간에 정해져야함

			LDP	- Label Distribution Protocol
				- Label Forwarding Table 규정을 위한 Label binding 정보를 배포
				- LSR들간 교환하는 메시지와 절차정의
			LSP	- Label Switched Path
				- 동일 FEC에 속한 패킷들의 전달경로
			LIB	- Label Information Base
				- LSR에서 LDP에 의해 생성 전략 되어온 Label 바인딩 정보가 저장된 DB
		네트워크 장비	LER	- Label Edge Router
				- 3계층 라우터의 기능과 IP 패킷에 Label을 붙이고 제거하는 기능 수행
			LSR	- Label Switch Router
				- Label이 붙은 패킷을 전달하는 라우터
				- Label 교환을 위한 Swapping과 2계층스위칭기능

라. MPLS의 Label 구조 (32bit)

Label(20-bit)	EXP (3bit)	S (1-bit)	TTL (8bit)	S: Label Stacking

← 32 bits →

- Label : Packet forwarding 정보 → CoS, QoS 정보전달
- experimental : 실험용 , S: Label Stacking : 1bit
- TTL (Time to Live) : Loop 방지 　스택되어진 label의 마지막

3. Label Swapping 절차 및 설명

<Distribution Table>

Packet Input	LER (Label) 붙임 ②	LSR (Path) ③	Packet Output
① 3	21	4	18
3	56	6	135
3	24	3	1
⋮	⋮	⋮	⋮

<MPLS Network 에서의 S/W 처리과정>

① FEC 할당	- 처음 패킷이 전송될 때 Packet Header 정보로 FEC할당
② Label 붙임	- 해당 패킷에 32bit 정보의 Label 정보부착
③ Swapping	- LSR 구간, Label-Swapping 과정
	- (3번 Input의 Label 21번에서 table참조후 18번변경)
④ LSR 전송	- Link Layer에서 Label 참조로 고속패킷 전송

4. MPLS의 발전 방향

- 백본망에서 트래픽엔지니어링을 통한 공통의 제어프로토콜로 자리매김
- Optical 및 TDM 망에서도 적용할수 있도록 프로토콜확장진행
- 고품질 Multicast 서비스를 위한 Multicast MPLS 연구진행중

Cf. MPLS Label Distribution 절차 (LDP이용의 경우)

RSVP사용가능

* On-demand 형태   On-Demand

① Label Request (43.1)   Label Request (43.1)   (43.1)

LSR   ② Label Mapping (0.4)   LER

LER   Label Mapping (0.5)

LSR   LER   (43.2)

Label out
0.5

Label in	Label out
0.5	0.4

Label in
0.4

① Label request : 특정 FEC와 binding할 Label 요청 (Downstream 방향)

② Label mapping : Label 할당후 label request 송신자에게 label mapping 메시지를 전송함   (Upstream Initiator)

* Unsolicited 형태

LSR1   Label Mapping   LSR2
(Label ↔ Fec)

① LSR2가 특정FEC에 대한 Next-Hop 검색 (LSR1 검색)

② LSR2는 FEC에 대한 Label 할당후 LSR1에게 label Mapping 요청 (label ↔ FEC binding)

③ LSR1은 forwarding table에 binding 정보추가

④ LSR2가 특정 FEC의 Next-Hop이면 LSR1은 LSR2가 알려준 Label 사용

문147) VPLS 구조와 주요기술

답)

1. MPLS 기반 VPN, VPLS의 개요

가. VPLS(Virtual Private LAN Service)의 정의

- 데이터 패킷에 2계층 라벨을 붙여 전송하는 MPLS 기술을 이용하여 멀티포인트 L2서비스 제공하는 가상네트워크 서비스

나. VPLS의 등장 배경과 기술적 특징

· 나망 안정성 QoS, 보안강화	· 확장성
· 사설망 지원 요구 증가	· 단순성
→ VPLS (MPLS+VPN)	· 관리성 : 터널링
	· 신뢰성 : 우회경로제공

2. VPLS의 구조와 핵심기술

가. VPLS의 구조

(2개)
- CE : Customer Edge
- PE : Povider Edge
- VSI : Virtual Switching Instance
- LSP터널
- VPLS 제공업체
- VSI : 포워딩평면 제공
- MPLS

- 3곳의 CE(Customer Edge)를 VPLS를 이용하여 연동함
- VPLS의 코어망에서 PE를 두고 PE간에서 MPLS기반 터널사용

나. VPLS의 핵심기술

구분	주요 기술	상세 설명

		핵심 알고리즘	MAC Learning	- MAC 주소 구별된 FIB의 서비스별 저장
			Packet Switch	- MAC 주소기반 해당라우터에 패킷전달
			Packet Replication	- 가입자 미등록시 모든 PE에 복사전달
		요소 기술	MPLS	- L2계층 Label 이용한 고속 패킷 전송
			VPN	- E2E security 제공기술 (터널링)
			QoS	- 가입자 별 차별화된 전송품질보장
			VLAN	- IEEE 802.1Q기반 우회경로설정

3. VPLS의 현황과 발전방향

- 현황 : 북미와 유럽중심으로 VPLS 이용한 TPS 제공

- 발전방향 : 국내는 IPTV 상용화로 업체에서 도입 증가함

"끝"

문148) 무선 메쉬 네트워크(Wireless Mesh Network)에 대해 설명하시오.

답)

1. 인프라(Infra) 없이 동작, 무선 메쉬 Network의 개요

   가. Ad-hoc 방식, Wireless Mesh N/W의 정의

   무선 Node들 간에 Infrastructure(기지국등) 없이 Ad-hoc 방식으로 Mesh 형태의 Network 구성

   나. 무선 메쉬 Network의 등장배경

   | USN | 센서 N/W의 저전력, 저속통신, Battery 효율증대 |
   | 홈네트워크 | 디지털 AV 가전기기간의 Ad-hoc N/W 구성요구됨 |

   - USN : Ubiquitous Sensor Network

2. Wireless Mesh Network 구성및 주요기술

   가. 무선 Mesh Network의 구성도

   - Infra(기지국등) 도움없이 서로간 Network 구성

   나. 무선 메쉬 Network의 주요기술

기술	설명
Ad-hoc Network	AP(Access Point)등의 도움없이 point-to-point 통신을 가능하게 하는 방식

		W-PAN 기술	Bluetooth, zigbee, RFID, UWB등으로 무선 연결 구성 가능
		라우팅 기술	고정된 Router없이 요구에 따라 라우팅을 구성
		All IP화	IPv6등으로 장치간 고유한 IP의 구성이 가능해짐
		Mobility	IP의 이동성보장으로 무선 메쉬 N/W 구성이 용이
3.		Wiress Mesh N/W의 활용	
		Mobile RFID	RFID를 모바일기기에 장착하여 모바일 환경 구성
		Sensor	소형화, 저전력(Low power), 저속을 위한 센서
		Network	Network 구성및 확장(실시간 정보 처리)

"끝"

문 /49)	VPN(Virtual Private Network)에 대해 설명하시오.
답)	
1.	**가상의 전용 회선망 VPN의 개요**
가.	VPN (Virtual Private Network)의 개념
	- 인터넷과 같은 공중망을 자신의 전용회선 처럼 사용하는 기술
	- 패킷을 압축하고 암호화하여 터널링을 적용, 전송함으로 서 안전한 전송을 가능하게 해주는 보안 서비스
나.	VPN의 필요성

구분	설 명
원거리 자원공유	다국적 기업등에서 분산된 업무 조직간의 효율적 업무 환경 필요.
비용절감	분산된 지점간의 네트워킹을 위한 전용 회선 비용문제 발생 (공중망 이용으로 저렴한 구축)
정보보안	원거리 통신시 중요 Data의 기밀성 확보요구

2.	**VPN의 구성도및 핵심기술**
가.	VPN의 구성도

			VPN은 원격 사용자가 공중망을 통해 인트라넷 접근시 이에 대한 인증과 내부 자원 접근 제어를 실행함.

4. VPN의 핵심 기술

구분	설명
보안	-인증: 통신 하는 사용자 상호간 신원확인 -무결성: 메시지 변조및 재처 되지 않도록 검증 -암호화: 전송중 정보공개 방지 (기밀성유지)
QoS	사설망과 유사한 회선 속도 보장
터널링	인터넷상에서 가상의 정보 흐름 통로

3. VPN의 계층별 터널링 프로토콜

가. VPN 터널링 protocol

계층	프로토콜	설명
Layer2	L2F	-Layer2 Forwarding (CISCO 제안) -원격지 사용자의 인증은 Home site의 Gateway에서 이루어짐
Layer2	PPTP	-Point to Point Tunneling Protocol -원격 사용자 인증: PPP사용
Layer2	L2TP	-Layer2 Tunneling Protocol -L2F와 PPTP의 혼합 방식 적용 -CHAP, PAP 이용한 인증 방법 제공
Layer3	IPsec	IP 계층 보안 제공을 위해 개방

		Layer3	IPsec	형 구조의 프레임워크(IPv6 기본 지원) -종류 : AH, ESP
		Layer4 ~Layer5 사이	SSL	- Secure Socket Layer -웹서버와 브라우저간 안전한 통신 방식
		Layer5	Socks V5	-Session Layer Proxy Protocol -응용계층에서 필터링을 지원하고 높은 성능의 Access 제어 기능 제공

4. VPN의 주요 터널링 protocol의 비교

구분	PPTP	L2TP	IPsec	Socketv5
표준화	Microsoft	RFC 2661	RFC 2401	RFC 1928
제공계층	2계층	2계층	3계층	5계층
제공 protocol	IP, IPX NetBEUI	IP, IPX NetBEUI	IP	TCP, UDP
사용자인증	불가	불가	가능	가능
데이터 암호화	없음 (PPP 제공)	없음 (PPP 제공)	패킷 단위 제공	메시지 단위 제공
모드	Client- Server	Client- Server	Peer to Peer	Client- Server
액세스제어	원격 접속	원격접속	인트라넷	인트라넷

"끝"

문 150)	VPN (Virtual Private Network)과 Tor에 대하여 설명
	하시오.
답)	
1.	On-line 상의 개인정보 보호, VPN과 Tor 활용

- 비대면, New Normal 시대확산 → 수많은 개인정보 기반
으로 MyData, 데이터 경제 활성화 → Online 상의 개인정보
가 경제적 이익과 연결되는 시대도래

- 온라인상 개인정보보호 요구증대 → VPN과 Tor 통해 극복

| 2. | 사설(private) 정보망을 통한 보안, VPN |
| | 가 | VPN의 구성 및 개념 |

| 정의 | 터널링 기법을 통해 두 N/W간 전용선을 연결한 것과 |
| | 같은 통신환경을 제공하여 보안성과 연결성을 보장 |

4. VPN의 기술요소

구분	항목	설명
구현 기술	인증	-공개키기반, 비대칭키 알고리즘, End-End인증 -해시 함수기반, 데이터 무결성 인증
	터널링	-VPN 패킷이 의도한 대상에 도달하는 process -IPSec(RFC 2401 ~12), VTP 프로토콜 사용
	암호화	-기밀성 보장, 비대칭키 알고리즘으로 암복호화 -DES, AES, SEED 등 블럭암호화 알고리즘
	키관리	-안전한 키분배를 위한 키관리 메커니즘 -RSA 암호화 protocol 사용
유형	IPSec VPN	-IPSec protocol 이용 VPN구현 (3계층) -랜투랜 VPN, 원격 접속 VPN으로 구성 -전용 VPN 장비를 통해서만 통신 가능
	MPLS VPN	-MPLS(패킷 스위칭) 환경을 통해 VPN구현(2계)^(중) -랜투랜 VPN, 원격 접속 VPN으로 구성 -시간 민감한 APP. 운영 환경에 사용 (음성,영상)
	SSL VPN	-SSL(보안통신프로토콜)을 통해 VPN구현(4~7계)^(중) -원격 접속 VPN으로 구성, 다수의 원격사용자 를 가진 환경 & Web APP. 운영 환경에서 활용
	VoVPN	VoIP 서비스를 구현한 VPN 구조
	Mobile VPN	보안에 취약한 Mobile Network에 대한 신뢰성 제공을 위해 VPN 적용

		MPLS (Multi-protocol Label Switching)
		VTP (VLAN Trunk Protocol): 연결된 스위치들끼리
		VLAN 정보를 주고 받아 자동으로 동기화해주는 Protocol

3 익명성 보장 Network, Tor

가. TOR (The Onion Router)의 개념

정의	온라인 상에서 트래픽(Traffic)분석이나 IP주소

추적을 불 가능하게 하는 익명성 보장 Network

개념도:
- Circuit
- 사용자 / 단말
- Guard — Middle Relay — Exit
- Encrypted tunnel — Un-Encrypted link
- TOR 네트워크
- 목적지 (서버)
- ○ = 일반 Network node / ⊘+ = TOR network node

4 TOR 구성요소

구분	항목	설 명
사용자	TOR 브라우저	TOR N/W 사용을 위한 브라우저
	사용자단말	익명화 브라우저 설치를 위한 단말
TOR 네트워크	Cell	TOR N/W를 통과하는 고정된 크기의 패킷 (Packet) 전송 단위 (512 byte)

				Cell	원본메시지→TOR 시스템에 맞게 재구성
		TOR 네트워크		Circuit	-Node들로 구성된 Network 경로
					-브릿지 & Guard 로 시작하며 Guard - Middle Relay - Exit node로 구성
					-TLS 암호화, AES 알고리즘
				OR (Onion Router)	-TOR Network 내 각각의 Node
					-Guard : TOR circuit의 첫번째 Node
					- Middle Relay : TOR circuit의 중간노드
					- Exit : TOR circuit의 마지막 노드 이 Node의 IP주소가 도착지에 표시됨
				OP (Onion Proxy)	-TOR 사용자 Application이 설치된 노드
					-Circuit을 생성 및 연결 관리하는데 사용
					-주기적으로 Circuit의 설정과 해제를 담당
		서버	디렉토리 서버 (Directory Authority)		-라우터 정보 취합 데이터관리 & 배포
					- OR (Onion Router)의 정보 및 Circuit 에 대한 정보를 저장하고 있는 서버
					-현재 실행중인 Relay(노드) 목록을 관리하 고 다른 디렉토리 권한과 함께 주기적 으로 합의 사항을 제시하는 특수목적 노드

4. VPN과 TOR의 비교

- VPN과 TOR는 Online상 개인정보 보호위한 도구임

구분	VPN	TOR
기기 호환성	Router를 비롯한 모든 platform	선택적(윈도우, MAC 리눅스, 안드로이드등)
설치용이성	설치용이	설치용이(세부구성 불요)
익명성/속도	미보장/고속	보장/느림
암호화	전체 암호처리	출구Node만 암호처리
연결성	보안연결보장	보안 연결 미보장
가격	유료&무료	무료
P2P지원	지원	미지원
스트리밍	적합	부적합
서비스 지원여부	지원 가능	불가능

- VPN over TOR, TOR over VPN등의 방식으로 병행

활용하여 보안수준을 강화 할수 잇음

"끝"

문151) 익명 네트워크 (TOR)

답)

1. 익명 네트워크 TOR(The Onion Routing)의 개념

    가. TOR(The Onion Routing)의 정의

    온라인상에서 트래픽 분석이나 IP주소 추적을 불가능

    하게 하여 익명성을 보장하는 네트워크

    나. TOR의 주요특징

익명성	임의의 중계서버, Onion 라우팅, 프라이버시 보호
기밀성	여러겹으로 암호화, 중계서버 통과시 복호화
악성코드이슈	도메인 정보추적 어려움, 자체 암/복호화 기능

2. TOR 구성및 구성요소

    가. TOR(The Onion Routing)의 구성

    나. TOR Network 구성요소

구성요소	핵심기술	설명
Cell	512byte 패킷	TOR N/w 통과하는 고정된 크기 패킷
Circuit	TLS암호화 AES	각 TCP Stream에 대한 라우팅 경로
OR (Onion Router)	TOR 패킷 전달	TOR N/w내 패킷 전달 노드 (Guard, Middle Relay, Exit node)
OP(Onion Proxy)	연결관리 프록시	Circuit 생성 & 연결관리 Proxy
Directory 서버	Circuit, OR 정보 저장	OR정보 & Circuit 정보 보유 서버

3. TOR (The Onion Routing) 적용시 고려사항

기술적 측면	사회적 측면
- 악성코드 대응 : 최선 Ver. 패치 - 개발환경 고도화	TOR 활성화	- 인터넷 윤리 재정립 : TOR 홍보 & 교육 - 정책적 합의 도출 - 사회적 보호책 마련

"끝"

문 /52)　Internet Exchange (IX) 구축유형과 운영방식

답)

1.　ISP들간의 상호연결을 위한 IX의 개요

　가.　IX (Internet Exchange)의 개념

　　-　서로 다른 ISP(Internet Service Provider)들 간의 트래픽을 원활하게 소통시키기 위한 인터넷 연동서비스

　나.　IX의 필요성

　　-　망구조 단순화 : ISP들간의 공식적인 상호연결접점제공

　　-　회선비용절감 : NOC에 각 공급자가 회선을 끌어와서 공동이용

　　-　불필요한 트래픽방지 : ISP들간의 직접적인 데이터전송

2.　IX의 구축유형과 운영방식의 비교

　가.　IX의 구축유형에 따른 비교

Layer 3 방식	Layer 2 방식
- 중앙에서 ISP 트래픽 재분배로 불필요한 처리경로가 발생함 - IX운영주체가 라우팅 처리 담당	- ISP들간 직접 트래픽 전송하여 연동 속도 향상 - IX운영주체는 라우터 설치장소만제공

나. IX의 운영방식에 따른 비교

구분	국내 IX	해외 IX
운영기관	- 영리 ISP , 회선사업자, 비영리 기관	- 협의체 , 학교등 중립기관 - 장비벤더, 네트워크 회사
접속방식	- Layer 3	- Layer 2
라우팅 방식	- 교환 bbb의 라우팅 정책 에 따라 결정됨	- 연동 네트워크 간 상호협의에 의해 결정
중립성	- 중립성 보장없음	- 중립성확보 (사업과의 별개기관운영)
사례	- KT의 KTIX - 데이콤의 DIX	- SPRINT의 NewYork NAP - Bellcore의 chicago NAP

3.   국내 IX의   해결과제 및 해결방안

- 운영조직의 중립성 확보 : ISP와 무관한 제3의 전문조직의 IX운영

- 연동방식 개선: Layer3 방식에서 Layer 2방식으로 점진적 개선

- 망고립화 현상 방지: 정부차원의 감시 감독기관 설립

"끝"

문153) VoIP 개념, 구성도, 프로토콜(3가지이상), 비교설명

답)

1.

가. 인터넷망을 이용한 음성데이터 전송기술, VoIP의 개요.

가. VoIP(Voice over IP)의 개념.

- 음성 데이터를 인터넷프로토콜 데이터패킷으로 변환하여 일반 전화망에서의 통화를 가능하게 해 주는 통신서비스 기술

나. VoIP의 동작원리

- ADC (Analog to Digital Converter) : 아날로그신호 → 디지털신호
- DAC (Digital to Analog Converter) : 디지털 신호 → 아날로그신호
- RTP (Realtime Transport Protocol) : End to end간 실시간 데이터전송

2. VoIP의 구성도, 구성요소 및 요소 기술

가. VoIP의 구성도

나. VoIP의 구성요소

구 분	내 용
VoIP Gateway	- 기존 음성 전화망과 인터넷 간의 연결장치
Gate keeper	- 사용자 정보관리 (등록, 인증, 권한관리), 과금
MCU	- Multi Point Control Unit, 멀티캐스팅 스트림 처리
Terminal	- 실시간 양 방향 통신을 제공하는 클라이언트

다. VoIP의 요소 기술

기 술	설 명
음성 압축/복원	- 실시간 인코딩/디코딩 (예. G.711, G.721, H.261등)
버퍼링 기술	- Jitter를 줄이고, 침묵지연 해소
실시간 전송기술	- 인코딩된 데이터를 인터넷을 통하여 실시간 전송기술 (RTP, RTCP, RTSP)
호 연결	- 원하는 송수신자의 통신연결 (H.323, SIP, MGCP)
전송에러 수정기술	- 가청 범위 이외의 손실을 허용하되 가능한 손실을 최소화
과 금	- OSP (Open Settlement Protocol) 등
QoS 기술	- 전송지연 보장 및 통화음질 보장 (RSVP, MPLS)

3. VoIP 프로토콜의 종류 및 주요 프로토콜 비교

가. VoIP 프로토콜의 종류

프로토콜	내 용	종류
제어 및	- 음성, 데이터, 영상정보 송수신	H.323 (ITU-T)

	시2널링			SIP(IETF)
	게이트웨이 제어	- 인터넷과 SCN(Switched Circuit N/W SIN등)의 중계, 연동		MGCP MAGACO(H.248)
	미디어	- 음성, 데이터등 압축, 복호화, 실시간 전송을 위한 프로토콜		RTP, RTCP, RTSP

4. 주요 VoIP 프로토콜의 비교. ~호별링~   미디어 게이트웨이 제어

구분	(H.323)	SIP	MGCP/MEGACO
개념	- QoS가 보장되지않은 LAN상에서 음성 데이터,영상 전송표준 - 터미널, GW, MCU, Gate keeper간 프로토콜	- 인터넷상에서 멀티미디어 서비스 표준 - User Agent, Proxy Server, Redirect Server간 프로토콜	- 중앙집중식으로 외부의 콜에이전트에 의한 GW 제어 표준 - MGC, TGC, SGC, MGC 간 제어프로토콜
표준기체	ITU-T	IETF	ITU / IETF
특징	- End Point에 다양한 기능 부가 - All IP망 부적합 (전화망 기반)	- 웹기반 클라이언트, 서버 프로토콜 - H.323보다 호설정 용이	- 망의 확장성과 서비스 구현 용이 - 대형 게이트웨이 시스템에 적합
적용 가능성	- 호설정기능복잡 - 호환성, 확장성 부족 - 유지보수비	- SIP기반 단말증가 - 확장과 유지를 위한 시스템에 대한 고비용구조	- 거간통신 사업자에 적합한 제어 기능 강점 보유 - 확장성, 개방형 프로토콜 제품간 운용용이

4. VoIP의 현황 및 발전전망
- 국내 VoIP 서비스시장 2013년 1조원돌파 전망 (IDC)
- 스마트 단말의 보급 확대에 따른 m-VoIP 활성화
- UC (Unified Communication) 활성화의 핵심기술. "끝"

문154) BCN(NGN) 구조와 계층별 주요기술

답)

1. 모든 정보통신기기가 하나의 망에 연결되는 통신망, BCN의 개요

    가. BCN(Broadband Convergence Network)의 정의

    - 통신, 방송, 인터넷이 융합된 품질보장형 광대역 멀티미디어 서비스를 언제, 어디서나 끊김없이 이용할 수 있는 통합 네트워크

    나. BCN의 등장 배경

    - 유선, 무선, 방송 융합형 서비스등 새로운 시장환경

    - 유무선 음성서비스의 포화로 새로운 부가가치의 창출필요

    - 신규 IT서비스 및 시장발굴로 경쟁력 우위 확보

2. BCN의 계층구조도 및 계층별 기능

    가. BCN의 계층구조도

서비스계층	응용서비스				
제어 계층	open API				
	Soft Switch	Soft Switch			
전달 계층	QoS	IPv6	Security		
	유/무선 통합	음성/데이터 통합	통신/방송 융합		
접속 계층	유선통신 FTTH	광대역 무선통신	전화	인터넷	CATV	DMB
단말 계층	홈네트워크	U-센서 네트워크	융합형 정보단말		

나. BCN의 계층별 기능

계층	내용
서비스계층	- 응용서버 및 미디어서버에 서비스 제공
제어계층	- 백본망에 대한 유/무선, 음성/데이터, 방송/통신 통합제어
전달계층	- IPv6, MPLS 기반의 All IP망
접속계층	- 백본망과 가입자망간 연동되어 다양한 접속환경 수용
단말계층	- 모든 미디어에 서비스가능해야 하며 모든 형태의 미디어서비스

3. BCN의 주요 요소기술

가. 제어계층 (Open API, Soft Switch, IMS, Diameter)

REST ⓒ
SOAP

요소기술	설명
Open API	- 응용서비스 계층과 전달망 계층사이의 표준화된 인터페이스
	- 융합 서비스를 위한 API이며 ETRI, 3GPP 등에서 표준화
Soft Switch	- 기존 PSTN망에서 제공하던 음성서비스를 패킷
	망에서 그대로 제공하기 위한 소프트웨어 플랫폼
IMS	- All IP 기반의 차세대 통신 서비스 플랫폼.
	- SIP 시그널링을 기반으로 한 개방형 아키텍처
Diameter (AAA)	- 인증, 권한, 과금관리를 위한 AAA 서버 표준 프로토콜
	- 기존 Radius 한계극복, SCTP지원, Watch dog 기능 추가

회선교환
+
패킷교환

나. 전달계층 (IPv6, GMPLS, WDM, Multicast)

요소기술	설명
IPv6	- 음성, 방송 융합으로 IP 단말의 수가 급격히

		증가 하므로 IPv6를 기본으로 채택함
	GMPLS	- 광통신망 지원이 가능하도록 MPLS에 기능확장,추가 - IP패킷 뿐만 아니라 ATM, 음성프레임에도 확장가능
	WDM	- 하나의 광섬유에 여러 파장을 동시에 사용하여 전송용량을 확대하는 기술 (FTTH에서 활용)
	Multicast	- 복수의 사용자에게 멀티미디어 데이터 전송시 데이터 전송트래픽을 줄이기 위한 네트워크 기술

다. 접속 계층 (FTTH, MIMO, Smart Antenna)

요소기술	설 명
FTTH	- 광전송망을 가입자에게까지 연결하는 기술
MIMO	- 무선 통신에서 전송 효율을 높이기 위해 신호를 다중으로 송수신하는 기술 (무선랜등에서 사용됨)
Smart Antenna	- HSPPA, WiMAX 등의 기지국에서 다수의 가입자에게 전송효율을 높이기 위해 구현하는 기술

라. 단말 계층 (홈네트워크, UWB, RFID)

요소기술	설 명
홈네트워크	-홈네트워크 미들웨어 통신망 및 미들웨어 기술
UWB	-3.1GHz~10.6GHz 대역에서 고속 데이터 전송이 가능한 기술
RFID	- 사물에 부착하는 전자 태그로 무선주파수통신이용 - 유통분야에서 물품관리를 위해 사용되는 바코드 대체
(센서 N/W)	

4. BcN과 기존망의 비교

구 분	기 존 망(IP망)	BCN 망
네트워크구조	폐쇄형	개방형
전달망	Best effort 망	End-to-End 품질보장
접근속도	중저속 액세스	광대역 액세스
IP주소	IPv4	IPv6
서비스형태	독립형 서비스	통합 멀티미디어형 서비스
보 안	수동 보안 시스템	지능형 능동보안 시스템

"끝"

"이하여백"

+ 전송서비스명 계층별 특성

|서비스 계층| : 응용서버 접속에 개방형, 표준형 서비스 등래등 적용
　　　　　　　Open API 기반 표준 I/F, plug & play 서비스 구현

|제어 계층| : 국부망의 접속 통합제어, Soft Switch 이용한 통신로 자원과 가입자
　　　　　　　　　　정보의 통합 관리.　　　 ⌐GMPLS

|전달 계층| : QoS기법, 대역폭관리, 보안기능, 광대역 코어망 구성 (기가비, MPLS)

|접속계층| : 다양한 접속환경 수용, Seamless, Ubiquitous N/W 지원

|단말 계층| : 모든 미디어 및 데이터 서비스 지원
　　　　　　　유비쿼터스, 컨버전스 환경 지원을 위한 단말기능.

문(55) WDM(Wavelength Division Multiplexing)에 대해
설명하시오

답)

1. 파장분할 다중화 기술, WDM의 개요

  가. WDM(Wavelength Division Multiplexing)의 정의

    - 하나의 광케이블에 수십개 광파장을 전송하는 파장분할 다중화

  나. WDM의 특징

특징	설명
광파장/ 양방향	다양한 광파장을 이용하여 전송/하나의 Core에 양방향통신 (Full-duplex)
효율성	하나의 광섬유에 여러개의 광신호를 실어전송
고속/ 전송용량	-하나의 Core를 통해 전송하여 전송용량 증대 -광 선로를 통한 고속 전송 가능
투명성	전송속도, 변조방법, Analog/Digital 등의 전송형태에 구애 없이 어떠한 광신호 전달에도이용

2. WDM의 구성도 및 구성요소

  가. WDM의 구성도 (DWDM 기준)

Sig1—LD1 / Sig2—LD2 → WDM MUX → 광증폭기 → WDM de MUX → PD1—Sig1 / PD2—Sig2

송신기 →   ← 수신기

- 송신기: 각 Channel 마다 전기적 신호를 할당된 각 장에 광 신호를 변환한후 각 장 자중화기을 통해 전송
- 수신기: 역 자중화기을 통하여 원하는 채널을 각 장 변환한후 광신호를 전기적 전송신호로 복구

4. WDM의 구성요소 및 설명

구분	설명
광증폭기	광전자와 전기광학적 변환없이 직접 변경 레이저 Beam을 증폭하는 광 중계기
OADM (MUX DEMUX)	-Optical Add Drop Multiplexer. -분기결합 자중화기: 광신호를 각 장의 분기 결합
OxC	-Optical Cross-Connection -광신호 자체를 교차연결하는 Switching기능
LD	-Laser Diode: 전기적신호를 광신호로 변환 -광통신용 광원으로 쓰이는 반도체 발광소자
PD	-photo Diode: 광신호를 전기신호로 변환하는 반도체 다이오드
DSF 케이블	-Dispersion Shifted fiber 케이블 -광 섬유의 분산값이 1550nm 각 장재에서 최소화함

3. CWDM과 DWDM의 (비교) ☆

구분	CWDM (Coarse)	DWDM (Dense WDM)
개념	1300~1600nm 사이 각 장별 전송손실이 가장적은 1550nm부근 각 장분할	

			Coarse WDM	Coarse WDM
		개념도	-20nm 간격	-(1550)nm 세분화
		채널간격	10~20nm	0.4nm(50GHz), 0.8nm(100GHz)
		채널수	-최대 16개	-최대 64개
		전송방식	광증폭기 없음	광증폭기통해 광증폭전송
		특징	저전력, 공간부피를 상대 적으로 작게차지	고용량 고속 장거리 전송
		효율	저 효율	고 효율
		복잡도	상대적으로 간단함	-상대적으로 복잡함
		비용	저가 (광증폭기, 광각 장치 불필요)	-고가 (광증폭기, 광각 장치 필요)
		추세	사양추세	증가 추세
		활용	80km이내 단거리	수백 Km이상 장거리

4. WDM 구성시 고려사항 및 동향
- 망구성시 비용, 거리에 따른 기술 결정.
- 국내 통신사 (WMD-PON)을 사용하는 서비스 제공
- TPS를 위한 가입자망에서 전송속도, 품질보장

"끝"

FTTC (Fiber to the ~~curb~~)
　　　　　　　　　　border

문 156)	FTTH 개념, AON과 PON 특징, 구축시 고려사항
답)	

1. 광케이블망을 가정까지 연결하는 기술, FTTH의 개요

가. FTTH (Fiber To The Home) 의 정의

- 통신국에서 가입자 댁내까지 광케이블을 연결하여 대용량 데이터를 초고속으로 전송가능한 차세대 인터넷망

나. FTTH의 필요성

- IPS 제공에 적합한 품질보장기능 및 관련 대역폭 제공 네트워크 필요
- 통신망과 멀티미디어 기반 서비스 증가 (대용량 그래픽 전송)
- 기존 xDSL 망을 이용한 통신의 한계 (상향 속도 제한)

2. FTTH의 구성 및 구성요소

가. FTTH의 개념적 구성도

- 기본적으로 OLT, RN, ONU 등으로 구성됨
- RN (Remote Node)의 사용여부, 종류에 따라 여러종류의 구축방법으로 분류가 됨 (PTP, AON, PON 방식)

나	FTTH의 구성요소	

구분	설 명
OLT	- Optical Line Terminal
	- 전기적 신호를 광신호로 변환하는 장비
RN ″	- Remote Node
	- PON의 경우 Passive Splitter, AON의 경우 이더넷스위치
	- 하나의 광케이블을 Splitter 등으로 분리하여 최대 64ONU 연결
ONU	- Optical Network Unit
	- 광신호를 전기적 신호로 바꾸어 주는 장비

3. FTTH의 구축방법 및 특징비교

가. FTTH의 구축방법 (PTP, AON, PON)

구분	개념도	설 명
PTP (Home Run)		- 통신국의 광전송장치(OLT)에서 각 가입자 건물의 광가입자장치(ONU) 까지 광코어를 개별적으로 제공하는 方법 - 가입자간 충돌 없음: 가입자별 특정링크전송 - 자원 공유가 적으므로 투자비용 증가
AON (Active Optical Network)		- RN은 능동광 및 전기적 소자 - Ethernet 기반의 장비인 능동장 치를 사용, 전력공급이 필요함 - 기존 Ethernet 기술 재사용 가능

| PON (Passive Optical Network) | | - Home RUN , AON 문제점해결
- 전원이 불필요한 수동소자 이용
- 광 설비 유지 보수 비용절감
- TDM-PON , WDM-PON으로 발전 |

나. 능동형 망구성(AON)과 수동형 망구성(PON)의 비교

구분	AON	PON
장점	- 가격이 저렴함 (기존 레거시 기존의 재사용가능) - 확장성이 좋음	- 별도의 전원불필요 (수동자사용) - 운용관리 용이함
단점	- 전원공급필요(스위치 사용) - 장비유지보수 비용(스위치)	- 확장성이 비교적 나쁨 - 보안상의 취약점 존재
활용	- 전원공급이 가능한 아파트 등 공동주택지역	- 전원공급이 불가능한 단독주택지 등

4. FTTH망구축시 고려사항

요구사항	AON	E-PON	WDM-PON
TPS 및 신성장 사업인프라확보	다소필요	필요함	필요함
기존 시설의 Life-Cycle 확대필요	다소 필요	필요함	필요함
광선로인프라 선점 및 엑세스망 최적화	다소필요	필요함	필요함

	Outside 관리 노드 강화(OAM강화)	다소 불요	필요 확보	필요 확보

5. PON 방식의 종류 및 특징

가. TDM-PON (Time Division Multiplexing PON)

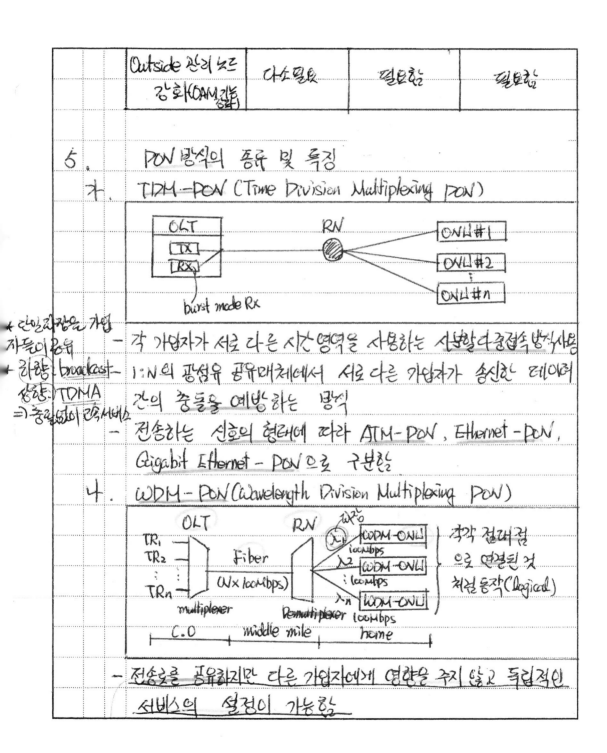

* 단일파장을 가입 자들이 공유

* 하향 : broadcast

상향 : TDMA
⇒ 충돌없이 가입서비스

- 각 가입자가 서로 다른 시간 영역을 사용하는 시분할 다중접속 방식 사용

- 1 : N의 광섬유 공유매체에서 서로 다른 가입자가 송신한 데이터 간의 충돌을 예방하는 방식

- 전송하는 신호의 형태에 따라 ATM-PON, Ethernet-PON, Gigabit Ethernet-PON으로 구분함

나. WDM-PON (Wavelength Division Multiplexing PON)

- 각각 점대점 으로 연결된 것 처럼 동작 (logical)

- 전송로를 공유하지만 다른 가입자에게 영향을 주지 않고 독립적인 서비스의 설정이 가능함

- 각 ONU가 요하는 별도의 통신서비스 또는 통신용량의 확대를 쉽게 수용할 수 있음
- 각 ONU가 별도의 파장을 할당 받아서 OLT와 ONU가 논리적인 점대점 통신이 가능한 구조 (논리적 전용채널 형성)

4. TDM-PON과 WDM-PON의 비교

구분	TDM-PON	WDM-PON
표준	- Ethernet-PON (IEEE 802.3ah)	- 국내 최초 개발 (KT)
채널	- 하나의 채널을 시분할로 공유하여 사용함	- 하나의 채널을 파장 분할 하여 사용함
장점	- 구현 용이함 (충돌회피) - 설치비 저렴함	- 가입자 수에 따른 속도 저하 없음 (가입자 별 별도 채널 제공)
단점	- 많은 가입자 공유시 속도 저하가 발생함	- 구현이 상대적으로 어렵고 설치비가 고가임

6. PON 기술의 발전전망

- 가입자당 고유의 광파장을 할당하여 처리속도가 높은 WDM-PON이 TPS 서비스 제공을 위한 기술로 기대됨
- IP 중심의 인터넷 환경에서 경제적으로 적용될 수 있고 빠른 통신 속도 제공가능하여 Ethernet-PON이 보편화될 전망

"끝"

(참 2)   FTTH 구현기술의 분류

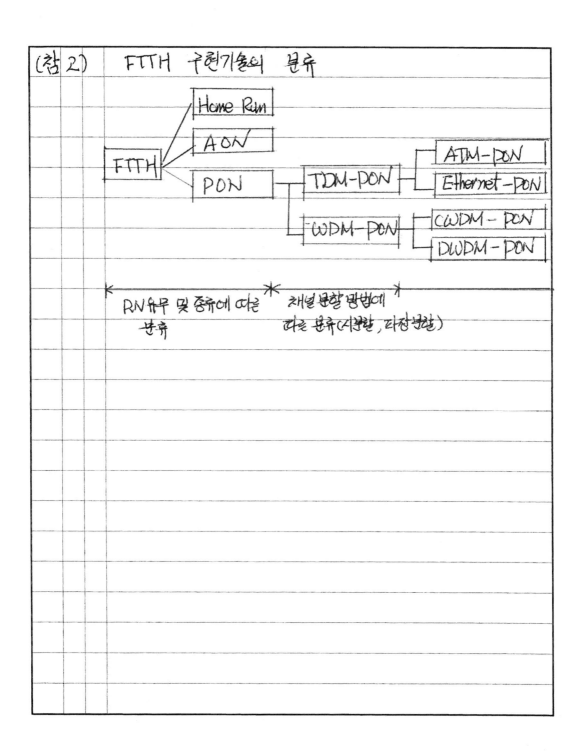

문 157)		SONET , SDH 통신방식과 프레임구조
답)		
1.		장거리 전화망의 광케이블에 적용되는 SONET과 SDH의 개념

SONET(Synchronous Optical Network)	SDH (Synchronous Digital Hierarchy)
- ANSI 산하 ECSA (Exchange Carriers Standard Association)에 의해 표준화된 광전송용 동기식 다중화 방식에 의한 광통신 표준규격	- 북미 표준인 SONET을 기반으로 동기식 다중화 기술을 바탕으로 확장 개발되고 ITU-T에 의해 표준화된 광통신 전송 규격

- SONET과 SDH는 표준화 단체가 상이하나 기술적으로는 거의 유사한 동기식 광통신 전송을 위한 표준규격임.

2. SONET / SDH의 통신원리 및 계층구조

가. SONET / SDH의 통신원리

- R : Regenerator
- T : Terminal
- STS : Synchronous transport signal
- ADM (Add/Drop mux)

- 송신 터미널이 보내는 데이터는 STS MUX를 통해 단일 회선(광케이블)을 통해 전송되고 원거리 전송시 Regenerator에 의해 신호재생됨
- ADM에서 광신호를 다중화 및 역다중화 하여 수신 터미널로 전달됨.

4. SONET / SDH의 계층구조

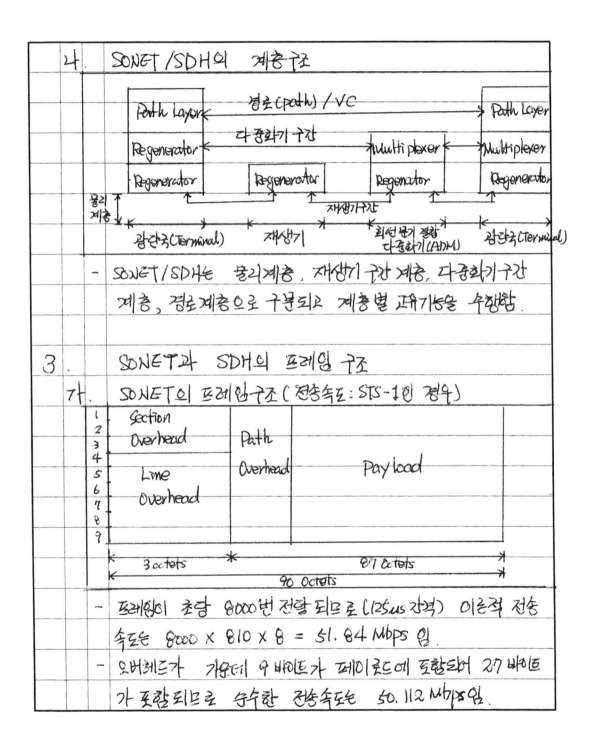

- SONET/SDH는 물리계층, 재생기 구간 계층, 다중화기 구간 계층, 경로계층으로 구분되고 계층별 고유기능을 수행함.

3. SONET과 SDH의 프레임 구조

가. SONET의 프레임구조 (전송속도: STS-1인 경우)

1 2 3 4 5 6 7 8 9	Section Overhead Line Overhead	Path Overhead	Payload
	3 octets		87 octets
		90 octets	

- 프레임이 초당 8000번 전달되므로 (125μs 간격) 이론적 전송속도는 8000 × 810 × 8 = 51.84 Mbps 임.
- 오버헤드가 가운데 9 바이트가 페이로드에 포함되어 27 바이트가 포함되므로 순수한 전송속도는 50.112 Mbps임.

나. SDH의 프레임 구조

1 2 3 재생구간 오버헤드 (RSOH) 4 5 AU Pointer 6 7 다중화기 구간 8 오버헤드 9 (MSOH)	STM-1 유효부하
← 9 octets → *	← 261 Octets →
← 270 octets →	

- 270 바이트 전송단위로 이루어져 있고 9개 행으로 구성되어

  전송속도는 270 × 9 × 8 bit × 8000 (초당 8000개 전송) = 155.52Mbps

4. SONET/SDH와 Metro Ethernet의 비교

구분	Metro Ethernet	SONET/SDH
경제성	- 망구축 및 유지보수 저렴	- 망구축 및 유지보수 비용 고가
요금	- 저가의 요금	- 상대적으로 고가의 요금
교환 방식	- 패킷교환 방식 위주 (Packet-Switching)	- 회선교환 방식 위주 (Circuit-Switching)
망 구성	- 단순함	- 상대적으로 복잡함
망관리능력	- 미흡함	- 상대적으로 우수함
장애복구능력	- 미흡함	- 우수하고 신뢰적임
대역폭 이용성	- 다양한 대역폭 제공 - 1 ~10Gbps (BoD, Bandwidth on Demand)	- 미리 정해진 계위속도만 서비스함 (유연하지 못함) - nx64, T1/E1, 45M 등

"끝"

문158) 가시광 통신의 원리와 요소기술

답)

1. LED 조명을 이용한 친환경녹색기술, 가시광 무선통신의 개요

가. 가시광 무선통신의 정의
   - 인간의 눈으로 인지할 수 있는 가시광 파장 대역(380nm~780nm) 대역의 빛을 이용하여 정보전달하는 통신기술

나. 타 기술과 비교를 통한 가시광 무선통신의 특징

구분	유선 광통신	무선 광통신	가시광 통신
원리	- 광섬유 내부에 광 송수신	- LD를 이용한 무선 광송수신	- LED 조명이용
관련 기술	- FTTH, PON	- LD 통신 - FSO(Free Space optic)	- 가시광 무선 통신
특징	- 유선 고속통신 - 1500nm 파장	- 장거리고속 통신 - 780nm 이상 파장	- 조명 인프라 통신 - 380nm ~ 780nm 파장

2. 가시광 무선통신의 원리와 구성

가. 가시광 무선통신의 원리

초당 100번 이상 깜박이면 눈으로 식별불가

LED 조명

데이터 → 빛 → 데이터 ← PD ←

- LED 조명의 빛에 정보를 실어 무선통신하는 기술
- 디지털 반도체에 의해 발생된 빛의 켜짐과 거짐을 반복
  하여 정보를 전달 (빛의 켜짐 : 1, 빛의 거짐 : 0)

나. 가시광 무선통신의 구성

- 송신부는 데이터를 LED조명을 이용하여 빛의 형태로 변환
  하여 전송하고 수신부는 빛을 전기신호로 복호화 함

3. 가시광 무선통신의 요소기술
가. 플리커 방지 기술

구분	요소 기술	상세 설명
Intra- Frame	멘체스터 코드	- 디지털 비트 "0"과 "1"을 부호화하는 기술
	4B6B 코드	- M-4B5B 보다 프레임 내부 플리커를 제거함
	M-4B5B 코드	- 가시광 통신에서 기존 프레임 내부 플리커 완화를 위한 4B5B 코드 변형
Inter- Frame	Idle 패턴	- 데이터 전송 구간과 미전송 구간 사이 또는 데이터 전송 구간 각각이 다른 평균 밝기 극복기술

나. LED 조명의 밝기 조절기술

요소기술	상세 설명
Amplitude Dimming	- OOK 변조 방식에서 신호 진폭을 변화시켜 광원의 밝기를 조절하는 방법
Variable PPM Dimming	- 프레임 내부 플리커 발생을 차단하고 광원의 밝기 조절을 위해 고안된 변조방법
Idle Pattern Dimming	- 데이터 전송구간과 idle 구간 사이의 평균 밝기를 동일하게 유지하도록 idle 구간에 임의 비트패턴삽입

4. 가시광 무선 통신의 표준화 동향

가. 가시광 무선 통신의 표준화 필요성

- 허가 주파수와 미허가 ISM 주파수의 가용주파수 대역 발굴
- 송수신간 상호규약이 필요하며 신규 서비스에 대한 통신 프로토콜에 대한 개방을 위한 표준화 필요.

나. 가시광 무선 통신의 표준화 방향

- 응용 모델 개발 : TTA 가시광 통신 서비스 실무반의 표준개발
- 표준 작업 추진 : PHY기술, MAC기술, 무선 통신 응용프로토콜 기술

"끝"

문 159)	MVNO 개념, 유형, 기대효과
답)	
1.	네트워크 임대서비스, MVNO의 개요
가.	MVNO (Mobile virtual Network Operator)의 정의
-	이동통신 인프라를 가진 하나 이상의 이동통신 인프라 보유 사업자의 망을 임대하여 서비스 제공하는 가상이동통신사업자
나.	MVNO의 도입목적
-	이동통신시장 경쟁활성화 : MNO (Mobile Network Operator)와 경쟁가능한 사업자 등장으로 경쟁활성화 효과 (요금인하로)
-	유휴 자원활용 : 기존 사업자의 통신망 여유 용량의 활용 방안
-	유무선 통합 촉진 : 유선망 사업자의 무선망시장 진입 발판마련
-	무선 인터넷 성장 : MVNO를 통한 이용자 욕구 충족 서비스 제공
-	신규 비즈니스 창출 : 콘텐츠 사업자의 이동통신 결합 서비스 창출
2.	MVNO 서비스의 개념도와 유형

| - | MVNO는 MNO의 통신망을 제공 받고 CP의 콘텐츠, 단말 제조사의 단말기, 대리점의 유통망을 제공받아서 서비스창출 |

4. MVNO 서비스의 유형

유형	상세 설명	특징
단순 MVNO	-SIM카드 보유, 독자적 브랜드 및 마케팅실시, SIM 번호로 모바일콘텐츠의 유통구조의 변화가 가능함	-SIM 카드의 사업자 보유
부분 MVNO	-독자 플랫폼을 보유하고 차별화된 콘텐츠 또는 포털 서비스 제공 -사례: SKT의 미국내 MVNO서비스 (힐리오)	-독자 플랫폼 (미들웨어, 단말 등 보유)
완전 MVNO	-주파수를 제외하고 MNO와 유사한 네트워크 장비를 보유하고 서비스 제공 -가입자 트래픽의 직접 통제 가능함	-네트워크 장비(HLR, MSC등) 보유

3. MVNO 서비스의 유형별 비교 및 기대효과

가. MVNO 서비스의 유형별 비교

구분	단순 MVNO	부분 MVNO	완전 MVNO
무선주파수	-없음	-없음	-없음
SIM카드	-미발급	-발급가능	-발급
사업자코드	-보유 불가	-보유 가능	-보유
망설비	-VAS 플랫폼 및 과금시스템 보유 가능	-HLR/AuC, VAS, 과금시스템 보유 가능	-교환망, HLR, VAS, 과금 보유
가격설정	-어려움	-협상 통한 자체가격	-자체 가격설정
브랜드	-통합 브랜드	-독립 브랜드	-완전독립 브랜드

- 부분 MVNO는 음성서비스에 대해 전적으로 MNO에 의존함

나. MVNO의 기대효과와 성공요소

1). MVNO의 기대효과
- 국내 이동통신 시장의 진입장벽 (주파수/무선망) 경감
- 유무선 통합을 촉진하는 기폭제의 역할 수행
- 고도화 되고 있는 무선통신망의 효율적 사용 가능
- 다양한 업종의 사업자가 이동통신시장에 진출할 계기 마련

2) MVNO의 성공요소

성공요소	상세 설명
마케팅	- 충성고객, 고객인지도 기반의 브랜드 파워 - 적절한 시장 진입 시기 및 가격 경쟁력 제공
서비스	- 차별화 된 콘텐츠/솔루션 제공 - 서비스품질 고도화를 통한 재이용율의 향상
기술력	- 무선망, 보안, 과금, 단말관련 기술 - 요소기술 및 통합관리 전문인력 및 조직

"끝"

문 160) 망 중립성

답)

1. 콘텐츠에 대한 동등한 취급 및 차별 금지, 망중립성의 개요

가. 망 중립성의 부각 배경

네트워크 사업자		CP, 시민단체
·인터넷 투자억제 ·인터넷 발전저해	망관리 필요 → 망 중립성 ← 망의 자유로이 이용 (망 관리론과 망 중립론의 대립)	대체의 차별 금지 ·사업자의 차별 금지

나. 이해 당사자 간의 쟁점

쟁점	망 중립성 반대	망 중립성 찬성
대상	- 네트워크 사업자	- CP, 시민 단체
이념	- 안정적 인터넷 이용	- 인터넷 이용의 자유 보호
트래픽 제어	- 필요함 (공유지의 비극 우려)	- 반대함 (이용의 자유 보장)
망투자비	- 통신망 비용 분담 필요	- 인터넷업체 무임 승차 허용
공정경쟁	- 불필요한 규제 가능성 존재	- 불공정한 행위의 우려

2. 망 중립성의 원칙과 가이드라인

가. 망 중립성의 원칙 (미국 FCC 6대원칙)

원칙	상세 설명
콘텐츠 접속	- 소비자는 콘텐츠에 자유롭게 접근할 권리가 있음
서비스 접속	- 소비자는 선택에 따라 서비스를 이용할 권리있음
기기 접속	- 망에 피해주지 않는 합법적 단말로 인터넷 접속
경쟁의 혜택	- 소비자는 네트워크업체, 콘텐츠업체간 경쟁보장 권리있음

		비 차별성	- ISP는 콘텐츠 및 어플리케이션에 대한 차별금지
		투 명성	- ISP는 모든 고객정책을 공개하여야 함

4. 망중립성의 가이드라인 (방송통신 위원회, 2011년)

가이드라인	상세 설명
트래픽 관리 일부 허용	- 망에 의해 되지 않는 서버나 기기의 자유로운 이용
	- 망혼잡으로 이용자 보호될 뿐한 경우 트래픽관리 인정
차별금지	- 합법적인 콘텐츠 또는 기기의 차단 금지
	- 합법적인 트래픽의 불합리한 차별금지
상호협력권장	- ISP와 CP의 협력 및 정보공유 권장 (협의체구성)
	- 시장의 자율적 기구 마련을 위한 협의체 구성가능

- 방송통신 위원회는 ICT 생태계의 변화에 따른 시장질서유
  지를 위해 별도의 정책자문가구 구성 및 운영 가능함

"끝"

문 161) 제로 레이팅 (Zero Rating)

답)

1. 스폰서 (Sponsor) 요금제, 제로 레이팅의 개요

　가. 사용자 이용요금 감면, Zero Rating 정의

　　통신사가 특정 콘텐츠 제공업체와 제휴를 하거나 콘텐츠

　　제공업체에 사용자들의 데이터 사용요금을 부과하여

　　사용자들의 Data 요금부담을 줄여주는 행위

　나. 통신사 관여로 망중립성 (Net Neutrality) 위배 대두

망중립성 정의	모든 N/W 사업자는 인터넷에 존재하는 모든

　　데이터를 동등하게 취급하고 사용자, 내용, 플랫폼, 장비, 전송

　　방식에 따른 어떠한 차별도 하지 않아야함

　　(비차별, 상호접근, 접근성)

2. Zero Rating 이해관계도 및 찬반논의

　가. 제로 레이팅에 대한 이해관계자의 구성

ISP (Network 사업자)	찬성 → Zero Rating ← 반대	CP (콘텐츠 제공 사업자)
- 소비자 부담 완화 기회		- 망중립성 위배
- 다양한 서비스 제공		- 신생사업체 시장진출억제
- 신규 Infra 투자 활성화		- 공정 경쟁 저해
		- 통신사의 시장독과점 가능

　- ISP(Internet Service Provider), CP(Contents Provider)

　나. Zero Rating 찬반 논의

		- ISP(통신사업자)의 찬성논리와 CP의 반대논리		
		관점	ISP, 통신사업자 = 찬성	CP, 플랫폼 사업자 = 반대
		총론	효율적인 망(N/w화)운영 & 투자위한 중립성 규제 반대	혁신, 이용자 이익위한 중립적 트래픽 처리
		통신망	적절한 투자가 필요한 민간자산	누구나 이용할수있는 공공자산
		투자	규제시 Infra 노후화 발생	수익도움부분만 투자우려
		공정 경쟁	통신사간 경쟁 → 서비스(Service)질 향상	이해관계에 따른 차별적 Traffic(트래픽)차단우려
3		Zero Rating 이슈에 대한 합리적 해결방안		
		- 국가 이익 극대화 : 다양한 관점에서 논의 → 합리적 개선		
		- 국가적 제도화 : 산업고도화등 국가경쟁력 확보 필요		
		- 사용자 관점 : 정보 접근에 차별화 금지, 비차별성		
		- 기업관점 : ISP, CP간 상호 Win-Win 정책 모색		
		"끝"		

문 162) 최근 Netflix등 CP (Contents Provider)들의
망관리 비용을 요구하는 법제화 움직임이 일자 그들의
불만이 돌시되고 있다. 망중립성 이수에 대하여
설명하시오
가. 쟁점 사항및 정책이수
나. 시사점 및 대응방안

답)

1. 망중립성 (Network Neutrality)의 정의 & 등장배경

| 정 의 | - 모든 Network 사업자와 정부는 인터넷을 통해 발생하는 데이터 트래픽을 동등하게 취급하고 재상, 내용 유형, 사용자, platform, 전송방식에 따른 어떠한 차별도 없이 동등하게 처리해야 한다는 것 |

| 등장배경 | - 초고속 인터넷기술 등장, 관리형 서비스 요구등 |

인터넷 이용 가입자 폭주
동영상등 콘텐츠 증가 ┐
네트워크 트래픽 폭증 ┼→ 인터넷 사업자의 망트래픽 통제 → 망중립성 이수발생
경쟁서비스 출현 ┘

2. 망중립성 쟁점사항 & 정책이수

가. Network Neutrality 주요 쟁점사항

구분	찬성측면	반대측면
주체	CP사업자, 대형 Portal등	ISP사업자, N/W 장비업체등

		주장 근거	사용자 이익, 형평성 원칙에 따라 차별을 금지하고 중립적 트래픽 처리필요	망중립성 위배시 효율적인 망운영 & 망투자 저해 가능성 존재
		투자 유인	전송에 차별화 발생시 수익 측면에서 유리한 프리미엄 설비에만 투자 집중우려	고도화된 서비스등 제공을 위해 지속적 N/W장비등 지속적 투자 필요
		공정성	이해관계에 따라 인터넷 사업자(ISP)가 일부 트래픽 통제등 차별우려	통신망 사업자간 경쟁, 다양한 대체 서비스 등장 으로 공정부분 해소
		통신망	망 사용료 인상 가능성 Network 슬라이싱 적용시 새로운 진입장벽으로 작동우려	상품 이용기업이나 이용자에 의한선택, Network 슬라이싱 통한 Network 잠재력 향상
		관리형 서비스	Network 이용(망이용) 가격이 증가하면서 품질저하 우려, Startup 생태계 위축	통신사간 품질 경쟁통한 서비스 확대, 자유롭게 관리 형 Service 활용이 가능

사. **망중립성 정책이슈**

구분	이슈 대상	설 명
인터넷 개념	①규제 대상검토 ②서비스의 확장 ③지능정보서비스	① 자율 주행등 N/W 품질 요구되는 서비스 의 출현으로 규제대상 검토필요 ② N/W 슬라이싱 서비스의 효율적인 활용을 위한 Service 확장 필요 ③ 자율주행, 헬스케어등 지능서비스

			-최선형	-다양한 관리형 서비스 출현 &
		관리형 서비스	(Best Effort) 인터넷	경쟁관계 형성으로 최선형 망 보호 이슈 발생, 다양한 서비스 대응
			-망간 영향도 증가 -망보호	-프리미엄 Internet 등장으로 망간 영향도 증가, 차별성 등 예상
		불공정 행위	-신규사업 모델 등장	-생태계 내 제휴를 통해 다양한 사업모델 등장 예상
			-경쟁체제내 불공정성	-경쟁 이슈가 발생할 수 있는 배치 혹은 유사서비스 범위에 재한 검토 필요

- 망중립성 논란에 따른 여러 쟁점 & 정책 이슈에 대해서는
체계적인 검토 → 발전적 방향 → 시사점 & 대응방안 도출

3. 망중립성 이슈에 재한 시사점과 대응방안

가. Network Neutrality 이슈에 재한 시사점

구분	시사점	설 명
규제 측면	불공정 행위 요소 제재 (모니터링)	지속 모니터링 통한 사업자간 불공정 행위 요소를 감시 (Monitoring) 하고 제재하는 것이 필요
	규제의 중립성 (규정)	찬성측면, 반대측면의 충분한 고려 → 산업 성장 가능성 고려한 규정 수립
	관리형 서비스 통제	불합리한 차별금지, 관리형 서비스의 적정한 통제 & 관리 활동 지속

			차별성없는	- 망중립 기본원칙준수, 관리형 서비스
		서비스 측면	서비스 제공	제공시 N/W 발전 저해하지 않도록 고려
				- 사용주체들의 정상한 N/W 접근보장
			지속발전형 서비스	- 투자유치(N/W망)다각화 → 양질서비스
				- 통신서비스의 지속적인 혁신필요
			미션크리티컬 서비스의 망중 립성이슈에의	재난망, 자율주행, 원격의료등 Mission
				Critical 통신서비스는 망중립성 이슈에의 적용

4. 망중립성 이슈(Issue) 대응방안

구분	대응방안	설 명
요금 측면	이용자 요금제 개편	- Traffic 폭증대응 - 무제한 데이터 요금제 폐지 방향
		- IDC, 전용회선 사업자부터 정액제 에서 종량제로 전환 검토
	플랫폼 사업자 망이용 운영 체계 개선	- 온라인 사업자의 망이용 대가 지불이 가능하다면 이용자 부담경감
		- 스타트업등 비용부담 발생, 플랫폼 사업자가 자발적으로 대가 지불가능 하도록 망이용 운영 체계 개선 필요
컴플라이 언스 측면	모니터링 체계 구축	Traffic 관리의 투명성 확보, 그행 위를 지속적으로 감시 & 감독
	합리적인 규제 적용	- 투명한 트래픽 관리 기준 적용 - 진화 환경에 대응 가능한 제도 마련

4. 망중립성 및 Internet Traffic 관리 방향

항목	설명
망중립 예외조건 명확화	- 망중립 예외서비스 제공요건의 명확화 - 특수서비스(재산안전 등) 개념 도입 - 시장의 불확실성 해소위한 예외조건 명확화
특수서비스 제공조건 구체성	- 특수서비스 제공하더래도 일반사용자의 Internet 품질은 적정수준으로 유지 - 통신사업자가 특수서비스를 망중립성 원칙 회피 목적으로 제공하는 것을 사전금지
투명성 강화	- ISP사업자, CP사업자간 정보비대칭성 완화 - 통신사의 정보공개대상 확대, 정부가 인터넷 접속서비스 품질등을 점검 활동 강화 필요

"끝"

문 163) 업무망을 인터넷 망에서 분리하는 경우의 장단점과 그 구축방안을 제시하고, 각 방안을 3가지 관점(보안, 성능, 비용)에서 비교하여 설명하시오.

답)

1. 업무망과 인터넷망의 분리 구축의 개요

가. 보안사고 예방 망분리의 정의

- 침해 사고를 미연에 방지하고 내부 자료 유출 방지 위해 내부 업무망과 외부 인터넷 망을 차단하여 보안사고 예방이 가능한 N/W를 구성하는 보안 대응 방안

나. 망분리 방식및 기대효과, 구축의 중요성

- 보안 강화위한 망분리 의무화 (국가정보보호 기본지침)

2.		업무망(내부망, 인트라넷) & 외부망 분리구축의 장단점		
	가.	망분리 구축의 장점		

	관점	설 명	비고
	보안	-외부 침해 예방 가능 (차단가능)	-Virus
		-내부 기밀정보 유출 차단 가능	-악성코드
		-외부/내부 침해 & 유출의 근본적 대응가능	-감염등
	비용	보안(Security)성 강화로 침해사고	1:10:100
		미연에 방지, 물리/논리적 구축에 따른	(사후실패비용)
		비용투자 필요. 사후실패 비용의 절감	예방

	나	망분리 구축의 단점		

	관점	설 명	비고
	성능	-인터넷연계 업무 담당자의 불편 증가	-업무효율성 감소
		-CBC경우, OS등과의 호환성 발생 가능	-보안 program
		-SBC경우, 서버 팜(Farm) 구성으로	간충돌 가능성
		인한 N/w 병목현상 발생 가능	-성능 이슈 가능
	비용	-추가 PC도입, N/w이중화 비용 발생	-투자비용 발생
		-2PC 방식 → 공간 2배 필요. PC	-운영/유지보수비
		유지보수 비용증가등 관리비용 증가	(OPEX) 증가

		-분리 구축시 성능측면의 단점과 투자비용 측면에서 단점		
3		망분리 구축방안 과 각 방안의 3가지(보안,성능,비용)비교설명		
	가	3가지 망분리 구축방안		

구분	물리적 망분리 (2PC)	Client 가상화 (CBC)	서버가상화 (SBC)
구성도			
구성 방안 설명	업무용 및 인터넷 PC 의 Network상에서 물리적으로 분리구성	Client에서 가상화를 구현하여 Network를 논리적으로 분리구성	서버에서 가상화를 구현하여 Network를 논리적으로 분리구성
주요 특징	-완벽한 망분리 가능 -추가 PC, N/W이중화	Client 가상화	-서버팜 (Server, 스토리지) -중앙서버 관리
PC수	2대	1대	1대
측면	물리적	논리적	논리적

- 일반적으로 공공에서는 물리적 망분리 적용

나. 망분리 별 3가지 (보안, 성능, 비용) 관점 비교

관점	물리적 망분리 (2PC)	논리적 망분리	
		CBC	SBC
보안 관점	완전한 망 분리 (물리적) 구성으로 업무망의 보안성 확보	-App. 가상화로 커널과 분리되어 악성코드 감 염에 대응 가능 -사용자 부주의, 악의적	-보안성 취약 (바이러 스&악성코드유입의 가능성) -서버 가상화 기반

보안	-완전한 물리적 망분리도 보안성 우수함	의도에 의한 정보유출 -보조 기억 매체등을통한 정보 유출 가능	자료의 중앙집중→ SPOF(Single point Of Failure) 발생 가능	
성능	-PC,NW등 관리요소증가 -고정율증가→MTBF증가 -업무효율성 저하 -소음&발열/BYOD불가	성능적으로 가장 우수 하나 다양한 PC 환경의 호환성문제발생 -BYOD불가	중앙서버의 Network 병목(Bottleneck) 현상발생 -BYOD 가능	
비용	-투자비용(고),추가PC -N/W 이중화비용 -공간2배→ 임대비 -PC유지보수비	-투자비용 (저) 기존 client pc 재활용 가능	-투자 비용 (중) -서버 팜 (Farm) 구축 비용발생(중 비용)	

-보안 측면은 2PC, 성능측면은 CBC

4. 망분리서 ^{추가} 고려사항

항목	고려 사항
환경 고려	망분리 구축시 보안, 성능, 비용에 대한 사전 비교, BMT, 검토후 기업환경에 최적화되고 적합한 방식 적용이 필요함
망연동 (내부↔ 외부망) 고려	내부망(업무망, 인트라넷)와 외부망(인터넷망) 간의 자료 공유가 필요함서 자료 책임자의 승인하에 반입/반출이 가능한 연계시스템 필요 즉, 내/외부망간의 자료전송 System을 통해 전송

		매체제어 /차단	USB, 스마트폰 등의 비인가 장치 등에 대해 Meada 관리 및 차단 필요
		관리	사람중심 (업무)의 보안 정책 수립, 사용성 확보
			"끝"

문164)	내부망과 외부망을 분리하는 망분리 시스템에 대하여
	다음을 설명하시오
	가. 망분리 개념및 망분리 원칙
	나. 망분리 구축유형의 특징 비교
	다. 망분리 방식의 장단점
답)	
1.	조직의 자원 보호위한 정보보안, 망분리 개념 & 원칙
가.	침해사고 방지 & 정보 유출차단, 망분리의 정의
	- 외부 Internet망을 통한 불법적인 접근과 내부정보 유출을
	방지(차단)하기 위해 내부 업무망과 외부 인터넷망을
	분리하는 망 차단 조치 (국가정보보호기본 지침, 정보통신망법)
나	망분리의 원칙

보안원칙	분리대상	내용
PC	업무용 PC	- 인터넷 망 접근과 외부 메일 차단
		- 인터넷 PC는 문서 편집은 불 가능하고
		읽기(Read)만 가능.
		(망간 중계서버 통한 각일 송수신 가능)
이메일	내부메일	업무망, 내부(자체)메일만 사용가능
패치관리 System	패치 (patch) 관리 System	- 기존 백신업체등과 인터넷으로 연결하여
		운영되던 패치관리 System은 인터넷과
		분리하여 오프라인 방식으로 운영
		- 비인가 Device 접속 불가능하게 통제

- 망분리를 구현하는 기술적 방식은 물리적 망분리와 논리적 망분리로 구분 가능

2. 망분리 구축유형의 특징 비교

가. 물리적 망분리 구축유형의 특징비교

특징	PC 이중화	망전환 장치	폐쇄망 구축
정의	업무망과 인터넷망의 PC를 분리	망전환장치 이용, 업무용과 인터넷용 H/W분리	중요처리시스템이 별도의 차단된 공간에 분리
개념도			
특징	- 망 이중화 - PC 이중화 - 보안 관리업무증가	- 단일 PC내 HDD와 N/W전환장치 탑재 - 고등 N/W연결장치분할	- 별도물리적공간분리 - 강화된 통제 System 구축
물리적 망분리	H/W적인 접근으로 망 영역 간의 접근 경로 자체를 차단 하는 기법 (Hardware 구성에 의존)		
논리적 망분리	가상화 기술을 이용하여 단일 PC 상에서 여러개의 분리된 망을 가진 형태로 구현하는 기법		

4.	논리적 망분리 구축유형의 특징 비교	
특징	SBC(서버 Based 컴퓨팅)	CBC (Client Based 컴퓨팅)
정의	서버(Server) 가상화를 통한 인터넷용의 분리	사용자의 가상화 영역을 통한 인터넷용의 분리
구성		
특징	- S/W 기반의 논리적 망분리 - 가상화 서버 중심의 중앙 통제성 확보	- 기존에 사용하던 PC에 가상화 적용 - 낮은 구축 비용과 중앙 통제 가능

- 물리적 망분리는 H/W의 Air gap 달성하므로 보안성이 우수하고 논리적 망분리는 구축환경 및 운영관리 효율성 측면에서 우수함

3. 망분리 방식의 장/단점

가. 물리적 망분리의 장/단점

- PC이중화, 망전환 장치, 폐쇄망 구축시 장/단점

항목	PC 이중화	망전환 장치	폐쇄망 구축

장점	-내부/외부원천차단	-1대 PC사용	-보안성 향상(중요 정보 처리 System 관리)
	-보안성 향상	-구현 효율성	
	-물리적 완벽망분리	-선택 접속 가능	-기밀/개인정보 보안
단점	-추가 PC 구입	-전환장치 비용	-구축비용
	-보안 관리업무증가	-재부팅 불편	-업무처리 단계의
	-데이터교환 문제	-업무연속성 저하	비효율성 증가

- 물리적 망분리는 내부망의 높은 보안성이 장점이나 인프라 구축비용이 크고 조직의 이전이나 환경 변화시에 기존 인프라를 재활용하기 어렵고, 데이터 흐름을 수작업 해야 하는 비효율의 단점이 존재함

4. 논리적 망분리의 장/단점

항목	SBC	CBC
장점	-적은구축비용→높은중앙통제력	-중앙통제력 확보 가능
	-사용자관리, 정책 적용용이성	-기존 단말기 활용한 비용 효율
	-BYOD/스마트오피스 최적적용	-PC 가상화 전용 Program
	-개인화 환경 제공 가능	을 이용한 간편 설치
단점	-트래픽 증가→업무 처리속도지연	-OS 호환성문제, 보안패치 충돌
	-N/w 고대역폭 필요성증가	가능성 -성능저하문제 가능
	-SoF에 의한 서버 장애시	-논리적 N/w분리위한 장비 필요
	업무중단 발생 가능	-구축사례부족으로 낮은 신뢰성

- 논리적 망분리는 기반 환경 구축&운영 관리 비용이 낮은 (적은) 장점이 있지만 악성코드 등의 유입 경로가 다양하므

로 보안상 위협이 증가하고 S/W 환경변화서 호환성
과 System 결함 발생 가능성이 존재하는 단점이 있음

4 보안성과 개발 효율성간 Trade-off.
망분리의 쟁점과 정책방향 제언

망분리의 쟁점 사항
-개발 효율성/유연성 저하, 투자비용증가
-혁신, 다양한 규모의 신생사업 출현 장애
··가업들의 혁신서비스에 대한 다양성 저하
- 망분리 방식을 우회하는 공격 등장
·일괄식, 열거주의 규제 등

절충적 대안 필요성

정책방향의 제언
- 망분리의 인적 보안 측면 강화
-규제개혁을 위한 지속 협의체 운영 필요
- 사후 책임 강화와 안정적인 서비스 지속
-논리적 망분리의 업무 친화적 다변화 도요 필요
- 완화된 환경에서의 다양한 실험 환경 조성등

"끝"

문165) Giga Korea

답)

1. Giga급 무선환경 Support Giga Korea Project 개요

　가. Giga Korea의 서비스측면 & 기술측면의 정의

서비스측면의 정의	개인이 무선환경에서 시간/공간적 제약없이 현장와 같이 생생하게 보고듣고 느낄수 있는 서비스
기술측면의 정의	무선환경에서 사용자에게 입체감과 몰입감 있는 실감미디어 서비스를 제공하는 기술

　나. Giga Korea의 실현목표 설정 방향

목표	Smart Giga Korea 실현			
3대분야	국민/문화	국가/안전	사회/경제	
7대 Service	체험형오락, 실감형 모바일관광	홀로그램 거반 음합 3D/4D 재난 체험/대응교육	3D/4D 온라인장터, 개인방 거가급 모바일 실감 미디어 오감 & 홀로그램 방송통신	
4대기술 영역 (시스템 통합 & 검증)	실시간 양방향 Full 3D/4D 콘텐츠 서비스	실시간 SW서비스 platform S/W 지원	Full 3D/4D 디스플레이 & 모바일 단말 H/W	G bps 유·무선 통합 H/W
연계/협력	부처협의, 전문가참여, Giga			

Smart Giga Korea 실현위한 구성요소

2. Giga Korea Service & Infra 구현기술

가. Giga Korea 서비스(생성→처리/저장→전달→출력)

단계	상세 설명
생성	-무안경 3D 방식 실감형 교육/문화콘텐츠 -고화질 실시간 기능성 게임, 실감 홀로그램 방송, 몰입형 가상현실, 실감형 모바일 관광
처리/저장	대용량/고품질 Media의 실시간 처리 기술, 저장/관리등 서비스 제공을 위한 cloud 기반 대규모 Computing s/w platform.
전달	-모바일 환경 (최대 600km/h 이상)에서 개인당 1Gbps급 이상의 서비스 -유선환경에서 가입자당 최대 10Gbps급 서비스 제공 유무선 통합 Network
출력	-무안경 3D 방식의 고화질 Display UHD급 이상의 Display 판팔 - Full Color 지원 디지털 홀로그램 디스플레이 판팔

나. Giga Korea의 Infra 구현기술

구분	상세 설명
콘텐츠 (C) Contents	-몰입형 실감영상 Contents, 소셜 Smart 콘텐츠, 오감형 가상현실 Content 기술등 최고수준의 실감 Contents 원천 기술확보 -현실세계와 유사한 고품질 입체적 Contents

			활용, 공연, 스포츠, Game등 실감형 Entertainment Service 제공
		플랫폼 (P) platform	- 저전력 고성능 Computing platform: 대용량 실감미디어 & 향후출현하는 고품질 미디어 처리 - 실시간 서비스 platform & Cloud 기반의 Meshup 서비스: 보안성과 신뢰성이 보장되는 Cloud Service 제공
		네트워크 (N) Network	- 차세대 Giga급 Network 원천 기술: 세계 최고 수준의 기가급 차세대 통신 인프라 구축 - 현재 이동통신 속도 대비 지속적 전송속도 향상위한 H/W Infra 및 S/W 지원
		단말 (T) Terminal	- 대용량 Data processing 위한 고성능 모바일 단말 원천기술요구 - 초소형 Sensor 부품, 연간 친화형 I/F, 실감 미디어 Display 등고부가가치 개발

3. Giga Korea의 거대효과

- 경제적/사회적/기술적측면

구분	설명
경제적 측면	Smart TV 등 Giga급 기술적용, 의료/국방/ 교육/건축/문화 등 다양한 분야에 접목되어 새로운 융합산업에 활성화 기대

	사회적 측면	-국민의 삶의 질 향상, 실감형 한류 Contents 육성과 전파통한 국가 경쟁력 제고 -문화교류 활성화 통한 국익 향상	
	기술적 측면	Global 선도형 R&D를 통한 Giga급 이상의 N/W와 Smart 단말, 실감형 Contents 등 생태계 전반의 기술확보	

"끝"

문166) 라우터 Backbone 네트워크에 대하여 설명하시오

답)

1. Backbone (등뼈, 중추기관) 활용, 백본의 정의, 유형

    가. Internet Backbone Network 백본의 정의

    소형 Network들을 묶어 대규모 파이프라인을 통해

    아주 높은 대역폭으로 작은 N/W 집합과 연결 가능한 Network

    나. Backbone Network의 유형 (Backbone = 이하 B.B)

유형	설명	고려사항
브리지 (Bridge) B.B	-Link Layer 기반 MAC 통해 패킷 전송 (저가). -단일 Subnet으로(이) N/W 구성 -Bus 토폴로지 (고속관리용)	-Broadcast 처리 부하. 소규모 N/W에 적합
라우터 B.B	-N/W Layer 기반 패킷 전송 -LAN간 독립성 보장 : Bus 토폴로지	-라우팅 처리지연 -브리지 대비 해관리 복잡
Collapsed /Switched B.B	-브리지 기반 B.B : Star topology 구성 (중앙 Main Switch) -여러 라우터/브리지 H/W 통합 (비용절감, 성능/관리 향상)	Broadcast 처리부하 → Chassis 기반 으로 전화
VLAN (Virtual LAN) B.B	-S/W적 LAN을 분리 : 구성유연, 관리용이, 속도향상 - port/ IP/MAC 기반으로 VLAN 구성	구성복잡도 증가 -대규모 N/W 적합 멀티스위치 VLAN

2. 라우터 Backbone 네트워크의 아키텍처와 요소 기술

    가. Router 백본 네트워크의 아키텍처

-라우터로 구분되어 있는 여러 LAN을 고속으로 연결하며
LAN간 독립성을 보장, 브리지, Router, 브리지라우터,
Gateway, Cable로 구성

4. 라우터 Backbone Network의 주요기술

구분	주요 기술	내용
Device	Bridge/ Hub	-Link Layer이하에서 packet 전송 -Bridge-MAC주소 기반 Filtering -Hub-다중 port 기반 모두 전송
	Router	-N/W Layer에서 패킷을 동일 N/W protocol (IP)기반으로 전송 -LAN/WAN간을 연결
	Gateway	Router와 유사하나 상호 다른 Network 간을 연결
Cable	Fiber/ UTP cat5/6	-physical Layer에서 물리적 신호 전달 -1G이상 고속전송을 지원

			Bus / Ring	분리된 여러 LAN을 공유 매체을 통해 직렬(serial) 연결
		Topology	Star	중앙 Main 라우터(switch)를 통해 여러 LAN을 직접연결
		Routing	OSPF / IS-IS	- 같은 계층내 라우터(switch)를 Linkstate 기반 최적 경로산출 - CIDR과 Supernetting 지원

3.		라우터 Backbone 구축/운영시 고려사항	
		주요지표의 정기적 측정	Throughout(처리량), N/W 비용(cost), 유지/관리 비용, 호환성(IPv6) 등
		이중화	사이트 핵심 N/W 이중화를 통해 고가용성 보장
		성능향상	Static Routing 적용, Single vendor 통일, switch 간 라우팅 최소화 (MPLS, DWDM 등)

"끝"

PART 5

응용서비스

재난안전무선통신망, 스마트그리드, SDN, NFV, 가상화 기술, 센서네트워크, 사물통신, 양자정보통신 등의 최신 주제들에 대한 내용들을 학습합니다.

[관련 토픽 – 27개]

문 167) 재난안전무선통신망의 요구기능과 후보기술

답)

1. 공공안전 & 재난구조, 재난안전무선통신망의 필요성, 현황

가. 필요성 (대형참사 미연 방지)

자연 재해	산업화와 기후변화 가속 → 자연재해 발생 빈번
전쟁 & 테러위험	국가간 이견 다툼 → 테러 & 전쟁위험 증가
국가공공 재난 Infra 필요	공공안전 & 재난 Infra 필요

나. 재난안전무선통신의 현황

국내	해외
VHF/UHF, Analog/디지털 TRS	TETRA, iDEN, APCO-p25
중앙/지방자치단체, 경찰, 항공등	영국, 미국, 캐나다, 이스라엘등

- 재난안전무선통신망 구축완료 (최초 PS-LTE) 후 운영중

2. 재난안전무선통신망의 요구기능 및 후보 기술

가. 요구기능 (Request Function)

구분	요구기능	상세설명
	직접통화/	단말기 상호간 직접통화 (Direct),
	단말기중계	단말기 중계등을 통해 통화 가능 기능
생존/	단말이동성	단말 이동시에도 통화유지,
신뢰성		이동시 연속적인 서비스 제공
	호폭주대처	특정시간 사용자 집중시에도
		안정적인 System 유지관리
	성능	응답시간 (Respone)내 연결 가능

			개별통화	상대방 단말기의 개별 ID로 1:1 통화
			그룹(Group) 통화	동일한 통화그룹(Grouping)에 속해있는 단말기들간 통화
			지역선택호출	임의 지역의 모든 단말기를 선택호출
		재난 대응성	통화그룹 편성	원격(Remote)으로 통화그룹 생성/ 삭제/편성하는 기능
			가로채기	통화 중지시키고 가로채서 통화
			비상통화	비상버튼 Push시 최우선 통화기능
			단말기 위치확인	위성 & 기지국 기반 측위기술로 단말기(Device) 위치 확인
			단말기 사용 허가 & 금지	단말기를 유효화(사용등록/허가) & 무효화(사용금지/불용)시킬수있는기능
			암호화	전송구간 암호화, 도/감청 방지기능
		보안성	인증	허가된 사용자(인가된 사용자)에게만 유효화된 통신서비스 제공
			보안규격	보안 장비간 표준 Interface 제공
			통합 보안 관제	해킹(Hacking) 방어를 위한 Firewall, WAF, IPS, IDS 탑재
		운영/ 효율성	상황전파 메시지	System관리기 & 단말기(Device) 에서 상황전파 메시지 전송
			가입자 용량확보	재난 안전 통신망 운영에 필요한 가입자 용량확보

4.	재난 안전 무선통신망의 후보기술의 비교			
	구분	TETRA	iDEN	LTE
	표준관체	ETSI	모토롤라(개발표준)	3GPP
	특징	개방형 TRS	비개방형 TRS	광대역이동통신망
	PPDR상용화	가능	가능	-
	망 생존성	보통	낮음	낮음
	무선자원 효율성	보통	보통	보통(Cell 설계기준)
	서비스가용성	보통	보통	보통

"끝"

문168) 재난발생시 피해절감을 위한 데이터 큐레이션 (Data Curation) 분야와 주요 활동에 대해 설명하시오

답)

1. 재난 발생예측 및 대응위한 분석기술, 데이터 큐레이션 개요

　가. Data 접합 → 분석 → 예측가능 Data Curation 정의
　　- BigData들을 목적에 따라 분류하고 배포 (분석후) 하여 필요시 선별된 양질의 정보를 제공하는 과정 & 기술

　나. 데이터 Curation 활용분야

데이터 규모/복잡성

Big Data
- 실시간 (현실정보)
- 구체적, 풍부한 Data량

기존 Data
- 현실과 수집시점 간 시간차 존재
- 정보량 부족
- 선택적수집(회귀) 정보의 질

선별 → 발견

Data Curation
- 실시간 변화정보
- Noise 제거 - 핵심성 분석
- 현실 Insight

활용
- 미래예측
- 숨은 Needs발견
- Risk절감, 실시간 대응 맞춤형 서비스

재난 발생 예측 & 대응

Real time, BigData.
분석기술 → 예측과 대응

　　- Data Curation 통해 미래예측, Risk절감, 실시간대응

2. 재난피해 절감위한 Data Curation 분야
　가. 재난의 구분 - 재난 피해는 자연현상으로 인해 발생하는 자연재해와 사회기반 체계에 의한 사회재난으로 구분

```
                        ┌─────────────┐
                        │  재난 재해   │
                        └──────┬──────┘
              ┌────────────────┴────────────────┐
        ┌──────────┐                      ┌──────────┐
        │ 자연 재해 │                      │ 사회 재난 │
        └──────────┘                      └──────────┘
```

태풍, 홍수, 호우, 강풍,   사이버 침입, IDC 화재,

해일, 대설, 지진, 적조   국가기반 체계 마비, 보안사고

나. 재난재해 유형별 Data Curation 분야

유형	Data Curation 분야	설 명
자연 재해	실시간 홍수예측	기상이변, 홍수발생등 사전 IoT Sensor 정보통해 기상현상중 홍수 발생 가능 선별
	침수전조 감지	침수 모니터링 게이지, System Data 통한 전조현상을 감지 필요한 정보처리
	건강예측 분석&대응	Health Care, 지속 On/Off 상태 건강진단 건강 상태 예측, 예방등 보건정보 분석
	지진분석	지질정보분석, 지진 발생가능성 판단&대응
사회 재난	사이버침입 대응	랜섬웨어(Ransomware) 등 Cyber상 침입 지속 Monitoring 및 대응 통한 사전방어
	IDC 화재 방지	UPS, 송풍등 화재/고온 감지 Sensor 통한 모니터링, 이상발생시 Real time 대응
	국가기반 체계유지	통신, Data Backup, 주요 정보등 관리 System의 종합적 관리체계 마련 필요
	보안사고 미연예방	해킹, Virus등 불명확 출처 대응 교육& 실습통한 보안사고 미연 방지

이외에도 재산재해 피해 경감을 위한 다양한 Data Curation 분야가 존재, 예측/대비/대응/복구단계로 구분

3. 데이터 Curation 분야별 주요 활동

가. Data Curation 주요활동 절차(Process)

전략계획 → 모델링 → Data분석 → 활용, 개선활동 수행

4. Data Curation 분야별 주요 활동설명

분야	Process			
	전략 제시	Data 구축	분석	활용
사이버 침해대응	침해 예측 (정보취득)	기존침해 패턴 확보	동일/유사 패턴 확보	차단, 정보 내부 대응
실시간 홍수예측	홍수 발생 예측 가능	수량, 수위, 이력DB확보	이력과의 유사성, 일치정보	대응방안, 예측 결과
지진 발생, 지질분석	지진 예측 & 대응	지진/지질 정보이력확보	기존상황과 유사/연관분석	대응방안 복구방안
IDC 화재대응	Sensor DB 실시간자료	기존 사례 DB 구축	화재 대응 패턴,유사분석	실시간예방 대응체계
범죄예방	범죄 발생방지	유동인구, CCTV	범죄패턴분석	감시, 순찰강화

4.	BigData Curation의 활용분야 (예시)	
	분야	설명
	미래 예측	데이터 패턴 인과관계분석 → 우연? 반복? → 최신 정보 반영 → 정확하고 신속한 미래 예측
	숨은 가치발견	고객의 Needs파악, 새로운 가치 창출 제공. Web, SNS, 고객 구매 Data등 분석 → 가치 pattern 발견
	Real time 대응	기업 경영중 생성 Data분석 (실시간 모니터링 분석) 실시간 위험 대처 가능 자동대응환경 구축
	Risk 경감	다양한 정보 활용/분석 → 관리 가능한 Risk로 관리 정성적 정보와 정량적 정보 통한 포괄적 Risk관리

"끝"

문169) 국내의 재난및 안전관리가 매우 중요한 영역으로 부상하고 있다. 재난및 안전관리를 위한 ICT측면에서의 핵심기술을 설명하시오.

답)

1. 재난 & 안전관리를 위한 ICT측면의 적용 필요성

구분	주요 내용
재해(예방) 모니터링	Monitoring, 각종 Sensor통한 사전예측, 자연재해, 인적재난, 사회적 재해 지속 감시
피해 최소화	예방과 더불어 사고 발생시 2차 피해 최소화, 신속하고 효율적 대응, 동일사고 재발 방지
사전 예측 대비	안전관리(예방, 대비, 대응, 수습)의 System화 관리, 빅데이터통한 사전예측

2. 재해(재난), 위기관리 관점에서의 ICT기술 _{핵심}

구분	ICT기술	응용방안	활용과제
정보전송	위성통신	-재해 발생시 1대 다 통신(현장상황공유)	-재난 유형별 통합 관리체계에 적용
	이동통신 (무선통신, RF ID, 무선랜, 휴대폰, UWB등)	-대피지시, 현장정보 압수 피해우요(예측) -정보수집, 대응상황	-재난대응 역량강화 교육&훈련 방안 -재난대응 국가통합
	IP Network	의사결정(실시간)	지휘통신 체계확보
	Ad-Hoc N/W	-피해 상황및 대응	-자원봉사 체계구축

			실시간 현장	-카메라/IoT Sensor	-산불/산사태
		정보수집	영상 전송	등으로 실시간 정보수집	등 실시간 영상
			센서 N/W	-항공기, Drone, 위성등	으로 통합관리
			원격센싱기술	현장 재해 영상 실시간	-IDC 재해 발생
			관측위성	영상 정보 취득	시 실시간 상시독
			CCTV	-지능형 CCTV 적용	모니터링 체계구
			지능형 감시로봇	-지능형 로봇투입	-해킹등 사이버
			예보/정보	-예측 상황공유	보안사고 예보등
		정보처리	3D공간정보/	-3D정보, x/y 좌표,	-Digital Twin
			GIS 활용	실감형 현장, 디지털	기술 적용한 통합
			측위위성	Twin 기술등 활용	재산안전 체계
			RFID/zigbee	-실시간 정보변환	-재난유형별 관리
			Logistics 자원	Tool 적용, 피해지역,	자원의 효율화
			가상/증강현실	범위, 예측등 통계	-재난관리 process
			Computer	-다양한 Simulation	별 평가분석 기법
			Graphics 기술	-훈련/교육, 방재학습	및 지도 개발

- 재산관리(재용)위한 BigData 구축및 관리 필요

3. 국민 생활안전 지원 관점에서의 ICT 핵심기술

구분	ICT 기술	응용 방안	활용 과제
통신	Ad-Hoc N/W	실시간 위치정보획득	Real time 모니터
	스마트폰	방범/신고기능탑재	링 체계 구축

			대용량 전송	위험상황, 고장예측상황	실시간 모니터
		통신	통신기술	에서 영상 정보 송신&분석	링 체계 구축
			인식기술	비상시 호출&영상 전송	재해 전 잔계
			D2D통신	긴급시/재해시 효율적인	대응 System 구축
			Mesh통신	정보 전송 (D2D, Mesh구성)	예/경보시스템
		어플리케이션 (Application)	영상인식	인공지능 학습용 Data	Easy UI/UX
			해석기술	기반의 영상인식 및 해석	통한 활용도 및
			모니터링기술	분석, 모니터링 모델 개발	지속사용 유도
			위치특정	산업 전반의 Big Data	통합 모니터링
			정보분석	활용위한 Data 수집/	체계 통한 이해
			시공간 Data	정제/분석/활용에 적용	당사자 간 공감
			Mining 기술	다양한 재난 상황 대응	대형성 방안
			음성·영상처리	Simulation 및 대처	정보분석의 효
			언어/지식 처리	다양한 커뮤니티 지원	율성 거재
		네트워크	Sensor Net-work	IoT Sensor 통한 실시간	ICT 기술 &
				모니터링, 상황예측, 고장	센서통한 현장
			Multihop	예측, 분석 등에 ICT 활용	정보 실시간 모니
			Network	Device 간 Direct 통신	예보/경보 Syste
			D2D통신	으로 실시간 연결성 확보	m 확충 & 고도화
		센서, RFID	센서와 RFID	불법 침입, 입출입 관리	ICT기술 활용한
			CCTV 연동,	System 확충 - 본인 확인	침입감시 System
			가시광통신	가능한 영상 전송 System	가시광 활용방안

단말, 인터페이스	접근성 향상	-Easy 사용가능 단말,	-하이브리드앱,
	IoT 단말	단말조작 용이성 확보,	Web 통한 Easy
	Display기술	Display UI/UX 적용.	조작 기술고도화
	의사전달	-의사전달 편리성	-실시간(Real
	자동재해전달	-안전확보 기술, 가전기기	Time) 모니터링
	위성통신 활용	통한 자동재해 전송 기술	-편리한 인터페이
시큐리티기술	Security	-주요 Network의 보안성	-사이버보안 대
	자동설정기술	확보, 인증및 본인 확인	응 체계고도화
	본인인증,성별	-다양한 위협에서 Digital	-국가 기반 체계
	인식등의 기술	약자보호 가능 System 확보	의 효율적 관리

"끝"

문170)	Smart Grid (스마트 그리드) Networking 기술에
	대해 설명하시오
답)	
1.	차세대 전력망, 스마트 그리드(Smart Grid)의 개요
가.	지능형 전력망 시스템, Smart Grid의 정의
-	전력망에 정보통신기술(ICT)을 융합해 전기사용량과 공급량, 공급자와 소비자가 양방향 실시간 전력 정보교환으로 에너지 효율성을 최적화 가능한 차세대 에너지 시스템
나.	Smart Grid의 등장배경

전력난 해소	여름철 최대 전력 수요의 효율적 생산/소비
자원효율화	불필요한 전력공급 줄이고 에너지 낭비 최소화
CO_2 배출절감	Green IT의 일환으로 온실가스 배출 규제

2.	Smart Grid의 구성도 및 핵심응용 서비스
가.	스마트 그리드의 구성도

| 송배전망 | 정보통신망 | 서비스 |

	송배전망: 발전소 전력을 배전소까지 송배전

- 정보통신망 : 부하제어 담당의 스마트미터 정보 교환망
- 서비스 : 정보통신망을 인프라로 활용한 Application

4. Smart Grid의 핵심응용 서비스 및 기술

구분	설 명
광역 상황 인식	전력 계통 구성요소 성능의 Real time Monitoring 및 성능관리 최적화
수요 반응	-Demand Response System -전력수요에 따라 전력수급의 균형 최적화
전력 저장	-전력을 직/간접적으로 저장하는 기술 -분산 에너지 자원(DER) 기술 사용
전력 수송	-플러그 방식의 전기 자동차들의 대규모 전력 집적능력 활용(환우절감, 탄소배출감소)
첨단 계량 인프라	-AMI : Advanced Metering Infrastructure -고객에게 실시간 요금정보 제공 Infra.
배전망관리	-배전 계통 구성요소들의 성능 극대화 -송전 계통과 고객운영의 통합 지원

3. Smart Grid의 상호운용성 기술과 Networking기술

가. Smart Grid의 상호운용성 기술

구분	설 명
향상된 고객 상호 작용	-가격과 제품정의용 공동 명세서 -에너지 사용정보 표준

		Metering 지원	스마트 미터 upgrade 표준 수용
		Smart Grid	-IP protocol 사용 지침 : IPv4/IPv6
		통신 지원	-무선통신 사용 지침, PLC 표준 정의
		송 배 전	-배전망 관리용 공통의 정보 Model.
		지원	-송/배전 전력 계통 Model Mapping
		신규 스마트	-에너지 저장 상호 연결 지침
		그리드 기술지원	-플러그인 전기차 지원용 상호운용성 표준

나. Smart Grid의 네트워킹기술 (통신 기술)

종류	구분	설 명
공중	유선	전용선, Cable Broad Band
Network	무선	GSM, CDMA, WCDMA, HSDPA, LTE, LTEA
사설 Network	유선	-PLC(Low Speed PLC, Narrowband PLC) -Fiber Optic Communication
	무선	-IEEE 802. 15. 4 (Zigbee) -IEEE 802. 15.4g (SUN)

다. Smart Grid의 통신 구조

구분	관련 기술
HAN (Home Area N/w)	- Smart Grid의 사용자 영역 - PLC, Zigbee, Wi-Fi 기술
NAN (이웃 Area N/w)	- 스마트 그리드의 필드 영역 - 무선 매쉬 Network (IEEE 802.11S (WiFi 메쉬)
WAN (Wide Area N/w)	- 변전시스템 관리 위한 Network - Ethernet 기반의 유선 Network
Enterprise LAN	- 기업체들 간 통신영역 - Ethernet 기반의 유선 Network

4. Smart Grid 발전을 위한 제언

- 초고속 인터넷 및 무선통신 기술 (LTE-A, 5G)을 적용하여 System 성능향상과 기술경쟁력의 확보 필요.

"끝"

문 171) DNP의 개념과 동작원리

답)

1. SCADA환경을 위한 산업표준프로토콜, DNP의 개요

가. DNP(Distributed Network Protocol)의 정의

- 전력망에서 RTU, IED와 마스터스테이션 사이의 상호 운영성을 확립하기 위한 개방형 분산 프로토콜

나. DNP 프로토콜의 개념도

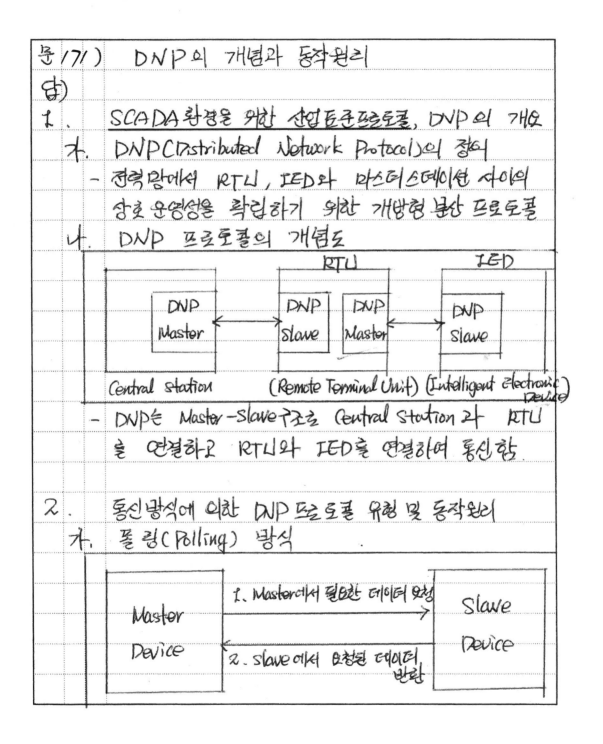

- DNP는 Master-Slave구조로 Central Station과 RTU를 연결하고 RTU와 IED를 연결하여 통신함

2. 통신방식에 의한 DNP 프로토콜 유형 및 동작원리

가. 폴링(Polling) 방식

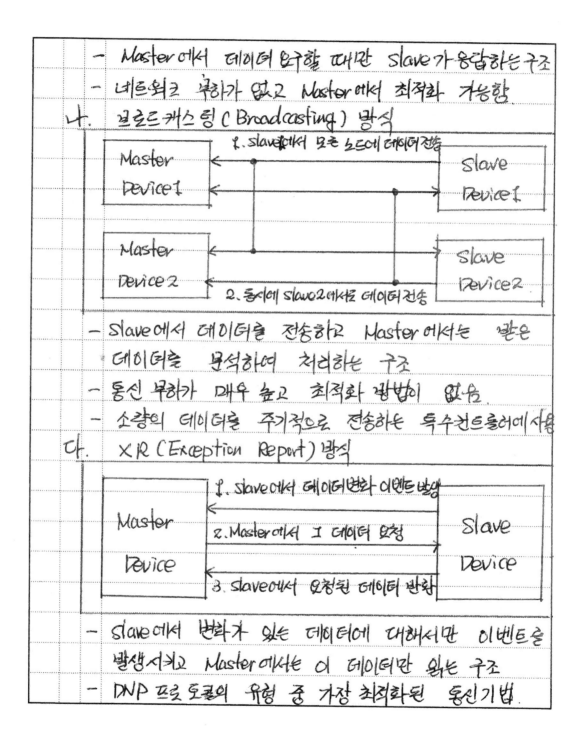

- Master에서 데이터 요구할 때만 Slave가 응답하는 구조
- 네트워크 부하가 없고 Master에서 최적화 가능함

나. 브로드캐스팅 (Broadcasting) 방식

- Slave에서 데이터를 전송하고 Master에서는 받은 데이터를 분석하여 처리하는 구조
- 통신 부하가 매우 높고 최적화 방법이 없음
- 소량의 데이터를 주기적으로 전송하는 특수컨트롤러에 사용

다. XR (Exception Report) 방식

- Slave에서 변화가 있는 데이터에 대해서만 이벤트를 발생시키고 Master에서는 이 데이터만 읽는 구조
- DNP 프로토콜의 유형 중 가장 최적화된 통신기법

3.　　　DNP의 최적화 방안
- 클래스 기반의 데이터 수집: 클래스 별 미리 정의된
  모든 I/O 접점들 중 버퍼링된 이벤트 데이터 반환
- 동작 방식의 가변적 사용: 폴링방식, 브로드캐스팅,
  XR 방식을 목적에 따라서 적절히 조합함.

"끝"

문172) DTN

답)

1. 미래 인터넷의 핵심기술, DTN의 개요

가. DTN (Delay Tolerant Network)의 정의
- 소스와 목적지 간의 연결성이 없더라도 데이터를 저장했다가 이동하여 전송하는 지능형 네트워크

나. DTN의 등장 배경
- 이종망간 연동: 기존 코어 인터넷과 무선네트워크 연동필요
- QoS 향상: 무선 네트워크 사용증가에 따른 QoS 향상필요
- Infra N/W 보완: Infra N/W의 성능보완 및 효율성 증대

2. DTN의 동작원리와 구성요소

가. DTN의 동작과정

- 연결성이 없는 네트워크 구조에서 store and forward 방식으로 최종 수신 노드까지 안전하게 데이터를 전송함.

나. DTN의 구성요소

구성요소	상세 설명
Bundle Layer	- 노드와 노드간의 연동을 지원하는 계층

		- 응용계층에서 처리되는 극하 감소
	DTN Gateway	- 한 지역의 번들 계층 메시지를 다른 지역의 번들 계층 메시지 형태로 변환함
	Persistent Storage	- 노드가 전송해야 할 정보저장 위한 저장소 - Store and forward 메시지 교환을 위한 핵심

- DTN을 구성하는 각 노드에는 Bundle Layer가 존재하며 정보를 저장하기 위한 스토리지(Persistent)도 존재함.

3.   DTN의 활용 분야

- Planet-Scale N/w: 인프라 N/w 설치 불가한 환경 활용
- Contingency N/w: 자연재해 등 장해 발생시 비상통신망
- Infra-Assistant N/w: 특정서비스의 성능 보완을 위해 활용
- Cheap N/w: Infra N/w의 비용효율성이 낮은 경우 활용

                                                 "끝"

문 173) SDN 특징, 구조, 동작 방식, 표준화 동향

답)

1. 차세대 네트워크 제어 및 관리기술, SDN의 개요

가. SDN (Software Defined Networking)의 개념
- 네트워킹 기술을 컴퓨팅 기술로 모델링하여 소프트웨어에 의하여 네트워크 제어 및 관리를 용이하게 하는 네트워크아키텍처

나. SDN의 등장 배경

```
              ┌─────────────────┐      ┌─ ·트래픽패턴의 변화
              │ ·새로운 네트워크   │      │   (M2M, Push기술)
              │  아키텍체 필요성   ├──────┤
              │  대두            │      └─ ·클라우드 서비스 등장
  ┌───────┐   └─────────────────┘          (탄력적인 규모 조정필요)
  │ SDN   │
  └───────┘   ┌─────────────────┐      ┌─ ·정적인 특성으로 동적인 트래
  ·Control plane│ ·현 네트워킹 기술  ├──────┤    픽, 어플리케이션 대응어려움
  과 User plane │  의 한계         │      │
  의 분리      └─────────────────┘      └─ ·네트워크규모 확대 어려움
              (장비 공급업체 의존성)           (네트워크장비추가로 복잡성
                                             증가)
```

2. SDN의 특징과 구조

가. SDN의 특징

특 징	상 세 설 명
소프트웨어 중심의 네트워킹기술	- 네트워크 사용자가 H/W 형상에 얽매이지 않고 다양한 응용프로그램을 쉽게 개발할 수 있는 환경제공
개방형 인터페이스	- 외부 제어장치에 의해 구동되는 S/W가 장비 공급업체와 무관하게 스위치 내 패킷 경로 결정

		중앙집중식 패킷경로제어	- 네트워크 상태 및 QoS 정책에 의하여 사용자는 패킷의 경로를 쉽게 제어 가능함
		정밀한 트래픽관리	- 패킷 포워딩 과 제어 영역의 분리로 기존 라우팅 프로토콜 보다 정밀한 트래픽관리 가능함
		다양한 N/W 기술 시험용이	- 기존 인터넷 트래픽에 영향을 주지 않으면서 기술시험 - 상업용 트래픽과 연구용 트래픽의 분리 가능함
		미래인터넷의 기반 제공	- 새로운 라우팅 프로토콜, 보안모델, 어드레싱 방법, IP 대체 가능한 인터넷 기술 개발 환경 제공

나. SDN의 구조

Apps	Control Program A	Control Program B	Tools	} Application 계층
Virtualization (Control Program C)				} 가상화계층
Network O/S (Control Program D)				} OS 계층
Slicing Layer : Flow Visor				} Interface (Open flow 사용)
Packet forwarding — Packet forwarding — Packet forwarding				

- SDN의 가장 하위계층에 패킷 포워딩 기능을 제공하는 H/W 가 위치하고 상위계층에는 제어 장치에 위치한 S/W 계층으로 구성
- 패킷 포워딩 기능을 제공하는 스위치와 제어 장치 사이에는 Open flow 사용
- Open flow 는 H/W(스위치)와 네트워크 OS 사이의 인터페이스 정의

3. SDN의 동작 방식 (Open flow 이용한 사례)

가. Open flow 시스템의 구성 및 구성요소

구성	구성요소	상세설명
	Controller	- 중앙집중형 명령제어 : 망상태에 대한 글로벌 뷰기반 포워딩제어, 토폴로지 관리 - 상위응용이나 정책 오류에 따라 포워딩을 결정하여 스위치에 전달함
	Open Flow Protocol	- 스위치와 스위치를 관리하는 컨트롤러 간 통신하기 위한 개방형 I/F
(Open Flow Switch)	Open Flow Switch	- Flow table 별 포워딩과 조작, 통계 수집, 터널 캡슐화/비캡슐화 등의 기능을 수행하는 N/W 장비

나.　Flow table을 이용한 패킷 경로제어 과정

- 복수개의 open flow switch를 한 개의 제어장치에 의해서 중앙 집중식으로 패킷의 경로를 제어 (최적의 경로 선택)
- Flow table 기반으로 특정 패킷플로우에 대한 최적의 경로제어

4.　SDN의 표준화 동향과 전망

가. SDN의 표준화 동향

표준 단체	상세 설 명
ITU-T	- 위원그룹 중 SG(Study Group) 13에서 논의 예정임 - SDN에서 앞으로 다루어야 할 이슈지정하여 논의계획
IETF	- 소규모 커뮤니티인 BoF에서 논의가 추진되고 있음 - 장비 제어 소프트웨어와 API 등의 표준화가 목표임
ONF	- SDN과 Open flow 표준제정과 도입 촉진을 목표로 함 - SDN 아키텍처의 개발과 표준화 진행 중임

나. SDN의 전망

구분	상 세 설 명
기술전망	- 중앙집중 방식으로 패킷 흐름을 제어하여 다양한 분야 적용 - 예. 무선이동성, 네트워크 가상화, 트래픽 부하 분산 등
시장전망	- 2011년 가트너에서 발표한 기술 트랜드에 Open flow가 포함되었고 Open flow 기술은 향후 5년 이후 시장성숙 예상

"끝"

문174)		NFV의 구성, SDN과 비교
답)		
1.		네트워크 가상화 기술, NFV의 개요
	가.	NFV (Network Function Virtualization)의 개념
	-	기존 H/W appliance로 구현된 라우터, NAT, Firewall 등의 다
		양한 기능들을 S/W 형태의 Virtual appliance로 구현한 가상화기술
	나.	NFV의 특징
	-	Virtual appliance 구현: 기존 단일 appliance로 동작하던 장비 가상화
	-	자원 단일화: 대용량 서버/스토리지을 이용하여 복수의 appliance 운용
	-	서비스 구현용이: S/W기반 프레임워크를 이용하여 서비스 구현 용이
	-	높은 확장성: CPU나 메모리와 같은 추가 자원할당으로 유연한 확장
2.		NFV의 구성 및 구성요소
	가.	NFV의 구성

NFV Management & Orchestration

가상리소스	가상컴퓨터	가상스토리지	가상 N/W
S/W	가상 스토리지
H/W	컴퓨터	스토리지	N/W

VNF — VNF
VNF — VNF
End Point
End Point
통신

NFVI (NFV Infrastructure)   *NFVs (NFV Functions)   *E2E Networking

| | - | 가상화 기술을 기반으로 통신망 운용에 필요한 다양한 N/W 장비 |
| | | 내 다수 기능들을 분리시켜 S/W 적으로 제어 및 관리 가능하게 함. |

4. NFV의 구성요소

구분	상세 설명
NFVI	- Network Function Virtualization Infrastructure - 컴퓨팅, 저장소, 네트워크 기능을 지원하는 물리적 하드웨어 지원, 가상화 기능지원 및 VNF 실행자원
NFVs	- Network Function Virtualization Functions. - 여러 응용 프로그램을 지원하기 위해 S/W로 개별된 네트워크 기능들의 집합.
MANO	- Management & Orchestration - 물리적 또는 S/W 이용한 자원관리, 전달, VNF 관리
E2E Networking	- NFV 인프라에서 제공하는 여러 VNF들을 실행목적에 맞게 연결함 (NFV 서비스 네트워크 체인)

3. NFV와 SDN의 관계 및 비교

가. NFV와 SDN의 관계

- 제 3자에 의한 혁신적인 application의 경쟁력 제공

Open Innovation

SDN

NFV

- 네트워크를 추상화하여 더 빠른 혁신을 제공함

- CAPEX, OPEX, Space & Power 소비의 감소

- SDN은 네트워크를 쉽게 설정 및 관리할 수 있게 해주고, NFV는 네트워크를 쉽게 deploy 및 확장할 수 있게 해줌

- NFV는 SDN과 보완을 통해 상호 이익을 가져오게 하고 서로 종속되어 구현되지 않을 것으로 예상됨

나. NFV와 SDN의 비교

구분	SDN	NFV
등장 배경	- Control plane과 User plane 분리, 중앙집중식 제어	- 네트워크 기능의 이동 (독립 appliance → 서버)
적용위치	- 캠퍼스, 데이터 센터	- Service provider Network
적용장비	- 범용서버 및 스위치	- 범용 서버 및 스위치
초기 활용대상	- 클라우드 orchestration	- 라우터, firewall, gateway
관련프로토콜	- Open Flow	- 현재 없음
표준화기구	- ONF (Open N/W Forum)	- ETSI NFV Working

4. NFV의 표준화 동향

가. 표준화 단체 및 주요 참여업체

- ETSI ISG 그룹 산하에 NFV라는 표준그룹을 만들어 활동전개
- 통신사업자 중심으로 참여함 (AT&T, BT, Verison, NEC 등)

나. NFV 산하 그룹별 활동영역

- NFV TSC : NFV 표준활동 지원 (기술 규격작업의 모니터링)
- NFV NOC : 주요 통신사업자들의 요구사항 반영을 위한 활동
- NFV INF WG : 네트워크 기능 가상화를 위한 인프라 구조규격
- NFV SWA WG : 네트워크 기능을 위한 S/W 참조구조 규격개발
- NFV MANO WG : NFV 환경의 관리와 오케스트레이션 기능구조 정의 "끝"

문175) 네트워크 가상화기술인 VLAN(Virtual LAN), VPN (Virtual Private Network), NFV(Network Function virtualization)를 비교하여 설명하시오.

답)

1. 자원활용극대화, Network 가상화의 개요

가. Network 가상화(Virtualization)의 정의
- 물리적인 Network를 하나 이상의 논리적인 Network로 세분화하는 기술로 N/W Infra에 대한 투자대비 N/W Infra 운영 및 자원을 극대화하는 N/W 기술

나. Network 가상화의 필요성

-VLAN(LAN 가상화) -VPN(저비용, 전용 　회선) -NFV(N/W기능)	→ 네트워크 가상화 →	-CAPEX, OPEX 절감 -네트워크 운영 & 　자원활용의 극대화 -유연성, 확장성확보

- Network 자원 가상화 통해 N/W유연성, 확장성 확보

2. 개념 & 구성측면의 VLAN, VPN, NFV 비교

가. VLAN, VPN, NFV의 개념비교

개념	설 명
VLAN	하나의 물리적 네트워크를 꾹수의 논리적 NW로 분할해 각 NW가 각각의 Broad band를 형성하는 가상화

		VPN	공중망에서 이기종 Network간 터널링, 암호화 기법 사용, 전용회선으로 연결된 사설망과 같은 서비스를 제공하는 가상 Network		
		NFV	NW 장비에서 HW나 SW분리, 범용서버의 가상화 기반하에 NW 기능을 Software적으로 가상화 하여 제어 & 관리하는 기술		

- N/W 가상화는 가상화의 용도 및 특성에 맞게 구성 필요

4. VLAN, VPN, NFV의 구성 비교

구분	구성도	구성요소
VLAN	스위치1 ─ Trunk Port ─ 스위치2 Access Port VLAN 1, VLAN n, VLAN 1, VLAN n -Access Port를 통해 단일 VLAN 전송, Trunk Port(IEEE 802.1Q)를 통해 여러 VLAN으로 전송	-스위치 -라우터 -Access Port -Trunk Port -Broadcast 도메인
VPN	본사 VPN ┃ Layer4 : SSL ┃ VPN 지사 Layer3 : IPSec Layer2 : L2F, L2TP, PPTP, MPLS ← 공중망(Public Network) → -터널링과 암호화 기법 이용, 가상의 N/W 구성	-공중망 -터널링 (Tunneling) -암호화 -IPSec, SSL /TLS, MPLS 등 계층별 유형

		NFV	Virtualised N/W Functions (VNFs) VNF VNF VNF . . . . . NFV Infra (NFVI) 가상 Compute 가상 Storage 가상 Network 가상화 Layer Compute Storage Network H/W 자원 범용서버(White Box)의 가상화 기반하에 NW기능을 SW적으로 가상화한 제어&관리기술	-OSS -VNFs -NFVI -MANO -E2E Networking

- OSI 7 Layer 기준, VLAN은 1~2계층, VPN은 2~7계층,
  NFV는 7계층에 해당하는 가상화
- MANO : MANagement & Orchestration

3 기술 & 가상화 대상관점의 비교

가 기술측면의 VLAN, VPN, NFV의 비교

구분	VLAN	VPN	NFV
핵심 기술	-IEEE802.1Q (패킷 스위칭) -TRUNK (스위치간 패킷 전송)	-터널링 (캡슐화) -보안 (인증/무결성 /암호화)	-VNFs (N/W 기능 위한 S/W) -NFVI (가상화된 인프라 자원)
요소 기술	-Port-Based VLAN -Tagged VLAN -동적/정적 VLAN	-QoS, IPSec SSL/ TLS -VPN 전용 HW -방화벽/라우터 기반 VPN	-MANO, SDN 연계, -OSS/BSS (Operation /Business Support System)

- VLAN은 8Φ2.1Q protocol, VPN은 터널링와 암호화,

NFV는 NW기능(IPS, Switch, F/W, NAT등) 기술을 이용

4. 가상화 대상관점의 VLAN, VPN, NFV의 비교

구분	VLAN	VPN	NFV
대상	기업내부망 (논리적 구성)	Intra/Extra Net (전용회선)	네트워크 장비 (White Box)
목적	관리 효율성	보안 강화(사설망)	비용절감(OPEX)
프로토콜	-IEEE 8Φ2.1Q - ISL (CISCO)	-IPsec -MPLS -SSL/TLS	-VNF -NFVI
방식	Packet 내 VLAN ID 태깅	터널링 적용	범용장비에 NW 기능화
적용계층	OSI 1~2 Layer	OSI 2~7 Layer	OSI 7 Layer

- Cloud 시장확산등 N/W 가상화의 효율적 활용 필요

4. Cloud 및 차세대 N/W환경에서의 N/W 가상화 발전 방향

(NFV) + (SDN)
- SW, HW의 분리및 S/W Defined-N/W
- 비용절감, 확장성/유연성 확보

(VPN) + (SD-WAN)
- 가상사설망 & 사설 Overlay N/W
- 비용절감, MPLS(Cloud 핵심 N/W 기술)

[VLAN] → [VxLAN]
- VLAN 한계극복
- 대규모의 Overlay Network 구성

"끝"

| 문 176) | CAN(Controller Area Network)의 장점및특징, 핵심 |
| | 기술과 동작과정을 설명하시오. |

답)

1. 계측 제어기 통신망을 위한 CAN의 개요

　가. CAN (Controller Area Network)의 정의

　　- 실시간(Real time)제어 응용 System내에 있는 센서나 기능장치등과 같은 주변 장치들을 연결하는 Micro(마이크로) Controller용 직렬(Serial) Network.

　나. CAN의 장점및특징

구분	설 명
경제성	- 가격대비 성능이 우수한 N/W 기술 - MCU, DSP등에 기본 내장추세(임베디드)
신뢰성	- 정교한 오류검출과 오류 처리 구조 - Differential Line : 전자파 간섭에 강함
실시간성	- 전송 요청과 실제 전송시작 시간 차이 짧음 - CSMA/CD + AMP 방식 : 오류검출, 우선순위
유연성	- Multi-Master구조 : 노드별 독립적 버스접근 - 노드의 연결및 분리 용이(plug & play)
다중 전송 및 방송	- 송신 메시지는 모든 Node들에 보내지므로 공통 Data의 동시 수신 & 작업 가능
표준, 통신속도 전송거리	- ISO 11519 : 최대 125kbps (최대 500m) - ISO 11898 : 최대 1Mbps (최대 40m)

2. CAN의 구성도및 핵심기술

가. CAN의 구성도

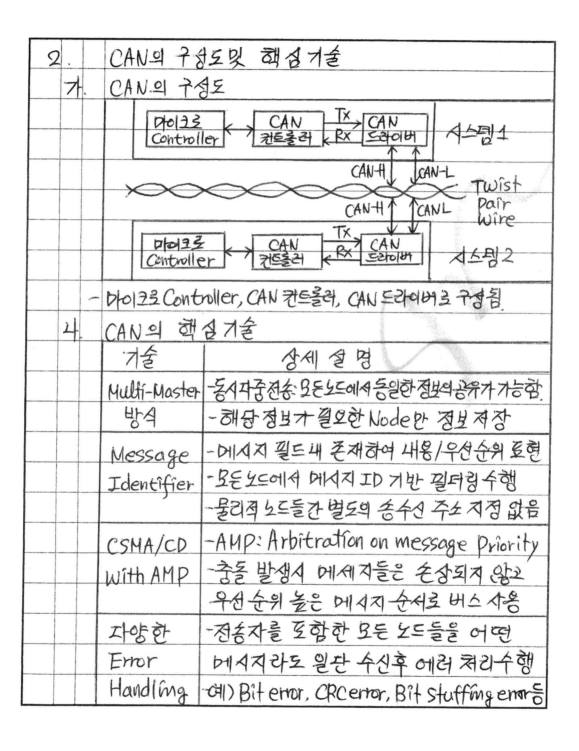

- 마이크로 Controller, CAN 컨트롤러, CAN 드라이버로 구성됨.

나. CAN의 핵심기술

기술	상세 설명
Multi-Master 방식	- 동시자중전송 모든노드에서 동일한 정보의 공유가 가능함. - 해당 정보가 필요한 Node만 정보 저장
Message Identifier	- 메시지 필드내 존재하여 내용/우선순위 표현 - 모든노드에서 메시지 ID 기반 필터링 수행 - 물리적 노드들간 별도의 송수신 주소 지정 없음
CSMA/CD with AMP	- AMP: Arbitration on message Priority - 충돌 발생시 메세지들은 손상되지 않고 우선순위 높은 메시지 순서로 버스 사용
다양한 Error Handling	- 전송자를 포함한 모든 노드들을 어떤 메시지라도 일단 수신후 에러 처리수행 - 예) Bit error, CRC error, Bit Stuffing error등

3.		CAN의 동작원리및 중재원리	
	가.	CAN (Controller Area Network)의 동작원리	
		단계	상세 설명
		1) 버스상태 확인	-데이터(Data) 전송전 CAN 라인이 사용중 인지 확인 (미 사용시 버스 접근)
		2) 충돌감지 수행	-메시지 전송후 메시지간 충돌 여부 검사 -원리: CSMA/CD 에서 전압차 이용
		3) 수신여부 판단	-Network상 모든 노드는 메시지수신후 메시지 ID를 통해 자신에게 필요한지 판단
		4) 과중수신 메시지 식별	-다수의 메시지를 동시 수신시 메시지 ID가 가장 낮은 메시지(높은 우선순위) 먼저 수신
	나.	CAN의 중재 원리 (Bit Arbitration)	

		1) Node A와 B, C가 동시에 데이터 전송하는 경우 메시지의 identifier field 값이 작은 것이 높은 우선순위
		2) Node B가 ① 시점에 1이므로 나머지 Node A와 C보다 값이 크므로 낮은 우선순위로 판단하여 수신모드 전환

3) Node C가 ② 시점에 1 이므로 낮은 우선 순위로
판단하고 수신모드로 전환 (Node A는 나머지 전송)

4. CAN의 응용분야
- 일반 차량: ECU 포함, 전자 장치들 간의 통신 및 차체
Utility 제어에 주로 사용됨.
- 산업 자동화: 제어기와 센서, 액츄에이터 간 통신
- 의료 장비, 건물의 자동화, 건설용 중장비 차량에 활용.

"끝"

문 177)	DSRC (Dedicated Short Range Communication) 에 대해 설명하시오	
답)		
1.	지능형 교통시스템 서비스 제공을 위한 DSRC의 개요	
	가.	ITS (Intelligence Transport System)의 정의
	-	교통 체계의 효율성과 안정성을 위해 기존의 통신 체계에서 지능형 기술을 접목시킨 차세대 도로 체계
	나.	DSRC (Dedicated Short Range Communication) 정의
	-	이동차량과 노변의 소형 기지국과의 짧은거리 (10~100m) 고속 packet 통신 (약 1Mbps)을 위한 ITS 전용 무선통신 규약
	다.	DSRC 의 특징

	통신방식	노변과 차량간 양방향 근거리통신 (1:1 또는 1:n)
	변조기술	ASK (Amplitude-Shift keying) 방식의 저렴, 단순 변조
	무선환경	LOS (Line of Sight) 환경을 통한 안정적인 무선품질

2.	DSRC 시스템의 구성도 및 구성요소, 요구사항	
	가.	DSRC System의 구성도

```
        ┌──────────────────────────────────┐
        │ Information Network (교통,날씨등) │ ← 관련정보
        └──────────────────────────────────┘
             ┌─────────────────────────┐
             │   Roadside  Network     │
             └─────────────────────────┘
                        (유선)
   ┌───────────┐                    ┌───────────┐
   │ 노변       │      Data 송수신    │ 차량      │
   │  ┌─────┐  │ ←───────────────    │  ┌─────┐  │
   │  │ RSE │  │                    │  │ OBE │  │
   │  └─────┘  │      (무선)         │  └─────┘  │
   └───────────┘                    └───────────┘
```

		-	차량에 설치된 통신 장치(OBE)와 노변에 설치된 통신 장치(RSE) 고속 packet 송수신이 가능한 근거리 통신이 발생함

	나.	DSRC의 System 구성요소

구성요소	설 명
OBE	-On-Board Equipment
	-고속 이동 차량내에 탑재되며, GPS/Navigation 일체형 통합 단말기로 발전
RSE	-Road-side Equipment
	-기존의 도로 전송 Network 백본에 유선으로 연결되어 다양한 서비스를 제공함

다. DSRC 시스템의 기본적인 요구사항

요구사항	설 명
고속 패킷전송	-좁은 통신 영역에서 짧은 패킷의 고속 전송 -BER (Bit Error Rate)을 10^{-6} 이하로 보장
차량단말기 경량화	투자비용 감소 및 빠른 서비스 확산을 위함
편리한 UI/UX	운전중 사고 유발 방지 (음성, 문자메세지 활용)
신뢰성 & 안전성	가입자 인증기능과 암호화 기능 필요
넓은 응용 서비스	자동요금 징수, 교통 정보 서비스등 제공

3.		OBE와 RSE간 통신 방식의 종류와 비교
	가.	OBE와 RSE간 통신 방식의 종류

구분	설 명
능동방식	RSE와 OBE에 주파수 발진기를 내장하여 독립적인 채널을 사용 (일본 전파 산업협회 표준)
수동방식	OBE의 간단한 구현을 위해 주파수 발진기를 내장하지 않고 재발신 방식 사용 (유럽 표준위원회 표준)

다. 능동방식과 수동방식의 비교

구분	능동 방식	수동 방식
셀크기	3 ~ 200m	10m
주파수 재사용거리	짧은 노변장치 간격 (60m)	긴 노변장치 간격 (260m)
OBE 복잡도	복잡 (발진부 있음)	복잡 (필터, 증폭기 추가)
OBE 가격	중 저 가	저 가
RSE 복잡도	수신레벨 높아 회로 간단	수신레벨 낮아 회로 복잡
RSE 가격	저 가	고 가
서비스 확장성	넓은 영역 대응 가능	넓은 영역 대응 불가
서비스 만족도	다양한 서비스 제공	제한된 서비스 제공

4. DSRC 시스템의 활용분야

구분	설 명
요금정산시스템	자동요금 정산 및 주차장 무인 자동화 운영
교통정보시스템	실시간 교통정보 제공 및 도로상황 정보 수집
버스정보시스템	버스도착 예측 안내 및 지역 정보 제공

"끝"

문178) WAVE

답)

1. ITS 구축을 위한 핵심기술, WAVE의 개요

가. WAVE(Wireless Access Vehicular Environment)의 개념

- 차량간 고속통신과 차량과 인프라간 통신을 지원하여 차세대 지능형 교통시스템 구축에 활용되는 무선접속기술

나. WAVE의 표준규격

구분	상세 설명
주파수(Frequency)	- 5.9GHz (5.850 ~ 5.925GHz)
채널 및 대역폭	- 7개, 10MHz(20MHz)
최대 전송속도	- 27Mbps(10MHz), 54Mbps(20MHz)
전송범위 및 지원속도	- 최대 1000m, 최대 200km/h

- 전송범위 확장을 위해 최대 RF 출력을 44.8dBm으로 규정

2. WAVE의 프로토콜 스택과 구성요소

가. WAVE의 프로토콜 스택

Application				IEEE 1609.1
Security (IEEE 1609.2)	Management	TCP/UDP	WSMP	
		IPv6		IEEE 1609.3
		LLC		
		MAC		Multi-channel operation IEEE 1609.4
		PHY		IEEE 802.11p

4. WAVE 프로토콜의 구성요소

계층	구성요소	상세 설명
PHY	IEEE 802.11p	- WAVE 통신을 위한 내부의 데이터전송
MAC	IEEE 802.11p	- PHY을 제어하기 위한 MAC 프로토콜
	IEEE 1609.4	- Multi-channel operation 정의
상위 계층	IEEE 1609.1	- 애플리케이션의 자원관리 수행
	IEEE 1609.2	- 보안 메시지 규격과 보안통신 절차 정의
	IEEE 1609.3	- 네트워크 및 전송계층 담당

3. WAVE의 활용 방안

- 요금정산 시스템: 자동요금 정산 및 주차장 무인자동화
- 교통정보 시스템: 실시간 교통정보 및 도로상황 정보 수집

"끝"

문 179) BACnet 구조와 요소기술

답)

1. 지능형 빌딩구축을 위한 개방형 프로토콜, BACnet 의 개요

가. BACnet (Building Automation Control Network)의 정의
- 장비들간 상호호환성 확보와 시스템 통합을 위해
빌딩 관리자와 시스템사용자, 제조업체들로 구성된 단체에서
인정하는 빌딩자동화 시스템의 표준통신망 (ANSI/ASHRAE 135-1995)

나. BACnet 의 특징
- 오브젝트 모델링 : 빌딩제어에 특화된 데이터 구조사용
- 서비스 및 내장 알고리즘 : 빌딩제어에 특화된 알고리즘
- 통신호환성 : 빌딩제어 장비의 통신호환성 검증체계 지원

2. BACnet 의 프로토콜 계층구조 및 계층별 역할

가. BACnet 의 프로토콜 계층구조

BACnet Layers						OSI Layer
BACnet Application Layer					←→	Application
BACnet Network Layer					←→	Network
IEEE 802.2	MS/TP	PTP		Lon Talk	←→	DataLink
IEEE 802.3	ARCNET	EIA-485	EIA-232		←→	Physical

- BACnet 프로토콜은 BACnet 전용 Application Layer,
Network Layer, Datalink Layer, Physical Layer 로 구성됨

나.　BACnet의　프로토콜 계층별 역할

계층	상세 설명
Physical 계층	- 메시지의 전기신호 변환 역할 수행 - 전송매체를 통한 비트단위의 데이터 전송
Data Link 계층	- 하나의 네트워크 라인을 여러 장비가 공유하기 위한 메커니즘을 제공함
Network 계층	- 메시지가 전체시스템에 전달될 수 있도록 라우팅 메커니즘을 제공함
Application 계층	- 각종 데이터를 오브젝트로 변환 - 표준서비스 처리 메커니즘제공, user app와 I/F

3.　BACnet의 핵심기술 및 관련기술간 비교

가.　BACnet의 핵심기술

구분	핵심기술	상세 설명
기반 기술	오브젝트 (Object)	- 네트워크를 통해 교환되는 데이터 형태 - 이름, 타입, 신뢰성 등으로 구성
	서비스 (Service)	- 장비들이 네트워크를 통해 상호동작하는 표준화된 방법 (5가지 서비스정의)
전송 기술	IP Tunneling	- IP 데이터그램에 IP 데이터그램 삽입
	BACnet / IP	- 다른 네트워크의 디바이스와 데이터 교환
	BBMD	- BACnet Broadcasting Managed Device - 브로드캐스트 메시지는 IP망에 의해 처리

나. BACnet 과 관련 기술간 비교

구분	Lon works	KNX	BACnet
표준제공	Echelon Lon Mark협회	KNX 협회	ASHRAE 미국 냉공조 학회
프로토콜 형태	개방형/표준 프로토콜	개방형/표준 프로토콜	개방형/표준 프로토콜
적용 범위	건물자동화, 건물관리시스템	건물, 홈 자동제어	건물 자동화, 건물제어
테스트/ 인증기관	LonMark협회	KNX	BTL
Application Data 정의	Functional Profile (73가지)	Mode, Profile	Object Service (36가지)
Architecture	Flat 구조	hierarchical 구조	hierarchical 구조

4. BACnet 의 도입효과

- 상호운용성 향상 : 개방형 프로토콜을 사용하여 빌딩 자동화 시스템 장비들의 통합 용이

- 시스템의 확장, 기능개선 용이 : 기존 투자를 보존하면서 신규 시스템 추가 구입하여 설치 가능하여 기능개선 가능

- 시스템구입 비용 절감 : 선택폭 확장으로 시장경쟁 활성화

- 유지 보수 및 시스템 확장 용이 : 기존 융합업체 도산 위험해방 "끝"

문180) DLNA

1. N스크린 구현을 위한 핵심기술, DLNA의 개요

　가. DLNA (Digital Living Network Alliance)의 정의
　　- 휴대전화나 PC 등에 저장된 디지털콘텐츠를 홈네트워크를 통해 TV나 프린터 등으로 전송할 수 있는 국제규격

　나. DLNA의 기술적 특징
　　- 성능 최적화: 장비간 링크 생성시 강제 표준 비설정
　　- 플러그 앤 플레이: 장치 간 자가 구성 및 자가발견 기능
　　- 콘텐츠 공유 표준안: PC와 가전제품 및 타 IT기기연동

2. DLNA의 구성모델 및 프로토콜 스택구조

　가. DLNA의 구성모델

2 BOX Pull Model	2 BOX Push Model
②선택 → PC / Mobile / Audio / PMP (DMP) ① Media 정보 → TV (DMS) ③ Contents Stream → PMP (DMP)	① URI 전달 → PC / Mobile / Audio / PMP (DMS) ② Contents 선택 TV (DMP) ③ Contents Stream →

　　- 2 BOX Pull Model은 TV(서버)로 부터 콘텐츠를 가져오나 2 BOX Push Model은 모바일기기에서 TV(서버)로 콘텐츠 밀어넣음

　나. DLNA의 프로토콜 스택구조 (Guideline 1.0 기준)

계층	역할	요소기술
Link Protection	- 상업용 콘텐츠 보호	- DTCP/IP

Media Formats	- 콘텐츠 인코딩 포맷 유형	- JPEG, MPEG2
Device Discovery	- 디바이스 발견, 제어, 콘텐츠관리	- uPnP
Media Management	- 콘텐츠 인식, 관리, 배포	- uPnP AV 1.0
Media Transport	- 콘텐츠의 전송방법 정의	- HTTP, RTP
Network Stack	- 네트워크 프로토콜 정의	- IPV4
Network Connectivity	- 네트워크 연결 기술 정의	- Ethernet

3. DLNA의 발전 방향

- 보급률 증가: 디지털콘텐츠 확산과 미디어 디바이스 다양화
- 기본탑재: 다양한 디지털기기에 DLNA 기본탑재
- 콘텐츠 보호: DRM으로 보호된 상업용 콘텐츠보호 지원

"끝"

문 (81)		UPnP (Universal plug and play)에 대해 설명하시오		
답)				
1.		정보기기간의 자동인식, 제어를 위한 Middleware, UPnP개요		
	가.	UPnP (Universal plug and play)의 정의		
	-	IP기반으로 장치를 자동인식하고 상태및 서비스 정보를		
		공유하여 원격제어 서비스를 수행하는 Middleware 표준		
	나.	UPnP의 특징		

특징	설명
Peer to Peer	기기들간 Peer to Peer N/W 연결구조
플랫폼독립적	다양한 OS및 프로그래밍언어 적용 가능
확장성	HTTP, XML등의 Web 표준 기술 사용
로얄티 Free	로얄티 및 License의 제약이 없이 자유로움

2.		UPnP의 protocol stack 및 핵심 프로토콜		
	가.	UPnP의 프로토콜 stack.		

UPnP Vendor Defined			
UPnP Forum			
UPnP Device Architecture			
HTTP	GENA (Event)	SSDP (검색)	SOAP (제어)	HTTPU / HTTPMU
UDP (User Datagram)		TCP (Transmission Control)	
IP (Internet Protocol)			

		-	UPnP는 TCP/IP 기술 바탕으로 HTTP 사용하여 통신
	나.		UPnP의 핵심 protocol.

Protocol	설명
HTTP	- HTTP (Hypertext Transfer Protocol)
HTTPU HTTPMU	- HTTPU (HTTP over UDP), HTTPMU (HTTP Multi Cast over UDP)
	- 장비 간의 기능 및 상태 정보를 주고 받기 위해 사용
	- HTTP를 기본, Unicast/Multicast 지원
	- HTTP는 TCP/IP 기반, HTTPU/HTTPMU는 UDP 기반
SSDP	- Simple Service Discovery Protocol
	- Network에 연결되어 있는 장비와 사용가능한 서비스를 검색하기 위한 프로토콜
	- HTTPU 및 HTTPMU 기반에서 동작
GENA	- General Event Notification Architecture
	- 장치에서 발생한 이벤트 메시지 전송
	- 이벤트 수신요청과 수신거부 전송 가능
SOAP	- Simple object Access Protocol
	- 원격 프로시저 호출을 수행하기 위한 XML 문서와 HTTP 프로토콜 사용 방법 정의

3.		UPnP의 Network 구성과 동작원리
	가.	UPnP의 Network 구성도

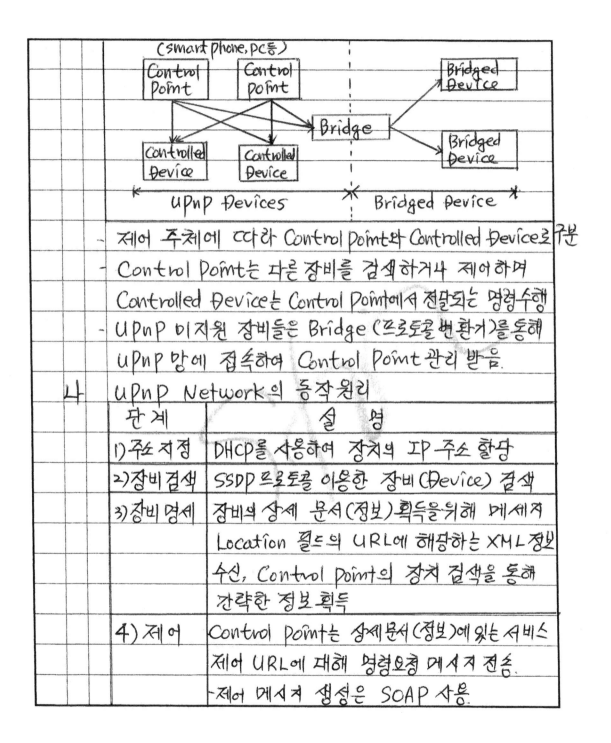

- 제어 주체에 따라 Control Point와 Controlled Device로 구분
- Control Point는 다른 장비를 검색하거나 제어하며
Controlled Device는 Control Point에서 전달되는 명령수행
- UPnP 미지원 장비들은 Bridge (프로토콜 변환기)를 통해
UPnP 망에 접속하여 Control Point 관리 받음.

ㄴ UPnP Network의 동작원리

단계	설명
1) 주소 지정	DHCP를 사용하여 장치의 IP 주소 할당
2) 장비검색	SSDP 프로토콜 이용한 장비 (Device) 검색
3) 장비 명세	장비의 상세 문서 (정보) 획득을 위해 메세지 Location 필드의 URL에 해당하는 XML 정보 수신, Control Point의 장치 검색을 통해 간략한 정보 획득
4) 제어	Control Point는 상세문서 (정보)에 있는 서비스 제어 URL에 대해 명령요청 메세지 전송. - 제어 메세지 생성은 SOAP 사용.

			5)이벤트 처리	-장치에 존재하는 서비스들의 변화된 상태값을 Control Point에게 통보 (GENA 사용)
			6)장비의 사용자 Interface	-장치가 Presentation을 위해 URL을 가지는 경우 Control point는 URL로부터 페이지를 가져와 장치의 상태값 조회나 제어기능부여
4.			uPnP의 발전방향	
			-uPnP v2.0 에서는 보안, Cloud, IoT 기능 추가	
			-uPnP 탑재 Smartphone 에서 PC & smart phone & smart TV 간의 Video, Audio, File 교환가능	
			"끝"	

문/82)	센서 네트워크 (Sensor Network)	
답)		
1.	U-city (ubiquitous)의 필수기술, Sensor N/w 개요	
가.	무선 N/W 이나 RFID 사용. Sensor Network의 정의	
	- Tag & Sensor들이 Network를 구성하여 사물 & 환경에 관한 정보를 전송/처리하는 Network	
나.	Sensor Network의 등장배경	
	유비쿼터스요구	Ubiquitous 환경의 요구증대 (실시간 처리)
	임베디드 기기	SoC, MEMS등 임베디드화, 소형화 가능
2.	Sensor Network의 구성및 구성요소	
가.	Sensor Network의 구성	

- Sensor/sink node, 미들웨어, Reader기, Savant서버 등으로 구성

나.	Sensor Network의 구성요소	
구성요소	설 명	
Tag	RFID 인식용 Tag (수동형, 능동형-Battery 내장)	
Reader기	RFID Tag에서 정보추출 (고정형, 이동형)	
Sensor노드	사물의 정보 Sensing후 싱크노드로 전달	

			EPC	사물을 고유(Unique) 식별 Code
			Savant 서버	전자 제품코드 정보를 취득하는 Middleware일종
			PML서버	Savant가 모은 정보를 저장보관(현재 상태, 위치)
			ONS서버	RFID 상품정보제공, PML서버정보 →전달 Savant서버
			Middleware	Reader나 센서정보처리, 표현, 교환 & 정보 Naming

- ONS : Object Name Service

- PML : Physical Markup Language

- EPC : Electronic product Code (전자 제품코드)

3. Sensor Network의 활용

- Zigbee : 소형, 저전력, 저속통신을 위한 IEEE 802.15.4

통신규약으로 Sensor Network 구성에 적합.

끝

문(83) 사물통신의 핵심기술에 대해 설명하시오

답)

1. M2M, MTC, IoT로 호칭, 사물통신의 정의

- 사물에 부착된 통신 장치를 이용하여 사물이 Network에 연결되거나 사물간에 통신 Network를 구성하여 정보를 공유하는 기술

표준화 단체 : IEEE(M2M), 3GPP(MTC), ITU-T(IoT)

2. 사물통신의 핵심기술

계층	구분	핵심 기술
	개인 맞춤형 서비스	- 지능형 상황 인식 기술 - 프로파일 갱신기술(개인맞춤형 서비스)
응용 서비스 계층	스마트 안심(Safe) 서비스	- 위험상황인지 기술, 관찰 탐취 & 각응 대응기술 - 신체통신기술, 초소형 저전력 휴대 장치 기술
	차량 지능화 서비스	- 무인프라 교통흐름제어 & 최적 경로제공 기술 - 교통사고 가능성 인지 & 전달기술
	공공 SOC 서비스	무전원, 저전력, 자가 전원기능
서비스 플랫폼 계층	서비스 제공 계층	- 수집 정보 바탕으로 위치기반 정보 지리정보 처리 및 표시, - 정보 전달 단문 메시지 전송, 인증, 과금, IMS 를 이용한 연동(Interface)
	N/W제공	수집 정보 가공처리, Data 형식 변환,

			계층	QoS보장, M2M Device 동작 감시
		인프라	통신	┌ Access, Transport, Core N/W로 구성
			N/W	└ xDSL, PLC, Satelite, WLAN, 이동통신 등
		전달망 (사물인식, 정보수집)	지역 N/W	NFC, Barcode, QRCode, RFID, Wifi Zigbee, Bluetooth, 보안카에라 지능형 CCTV, Smart Home, 자동 Meter 등
		단말 장치	인터페이스	센서/Actuator, M2M 통신 모듈(Module)
			HW, OS	OS, Firmware, 센서/제어, Device Driver
			Middle- Ware	┌ 상태(State) 관리 & 처리기능, 원격제어 기능(Remote), 구성정보처리기능, 장애 진단 & 처리 등, ─ M2M Device 인증, Data 무결성 검증, Key 관리
			Application	데이터 전처리, OTA, 수집정보처리 & 변환

"끝"

문184)	IoT(Internet Of Thing)		
답)			
1.	모든 IT기기의 Internet 연결, IoT의 개요		
가.	All IP 적용, Connection화, IoT의 정의		
-	사람대 사람, 사람대 사물, 사물대 사물 간의 N/W연결		
나.	IoT의 분류 (CES show 에서 IoT 개념 대두)		
	사물중심	RFID 표준기관 GSI/EPC Global IoT정의	
	Internet	언제 어디서나 연결 가능한 IoT	
	Semantic	참여, 공유, 기술을 바탕 → 저장, 검색가능	
2.	Connection (융합으로 발전) 개념으로 발전, IoT 핵심기술		
가.	IoT Network의 핵심기술 (H/W적 접근)		

기술	설 명	기반 기술
RFID	사물에 Tag 장착, 해당사물의 EPC코드 인식→정보획득 가공 저장	EPC N/W (PLM, ONS)
BcN	사물과 사물, 사물과 사람 간의 통신, Sink node로 활용 정보제공	Zigbee Alliance RFID
All IP기반의 N/W	경량화된 SON (Self Organization N/W), Seamless 연결&식별	SON, Ad-Hoc, 6LowPAN

	나.	IoT 구현을 위한 S/W 핵심기술		

기술	설 명	재요기술
OS (운영체제)	IoT와 Sensor Node간의 Fast 연결 구축 (임베디드→Android OS)	-Tiny OS -Android

			Metadata	사물정보 Mining, Ontology 기술	URL기술
			Web3.0 (Semantic)	의미기반의 표현, 전달, 정보기술, 검색, 공유하고 결합	W3C RDF, REST, MEAP
3			국내외 IoT연구및 표준화동향		
			TTA	Etri와 연계, EPC기반 H/W, S/W구축	
			3GPP	5G/6G등 이동통신망과 IoT연계 기술표준화	
			IETF	IEEE 802.15.4를 IPv6 전송율 Up/IP헤더압축	
			ITU	QoS, 보안, 이동성고려 IoT N/W 아키텍처 개발	

"끝"

문185)	MQTT (Message Queuing Telemetry Transport)		
답)			
1.	IoT 표준 protocol, MQTT의 개요		
	정의 & 특징		구조
	정의	통신대역폭이 제한된 환경에서	MQTT
		신뢰성있는 메시지를 전송하기위한	LDAP/OAuth 2.0
		Publish-Subscribe 방식의 경량	TLS(SSL)/VPN
		메시지 protocol	TCP
	특징	단순성, QoS보장, 연결보장	IP
	-OneM2M의 IoT 표준화한 protocol stack		
2.	MQTT의 개념도 및 구성요소		
가.	MQTT의 개념도		

-Broker가 PUB와 SUB를 중재하는 구조로 실시간(Real Time) 데이터 전송에 적합		

	나	MQTT의 구성요소	
		발행자(PUB)	정보생성 센서 → Broker에게 정보를 보냄
		구독자(SUB)	정보를 사용하는곳, 센서Data를 사용하는 App.
		중계자(Broker)	정보 중계, Proxy Server와 같은 역할
		토픽(topic)	발행자가 구독자에게 보내는 계층화된 메시지구조

3. MQTT와 CoAP, XMPP의 비교

구분	MQTT	CoAP	XMPP
목적	IoT 메시지 전송	제한된 디바이스간통신	인스턴트메시지 통신
Protocol	TCP(UDP)	UDP	TCP
구성	-계층구조, topic 전달 -메시지 버스방식 -저전력, 대량전송	-HTTP기반 -Restful 아키텍처 -저전력, 비동기전송	-XML기반 메시지체계 -강력한 보안기능 -다수 메신저 적용
활용현황	Facebook 메신저	M2M 단말통신	구글, MSN메신저

"끝"

문 186) IoE의 구성과 구성요소

답)

1. M2M, IoT, IoE의 관계

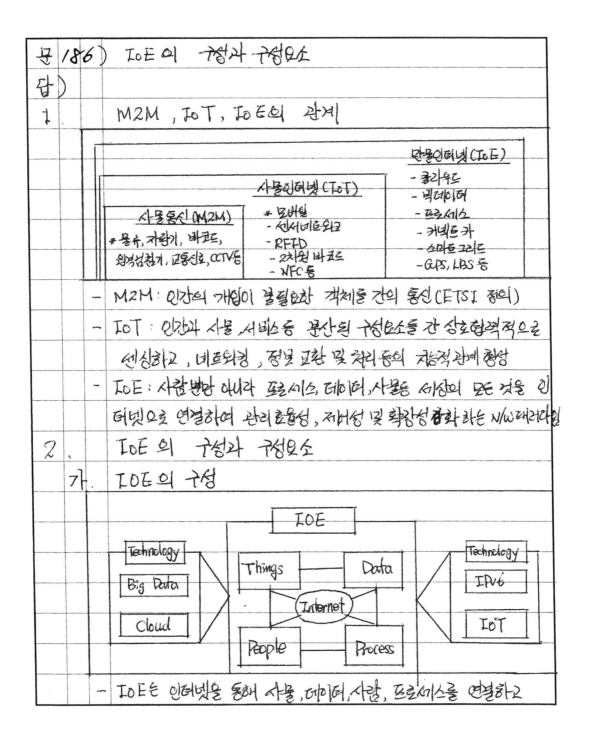

- M2M : 인간의 개입이 불필요한 객체들 간의 통신 (ETSI 정의)
- IoT : 인간과 사물 서비스 등 분산된 구성요소들 간 상호협력적으로
  센싱하고, 네트워킹, 정보 교환 및 처리 등의 지능적 관계 형성
- IoE : 사람 뿐만 아니라 프로세스, 데이터, 사물 등 세상의 모든 것을 인
  터넷으로 연결하여 관리 효율성, 저비용 및 확장성 향화 하는 N/W 패러다임

2. IoE 의 구성과 구성요소

가. IoE 의 구성

- IoE는 인터넷을 통해 사물, 데이터, 사람, 프로세스를 연결하고

이를 위해 Big Data, Cloud, IPv6, IoT 등의 기술을 이용함.

4. IoE의 구성요소

구분	구성요소	상세설명
Everything	Things	- 인터넷에 연결되는 일반사물을 의미함
	People	- IoT를 통해 사람과 사물/서비스의 연결
	Process	- 상황에 맞게 처리하는 방식, 순서, 정보탐색법
	Data	- 축적된 데이터에서 가치를 발굴해 내는 빅데이터
Method	Internet	- Everything을 실시간 연결하는 지능형 네트워크
Technology	Big data	- 실시간으로 대량 데이터의 저장/관리/분석기술
	Cloud	- 가상화기반 네트워크 상의 인프라구조관리
	IPv6	- IPv4 주소 부족 문제 개선한 차세대 IP주소
	IoT	- 사물들을 유무선 네트워크로 연결한 환경

- IoT가 단순 기술의 집합체라면, IoE는 실시간 연결성을
  통해 변화하게 될 미래의 생활방식 또는 생활양식임

"끝"

문187) 멧칼프의 법칙 (Metcalfe's Law)

답)

1. Network의 효용성, 멧칼프 법칙의 개요

　가. Network의 유용성, Metcalfe's 법칙의 정의

　　- 하나의 Network의 유용성, 효용성은 그 네트워크 (Network) 사용자의 제곱에 비례한다는 법칙 (Rule)

　나. 멧칼프 법칙의 효용성의 의미

　　- 사용자 환경이 PC중심에서 N/W중심으로 이동 (Internet 중심)

　　- Network 발전속도를 잘 설명하는 법칙

　　- Multi-Media (동영상, 사진, 음악) 전송 중심의 Internet

2. 멧칼프 법칙의 개념도 및 무어 법칙과 비교 설명

　가. 멧칼프 (Metcalfe's) 법칙의 개념도

유용성 = $n(n-1)$ 임계질량 / 사용자증가율

← Network 기술을 사용하는 사용자의 증가율이 어느 임계 값에 도달하면 그 시점부터 거하급수적으로 거차가 상승하는 현상

　　- 사례 : Internet 사용자, SNS, MMS, E-mail, 동영상 Down 등

　나. 멧칼프 법칙과 무어 (Moore) 법칙과 비교 설명

구분	멧칼프의 법칙	무어의 법칙
대상	N/w 유용성 & 사용자 증가율	Microchip의 처리능력 & 시간
Since	1981년 3COM 멧칼프	1965년 Intel의 고든무어
적용사례	전화의 보급	Intel의 CPU 개발주기

		시사점	Internet의 Killer App.으로 점점 더 폭발적 위력 가짐	디지털 시대 CPU 속도가 킬러(Killer) 시장 형성
3.		산업 혁명 시대 도래 (법칙의 적용)		
	가.	멧칼프 법칙 : 5G/6G 시대의 IoT, Data 전송, Blockchain, 모든 사물의 실시간 연결, 양자 정보통신 시대, 자율주행 등)		
	4.	무어의 법칙 : 양자 Computer, 적은 비용으로 최대 효과 거래, 연산 속도(GPGPU) 향상, AI, BigData 등 신기술 접목 등		

"끝"

문/88) 웹 접근성 (Web Accessibility)

답)

1. 웹(Web) & 웹 접근성의 정의

| 웹 | -모든 사람들이 손쉽게 정보를 공유 가능한 공간

| 웹 접근성 | -장애인, 고령자 등이 웹사이트에서 제공하는 정보를 비 장애인과 동등하게 접근하고 이용할수 있도록 보장하는것

2. Web 설계시 고려해야 할 항목 (Website 이용자 유형고려)

가. 설계시 고려해야 할 항목

시각장애	청각장애	지체장애	언어장애	신체장애 등
-시각통한 정보 미인식	-음향정보 인지못함	-신체움직임 제한	-읽기& 이해력부족	-손, Mouse 사용불가등

-장애인&고령자가 웹 사이트 이용시 웹 접근성 표준 지침 준수필요

나. 장애유형과 보완 대책

장애유형		특 징	보완 대책
시각장애	전맹	Monitor를 볼 수 없음	Screen Reader
	저시력	모니터 사용일부 가능	화면확대 / 고 대비
	색맹	색을 구별 할수 없음	색상에만 의존하지않기
청각 장애		Sound, Audio등 청취불가	수화, 시각 정보 제공
지체 장애	상지장애	손을 사용할수 없음	Mouse 대체, K/B 사용
	기타	움직임이 어려움	충분한 시간 제공
언어 장애		복잡/어려운 용어 이해불가	Easy 용어 사용

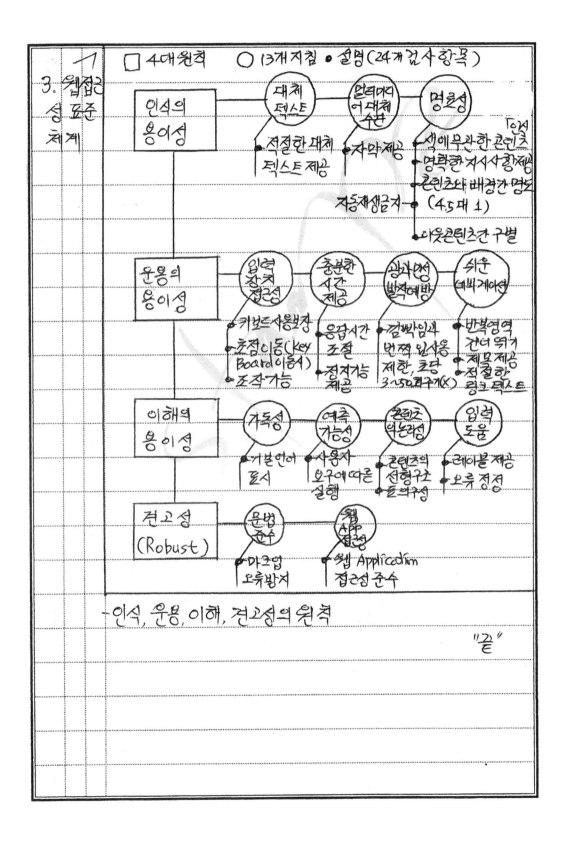

3. 웹접근성 표준 체계

□ 4대원칙　○ 13개지침　● 실행(24개 검사항목)

인식의 용이성
- 대체 텍스트
  - 적절한 대체 텍스트 제공
- 멀티미디어 대체 수단
  - 자막 제공
  - 자동재생금지
- 명료성
  - 색에 무관한 콘텐츠 「인식」
  - 명확한 지시사항 제공
  - 콘텐츠와 배경간 명도 (4.5 대 1)
  - 이웃 콘텐츠간 구별

운용의 용이성
- 입력장치 접근성
  - 키보드 사용 보장
  - 초점 이동 (Key Board 이동)
  - 조작가능
- 충분한 시간 제공
  - 응답시간 조절
  - 정지기능 제공
- 광과민성 발작예방
  - 깜박임과 번쩍임 사용 제한, 초당 3~50회 추가(X)
- 쉬운 (내비게이션)
  - 반복영역 건너뛰기
  - 제목 제공
  - 적절한 링크 텍스트

이해의 용이성
- 가독성
  - 기본언어 표시
- 예측 가능성
  - 사용자 요구에 따른 실행
- 콘텐츠의 논리성
  - 콘텐츠의 선형구조
  - 표의 구성
- 입력 도움
  - 레이블 제공
  - 오류 정정

견고성 (Robust)
- 문법 준수
  - 마크업 오류방지
- 웹 App 접근성
  - 웹 Application 접근성 준수

- 인식, 운용, 이해, 견고성의 원칙

"끝"

문189) Dark Web (다크웹)

답)

1. 익명성보장, 검색조회불가, Dark Web의 개요

   가. Dark Web의 정의 : 공공인터넷을 사용하지만 접속하기위해 특정 S/W를 사용해야 하는 오버레이 Network(Overlay N/W)인 다크넷(DarkNet)에 존재하는 월드와이드 Web 컨텐츠

   나. Dark Web의 특징

익명성 보장	토르(Tor) N/W이용, Traffic 추적회피, 익명성 제공
검색엔진 조회불가능	구글등 검색엔진으로 검색이 불가능한 Web

2. 다크웹의 개념도및 요소기술

   가. Dark Web의 개념도

표면	얼음	Surface Web	: 우리가 사용하는 인터넷 전체인터넷의 10% 내외 ex) Google, Bing등
심해	바다	Deep Web	: 검색으로 드러나지 않는 모든 것 ex)의료기록, 정부자료, 법률문서 등
어둠		Dark Web	: 검색에 걸리지 않는 웹서비스, 토르(Tor) 브라우저 사용 ex)불법 정보 등

   나. Dark Web의 요소기술

구분	요소 기술	설 명
네트워크	토르(TOR) Network	추적회피위한 익명N/W
	Dark Web Browser	Dark Web 접속위한 특수브라우저
통신 프로토콜	비표준 통신프로토콜&포트	추적회피 통신기법사용

			접속방식	F2F(Friend-to-Friend)방식	파일 공유에 사용
				사설 Network 방식	익명 커뮤니케이션에 사용

3. Darkweb의 사례

- RansomWare : 파일 암호화/복호화 키 제공 대가로

가상화폐 결재후 추적 회피통로로 사용

- 불법사이트 : 마약밀매, 랜섬웨어 구매 등 반사회적 사이

트 다수운영 중

"끝"

문190)	네트워크 스캐닝 (Network Scanning)
답)	
1.	공격대상 정보 취득기술, N/w Scanning 의 정의

- 네트워크를 통해 동작중인 공격대상에 대해서 서비스, 열려 있는 port 번호, 사용하고 있는 운영체제, Version, 동작중인 피온 Process 등을 수집해서 해당 대상의 취약점을 찾기위한 해킹 (Hacking)의 초기 단계 기술

2. 네트워크 Scanning 유형 및 세부설명

   가. Network Scanning 유형

```
                    [ 네트워크 스캐닝 ]
     ┌──────┬──────────┬──────────┬──────────┬──────┐
 [Sweeps]  [TCP Connect [TCP Half  [Stealth]  [UDP
            Scan]       Open Scan]  Scan]      Scan]

 -ICMP Sweep  -3-Way      -3way Hand  TCP      -ICMP
 -TCP Sweep   Handshaking -shaking    FIN/      Type3
 -UDP Sweep   (RST+ACK    (RST+       NULL/     메시지
              전송)       ACK         Xmas
                          미전송)
```

- Host Discovery와 Port Scanning을 위해 다양한 N/w Scanning 기법이 활용되며, TCP/UDP/ICMP protocol을 기반으로 Sweeps, TCP Connect Scan 등의 유형으로 세분화됨

   나. Network Scanning 유형 세부설명

구분	설명	핵심기술
Sweeps	-Scan 대상 네트워크에 속해 있는	ICMP Sweep

		Sweeps	시스템의 활성화 유무를 판단할수 있는 기법으로 사용 IP주소와 N/W 범위파악	-TCP Sweep
			-클라이언트/서버구조를 기반수행 (Request/Response)	-UDP Sweep
		TCP Connect (Open) Scan	-Connect( ) 함수를 사용해서 각 port 별로 접속하여 스캔(Scan)하는 방식	-TCP 3way Hand-shaking
			-Port가 열려있는 경우 대상 시스템으로 부터 SYN+ACK 패킷을 수신하면 그에 대한 Ack 패킷을 전송함으로써 연결을 완료하는 방	-RST+ACK 전송
		TCP Half-Open (SYN) Scan	-세션에 대한 로그(Log)가 남는 TCP open Scan의 단점을 보완하기 위해 나온 기법으로 로그를 남기지 않아 추적이 불가능한 기법	-TCP 3way Hand-Shaking
			-port가 열려 있는 경우 대상 System으로 부터 SYN+ACK 패킷을 수신하면 그에 대한 Ack 패킷을 전송함으로써 연결을 완료하는방식	-RST+ACK 미전송
		Stealth Scan	TCP Header의 제어비트를 비정상적으로 설정하여 스캔하는 방식	-TCP FIN/ NULL
		UDP Scan	-ICMP Unreachable 메시지를 이용하여 UDP port의 open여부를 판단하기 위한 방식	ICMP Type3 메시지
			-UDP 패킷이 N/W를 통해 전달되는 동안 라우터나 방화벽에 의해 손실 가능, 신뢰성 떨어	
3		Network Scanning 대응방안 (실무자 입장)		

		네트워크 장비	라우터나 L3 스위치에서 ACL를 설정하여 허용되지 않는 사용자 접근 차단 수행
		IDS/ IPS	임계치(Threshold) 값을 기준으로 일정 단위시간 동안 특정범위를 넘어서는 접속시도를 차단하는기법적용
		서버	-스캔& 보안점검도구통해 수시로 서버내부취약점 점검 -불필요한 서비스 port(Tcp/udp) 차단 설정

-ACL(Access Control List) : 접근 제어 List

-스캔도구로 점검시 모든 port 번호(1~65535) 스캔 필요,
UDP기반 백도어 (Backdoor)가 존재할수있어 UDP도
반드시 점검필요.

-주요 Scan 도구로는 NMAP. Wireshark, Acunetix,
Solarwinds, Nexpose 등이 있음

"끝"

문 19)	DAS(Direct Attached Storage), NAS(Network Attached Storage), SAN(Storage Area Network)
답)	
1.	연결방식에 따른 스토리지 유형, DAS, NAS, SAN의 개념

	DAS	네트워크(Network) 경유없이 전용 케이블로 서버에 직접(Direct) 연결된 저장장치
	NAS	서버(Server)가 데이터를 전송및 공유할수 있지 네트워크로 연결된 저장장치
	SAN	서버와 저장장치를 Fiberchannel 스위치로 연결한 고속 데이터 Network

- Data 저장 용량 확충을 위해 Network 기반으로 저장(Storage)장치를 연결하여 구성

2.	DAS, NAS, SAN의 구성및 기술특징
가.	DAS, NAS, SAN의 구성 설명

DAS	NAS	SAN
Application 서버	Application	APP. 서버
파일시스템	서버	파일시스템
SCSI | FC	이더넷스위치	FC스위치
JBOD	파일시스템 RAID | 파일시스템 RAID	RAID | RAID
스토리지	스토리지 |	스토리지 |
서버와 직접연결	LAN 기반 연결	FC스위치통한연결

4. DAS, NAS, SAN의 기술특징 설명

구분	DAS	NAS	SAN
접속장치	없음	이더넷스위치	FC 스위치
스토리지공유	가능	가능	가능
각일시스템 공유	불가	가능	불가
각일시스템 관리	App. 서버	각일 서버	App. 서버
속도결정요인	채널속도	LAN, 채널속도	채널속도
QoS	대역폭보장	Best Effort	고대역폭 보장
인터페이스/ 프로토콜	SCSI, FC, SAS, SATA	CIFS, NFS, TCP/IP	FC, iSCSI, FCoE

- 유형별 기술특징을 이해하여 System 요구사항에 맞는 스토리지 아키텍처의 수립필요

3. System 요구사항에 따른 스토리지 아키텍처

소규모 독립구성	신뢰성있는 각일공유	고성능확장성필요
↓	↓	↓
DAS, LocalDisk	TCP/IP 기반 NAS	FC기반 SAN

- 요구사항고려, 스토리지유형 & 프로토콜등 스토리지 아키텍처의 수립필요

"끝"

문192) 양자정보통신에서 양자(Quantum)의 특성에 대해 설명하시오.

답)

1. 양자물리학특성(중첩,얽힘등)활용 양자정보통신의 개요

가. 양자(Quantum)와 양자정보통신의 정의

| 양자 | -양자역학, 물질의 입자성과 파동특성을 기술하는 물리량의 최소관위. 더이상 나눌수 없는 에너지의 최소량산위 |

| 양자정보통신 | -양자 고유의 중첩,얽힘 등의 원리에 따라 다수의 정보를 동시에 초고속으로 처리 할수있는 정보통신 |

나. 양자정보통신의 등장배경

-AI/빅테이터등 연산처리 증가	-양자중첩,
-기존 컴퓨터 무어 법칙의 한계도래	-양자얽힘등 → 양자정보통신
-산업혁명시대 초고속연산필요	-신기술 확보 필요성

2. 양자(Quantum)의 특성및 적용

특성	정의			양자정보통신 적용
중첩(Super position)	Analog ① / 디지털 0 1 / 양자-중첩 (0 1)			양자중첩,행렬함수에의한연산(고속처리)
얽힘 (Entangle-ment)	-근/먼거리에 있는 양자 꺼리 등거화되는			-레이저 병렬계산속도를 획기적으로향상
	얽힘 - 2개의 양자 Bit로서 가지(00~11) 경우의 수를 한번에 처리	Qubit(양자A비트) 등거화 Qubit(양자B비트) 1쌍		-얽혀있는 Qubit 상호작용으로 고속처리 가능
		2개의 Qubit로 00,01, 10, 11동시에 표현가능		

		양자 비트 (QuBit)	- Quantum + Bit 의 합성어 - 0, 1 두가지 상태을 이용하여 정보처리	QuBit수증가시 지수함수적 속도향상
		복제불가 원리	- 임의의 양자정보 복제 불가능 - 정보전달과정 도청(Sniffing)위험해소	양자암호 통신에 활용
		양자- 순간이동 (Teleport-ation)	 - 광양자 비트를 간섭시켜 수신기에 동일정보확인	양자를 순간적으로 멀리 떨어진 구간에 보낼수 있는성질 활용

- 양자의 특성활용하여 양자정보통신에 활용

3. 양자활용, 양자정보통신의 활용분야 & 발전방향

활용분야 / 발전방향	설 명
양자 암호통신 분야	양자 성질(특성) 활용 암호통신에 적용
AI/빅데이터등 데이터처리	Computing 한계넘어 고속 Data 처리활용

"끝"

문 193) 휴대용 전자기기 및 전기 자동차 등의 확대로 인해 무선으로 전력을 전송하여 배터리를 충전하는 무선 충전기술이 주목받고 있다. 이와 관련하여 다음을 설명하시오.

가. 무선충전기술의 개요

나. 무선충전기술 유형별 사용주파수, 전송거리 및 효율, 인체유해성, 주요 사용분야 측면에서 비교

다. 무선충전기술 사용에서 발생 가능한 보안 문제점

답)

1. Code-Free 세상, 무선충전기술의 개요

가. 무선충전(Inductive charging)기술의 정의

- 전기에너지를 무선전송이 가능한 전자파, 자기유도, 자기공명으로 변환하여 무선으로 전력을 전달하는 기술

나. 무선충전기술의 등장배경

| 자율 주행 |
| 전기구동제어 |
| AI, ML, 딥러닝 |

→ 전자파 방식, 자기유도, 자기공명방식

→ -24시간 무선충전 -Battery 소형화 -탄소배출 Zero화

부각 배경 / 무선충전기술 / 기대효과

개인보유 IT기기, 전기차, Drone등 다양하게 적용 가능

2. 무선충전기술 유형별 비교

가. 원리, 설명, 사용주파수, 전송거리 및 효율

특징	전자기유도	자기공진(공명)	전자파
원리			
설명	- 송전코일과 수전코일 간 전자기유도 - 수신측의 충전기에 전력유도	- 송신/수신 간의 자기공진특성이용 - 송신공진주파수를 수신부에 전달	- 전자빔 형태로 안테나에서 전자파 송출 - 수신측 전자기적 →전력화
주파수	125KHz, 13.56MHz	수십KHz~수MHz	2.4GHz, 5.8GHz
거리	근접형(수㎝이내)	1m~10m이내	수십km
효율	90%이상	40~90%.효율	10~50%.효율

- 전자기유도, 자기공진(공명), 전자파방식은
  특히 인체 우해성 측면에서 명확히 구분됨

나. 인체우해성, 주요 사용분야 측면에서의 비교

구분	전자기유도	자기공진	전자파
인체유효성	거의 무해	거의 무해	유해
전송특성	대용량(대전력) 전송에 유리	대용량전송부적합 안테나 크기문제	인체및 장애물 영향 생체리듬 영향문제
사용분야	소형기기, 휴대폰	중형기기, 전기차	대형기기, 항공우주

장점	고효율, 기술구현용이	멀티충전(여러개)가능	장거리 전송가능
단점	충전거리 짧음	안테나 크기 제한	인체에 유해
표준화	WPC 표준	A4WP	ITU-R SG1

- 스마트폰, 전기차 무선충전시 BLE, WiFi 등 무선통신 기술로
  데이터 송수신, 편리성은 추구되었으나 보안성 확보 필요

3. 무선충전기술 사용에서 발생 가능한 보안문제점

가. 무선충전기술의 주요 보안문제점

- 무선 충전시 데이터를 무선통신으로 송수신 하므로
  사용자, 장치(단말), 관리측면에서의 대응 필요

나. 무선충전기술 보안문제점의 해결 방안

구분	문제점	해결방안
사용자 측면	데이터 탈취	평문전송 방지, 2 Factor 인증
	프라이버시침해	가명조치, 경량 암호, 익명화
	인증되지 않은 단말	인증된 단말 사용

		장치 측면	System 위협	IPS, IDS, WIPS, Firewall 등 적용
			Bot 악용	신뢰된 정보만 적용, 보안 Solution
			M2M 환경공격	기계간 통신시 IP & port 통신규약
		관리 측면	보안정책 문제	개인무선충전기가 사용 자제
			반출입 관리 정책문제	허가된 Device 만 반출입
			보안기준 미수립	WPC, A4WP, ITU-R 표준준수

무선충전은 편리성이 있어 많이 사용. 수평적 보안 인식 고려
및 관련 시스템 & 장치에 대한 SW 개발 보안을 준수하고
안전성을 확보 필요.

"끝"

저 자 소 개

저자 권영식
- 성균관대학교 정보보호학과 졸업(공학석사)
- 삼성종합기술원 연구원
- 삼성전자 선임/책임/수석연구원
- 국립공원공단 정보융합실장
- 컴퓨터시스템응용기술사, 정보시스템수석감리원
- 정보통신특급감리원, 정보통신특급기술자
- 과학기술정보통신부 IT 멘토
- 데이터관리인증심사원(DQC-M)
- 韓(한)·日(일)기술사 교류회 위원
- http://cafe.naver.com/96starpe 운영자

저자 김상진
- 포항공과대학교 대학원 네트워크 전공
- 컴퓨터시스템응용기술사
- 정보통신기술사
- 정보통신특급기술자
- 정보시스템수석감리원

개정증보판

정보관리기술사
컴퓨터시스템응용기술사
- vol. 3 네트워크

2015. 1. 5. 초 판 1쇄 발행
2015. 11. 10. 초 판 2쇄 발행
2023. 11. 1. 개정증보 1판 1쇄 발행

지은이 | 권영식, 김상진
펴낸이 | 이종춘
펴낸곳 | **BM** (주)도서출판 **성안당**

주소 | 04032 서울시 마포구 양화로 127 첨단빌딩 3층(출판기획 R&D 센터)
　　 | 10881 경기도 파주시 문발로 112 파주 출판 문화도시(제작 및 물류)

전화 | 02) 3142-0036
　　 | 031) 950-6300

팩스 | 031) 955-0510
등록 | 1973. 2. 1. 제406-2005-000046호
출판사 홈페이지 | **www.cyber.co.kr**
ISBN | 978-89-315-5996-5 (13000)
정가 | **50,000원**

이 책을 만든 사람들
책임 | 최옥현
진행 | 최창동
전산편집 | 이다혜
표지 디자인 | 박원석
홍보 | 김계향, 유미나, 정단비, 김주승
국제부 | 이선민, 조혜란
마케팅 | 구본철, 차정욱, 오영일, 나진호, 강호묵
마케팅 지원 | 장상범
제작 | 김유석

www.cyber.co.kr
성안당 Web 사이트